박종석의 글쓰기 기술

(제·4·판)

박종석의 글쓰기 기술

（제·4·판）　／　박종석 지음

한국학술정보

머리말(제4판)

독자들이 어떤 의도나 목적을 위해 글을 쓰려고 한다면, 글 쓰는 구체적인 방법을 제시한 이 책이 도움이 되기를 희망한다. 물론 책 제목에서도 눈치채겠지만 전문 학술 도서는 아니다. 다만 각종 작문 이론서와 다양한 자료를 참고해 필자 나름의 체계를 갖춘 글쓰기 이론서라 할 수 있다. 무엇보다 이 책은 필자가 오랫동안 글쓰기 작업을 통해 체득한 글쓰기의 구체적인 방법론이라고 할 수 있다.

이 책은 이미 2009년 초판부터, 2011년, 2015년까지 총 3판을 수정 보완하면서 독자들의 과분한 관심을 받았다. 2015년 제3판 출간 이후, 글쓰기에 대해 변화된 필자의 생각을 정리해 제4판을 출간한 것이다.

글은 인간의 생각과 행동을 지배支配한다. 왜냐하면 글에는 인간의 생각과 행동을 지배하는 글쓴이의 사상思想이 담겨 있기 때문이다. 인간은 번민을 정제해 사상으로 승화한 글로 표현한다. 이 글에 따라 인간은 생각하고 행동한다. 그래서 인간과 글은 불가분不可分의 관계이다. 글이란 무엇인가? 어쩌면 인간이란 무엇인가라는 화두話頭와 같은 해석이 필요하다. 그러나 인간의 존재와 본질이 이것이다라고 규명할 수 없는 것처럼 글 역시 그 의미를 설명하기란 쉽지 않다. 인생을 살면서 의미를 찾는다면, 글 역시 쓰는 과정에서 그 의미를 찾을 것이다. 그래서 글은 인생이다라는 초월적 개념을 정의할 수 있다. 결국 글쓰기의 과정에서 인간의 존재를 찾는 것이다라는 것이 필자의 단호한 생각이다.

인간은 삶의 행위를 통해 깨달음을 얻는다. 마찬가지로 글을 쓰는 과정에서 글의 의미와 본질도 깨닫게 된다. 그래서 인간은 글을 쓰는 과정에서 삶의 깨달음을 얻게 된다. 이 책에서는 글 쓰는 과정을 구체적으로 정리해 하나의 방법론인 '기술'의 개념을 정의했다. 즉 이 책은 글의 범주와 글 쓰는 기술의 방법을 제시한 것이다. 물론 필자는 독자들이 이 책의 글쓰기 기술을 활용해 자신의 의도와 사상을 글로 표현하는 과정에서 삶의 의미를 깨닫기를 기대하고 있다.

의사소통의 도구道具라는 글의 현실적 효용效用을 구현하려면 무엇보다도 어떻게 써야 할 것인가에 대한 방향성의 규명이 우선이다. 수많은 이론가들이 언급한 작문론이 존재함은 그만큼 그 방향성의 존재를 규명하려는 열망의 해석이라고 볼 수 있다.

기존의 글쓰기 이론서들은 이론적 토대가 다소 추상적이고, 유명 작가들의 글쓰기 책 역시 문학적인 견지에서 방법론과 범주를 제시할 뿐 다양한 글쓰기에 대한 논의를 전개하지 못했다는 점이 아쉽다. 그뿐만 아니라 자신의 경험을 토대로 글쓰기의 방법을 소개하는 듯한 책들도 허다許多한 것이 현실이다. 그래서 다양한 글쓰기의 방법론에 대해 논리적 체계성을 갖춘 글쓰기 기술이 필요하다는 생각으로 『박종석의 글쓰기 기술』을 집필, 출간했었다.

글쓰기는 의도와 방향 그리고 구체적인 기술의 방법이 문제이다.

무엇보다도 필자는 글쓰기의 범주와 개념을 정의해, 자신의 생각과 인식 그리고 인생을 표현하는 도구와 방법을 안내하는 글쓰기 기술이 필요하다고 생각했다. 이런 생각 위에 세월이 흘러, 특히 글쓰기의 방향과 방법에 대해 변화된 생각을 정리해 『박종석의 글쓰기 기술』제4판을 출판하고자 한다. 제4판에서는 그동안 잘못 쓴 어휘, 문장 혹은 단락 삭제 및 위치 변경 등을 수정했다.

기존의 3판과 달라진 점은

1. 목차를 수정해 일목요연—目瞭然하게 보이도록 했다.
2. 목차에 따른 내용을 수정, 보완해 글쓰기의 방향성을 명확하게 했다.
3. 본문에서 기존 원고 위치를 옮기거나 원고를 추가해 정리하고 보완했다.
4. 글쓰기의 방향성과 기술에서 불균형을 이룬 부분을 중심으로 원고를 보완했다.
5. 3판의 원고 중에서 시간의 변화와 관련 없이 가치 있는 내용은 4판에 그대로 옮겨 놓았다.
6. 2015년 출판된 『박종석의 글쓰기 기술』3판의 〈머리말〉을 이 책에 그대로 둔 이유는 지금 출판한 『박종석의 글쓰기 기술』4판과의 연속성 그리고 그 차이를 볼 수 있도록 하기 위해서이다.

『박종석의 글쓰기 기술』제4판의 주된 내용은 오랫동안 이어져 내려온 글쓰기의 범주를 설명문, 논증문, 묘사문, 서사문 등으로 정립하고자 했으며, 글쓰기 방법에는 글쓰기에 필요한 창의적 생각, 글쓰기 활용의 기술, 글쓰기 의도의 기술, 글 전개 방식의 기술, 고쳐쓰기의 기술 등으로 나누어 정리했다. 이는 기존의 글쓰기 이론서를 토대로 하여 필자가 생각한 글쓰기 기술의 범주와 방향을 찾은 노력의 결과를 정리한 것이다. 즉 법고창신法古創新이라고나 할까. 물론 이러한 밑바탕에는 글쓰기를 통한 자신의 삶을 성찰하고 표현과 의사소통을 정확하게 구사했는가에 대한 답을 찾는 과정도 깔린 것이다.

글 쓰는 의도와 방향 그리고 구체적인 기술을 알고자 하면, 모르는 게 많다. 하지만 글 쓰는 기술을 알고자 하지 않는다면, 모르는 게 없다. 다만 글 쓰는 기술을 알고자 하는 독자들에게는 이 책의 유용성을 증명할 것이라는 자신감은 갖고 있다. 그래서 글쓰기의 범주와 글쓰기의 기초적인 기술을 상세하게 정리했다.

2009년 초판의 〈머리말〉에서 다음과 같은 글을 언급했다.

스티븐 킹『유혹하는 글쓰기』, 2002은 "글쓰기에 대한 책에는 대개 헛소리가 가득하다."라고 했다. 혹시 이 책이 그런 것이 아닌가⋯⋯. "책이 짧을수록 헛소리도 줄어들 것이다."라는 그의 생각도 기억에 남는다.

2011년 제2판의 〈머리말〉에서는 다음과 같은 글을 적었다.

황석영은 『황홀한 글감옥』2009에서 "그 두껍고 엄숙한 책들에는 글 잘 쓰기에 별로 도움이 안 되는 잡다한 소리들이 가득할 뿐입니다."라고 하면서 "글 잘 쓰는 기술은 애초에 가르칠 수 없다는 사실"을 강조했다. 그러나 필자는 생각이 다르다. 글의 종류 문제이지, 가르칠 수 없다는 의미를 다르게 해석하고 싶다. 이 졸저가 나의 생각을 뒷받침할 것이다.

2015년 제3판의 〈본문〉에서는 김난도 교수의 말을 인용했다.

"그대가 어떤 일을 하든 반드시 익혔으면 하는 단 하나의 역량을 들라면, 나는 주저 없이 글쓰기 능력을 들고 싶다."

『유혹하는 글쓰기』와 『황홀한 글감옥』, 이 두 권은 많이 팔린 글쓰기 책이었다. 그리고 『아프니까 청춘이다』2010는 매우 많이 팔린 책이었다. 15년 동안 원고를 수정한 『박종석의 글쓰기 기술』4판도 서점에 놓이기를 희망한다.

2024년 울산, 〈작가 사신 기록물 연구소〉에서
산청山淸 박종석

머리말(제3판)

몇 권의 졸저拙著를 썼지만 여전히 글쓰기는 어렵다. 한 권을 쓸 때마다 내 몸에 병이 생겼다. 신체적 고통이 따르는…… 그러나 내 영혼의 한 자락은 행복했다. 그리고 대상에 대한 사유의 체계가 생겼고 대상에 대한 체계적인 분석력도 생겼다. 글의 완결성에 대한 판단도 생겼다. 하나를 얻으면 하나를 잃는 게 세상 이치인가!

여기저기 관심 있는 글을 읽을 때마다 『박종석의 글쓰기 기술』최신증보판에서 필자가 정리한 생각과 일치하는 글들을 발견할 수 있었다. 그래서 이를 좀 더 구체적으로 적용할 수 있는 글들을 더 보탤 필요가 있겠다 싶어 『박종석의 글쓰기 기술』최신증보판을 출판하기로 결심했다.

대체로 사회 현상은 미시적微視的으로 변화하다가 그 파장이 커지면서 증폭되고, 증폭으로 야기된 혼란이 점차 정돈되면서 대상이나 세계, 현상이 서로 비슷해지면서 자기유사성으로 모아지게 된다. 그러면서 일정한 모양으로 형성된 하나의 프랙털fractal 현상이 생긴다. 필자도 이런저런 글을 쓰면서 혼란스러웠으나, 이제는 글 쓰는 방법이나 기술에 대한 하나의 프랙털 현상을 파악하게 되었다. 그래서 글쓰기 기술의 패러다임을 정리할 수 있겠다 싶어 증보판을 출판한다. 이 졸저의 핵심은 글쓰기의 법칙이나 기술이라는 프랙털이다.

그리고 초판이 일반적인 글쓰기 기술에 무게중심이 있었다면, 이번 졸저는 글쓰기에 대한 기술을 구체적으로 접목하는 데 있다. 그래서 비교적 쉽게 접할 수 있는 신문 기고문과 잘 팔린 책의 내용을 인용하여 글쓰기 기술을 분석했고, 또한 전문가의 식견이 담긴 고전도 참고하였다.

"도자기를 만들려면 도자기 제작에 대한 최소한의 상식을 배운 다음에 만들어야 하듯이 글을 쓰려 하는 사람도 최소한의 기법을 배워서 써야 한다."한승원, 「한승원의 글쓰기 비법 108가지」는 평범한 진리를 실천할 필요가 있다. 그래서 필자는 글쓰기 기술에 대한 최소한의 상식이 이 졸저라고 생각한다. 이 졸저는 글을 목적에 맞게 쓸 필요가 있다는 생각을 담았다. 그래서 필자 나름대로 목적에 맞는 글을 쓰는 것이 좋다는 생각에 이르러서 새로운 글쓰기 기술을 출판하는 것이다.

초판 『박종석의 글쓰기 기술』은 필자의 경험과 나름의 이론적 체계를 바탕으로 쓴 책이다. 『박종석의 글쓰기 기술』최신증보판 역시 경험과 체계를 바탕으로 글쓰기와 관련한 실제 쓰기의 지침서 역할을 보여 줄 것이라고 생각하고 있다. 독자들이 좀 더 체계적으로 이해할 수 있도록 원고 수정이나 추가 원고를 실었다. 모쪼록 유용한 글쓰기 안내서가 되었으면 좋겠다.

살면서 가졌던 모든 가치를 바꿀 수는 없지만, 상황에 대한 사고가 바뀌면 삶의 방향도 바뀌어야 하지 않는가. 아마도 이 글을 쓰는 동안에 내 삶의 변화도 나타날 것 같다.

2015년 울산, '巫鄕山房'에서
박종석

글쓰기와 책

1. 책의 의미

어떻게 하면 책을 한 권 쓸 수 있을까? 신국판 크기의 권당 200쪽 분량은 200자 원고지로 대략 1,500매 정도이다. 적지 않은 원고지의 양을 무슨 내용으로 채울까? 출판사는 어떻게 구할 수 있을까? 더구나 지방에서 연구하고 고민하여 완성한 원고를 책으로 출판하고자 한다면 여간 까다로운 게 아니다. 그럼에도 불구하고 평생 한 권을 쓸 수 있고, 그 책을 독자들이 좋은 책 한 권으로 읽는다면 작가의 인생은 행복하지 않은가!

어떤 사람이 책 한 권을 쓸 수 있을까? 물론 작가나 연구자의 경우는 어떤 내용을 쓸까라는 고민을 먼저 하지만 예비 작가나 연구자의 길을 가려고 하는 사람들은 책을 어떻게 출판할까라는 고민을 먼저 할 것이다. 좋은 내용은 곧 책으로 출판되기 때문에 어떤 내용을 어떻게 쓸까가 먼저인 셈이다. 책 한 권 분량의 글을 가지고 계약할 출판사도 물론 찾아야 한다.

'책을 쓰는 일이 행복하다고 생각하는 사람만이 책 한 권을 쓸 수가 있다.'고 생각한다. 책 한 권을 쓴다는 것이 행복하지만은 않다는 것은 누구나 아는 일이리라. 책 쓰는 과정에서 겪어야 하고 누려야 하는 행幸과 불행不幸에서 책은 만들어진다. 그래서 책은 행복과 고통이 비례하는 과정에서 탄생한다. 산행의 만족감을 알기 때문에 많은 사람들이 높은 산으로 향하는 것이다. 높은 산에 오르는 것을 글 쓰는 것에 비유할 수 있을까? 깊은 산속에서 고행하는 선승禪僧과 글 쓰는 것이 비유가 될까?

책을 쓰려면 적어도 관련 분야의 책을 100권 정도는 읽어야 한다. 왜냐하면 자신이 쓰고자 한 책의 내용에 대한 사전 점검임과 동시에 특히, 표절剽竊 여부와 관련되기 때문이다.[1] 이뿐만 아니라 정전正典을 통해서 자신이 쓰고자 하는 글의 방향을 정할 수도 있다. 실제 글을 써 보면 자신의 생각보다 앞선 글들이 있음을 놓치는 경우가 많다. 그래서 자신이 쓴 글이 표절이니, 생각의 깊이가 얕다느니 하는 비판을 받게 된다.

글이 책을 만든다. 책을 만드는 글을 얼마만큼 읽어야 할까? 조선 후기의 북학파 실학자이자, '책만 보는 바보'라는 뜻의 소위 간서치看書痴로 유명한 이덕무李德懋, 1741~1793처럼 읽어야 한다.[2]

---

1. 졸저, 「현대시와 표절 양상」, 역락, 2008.
2. 이덕무는 조선 후기 「관독일기」, 「편찬잡고」, 「청비록」 등을 저술한 유학자이자 실학자이다. 1741년(영조 17)에 태어나 1793년(정조 17)에 사망했다. 독학으로 경서와 사서 및 고금의 기문이서에 통달했다. 문장도 뛰어나 명성이 중국에까지 알려질 정도였다. 북학파 실학자들과 깊이 교류했고 중국 고증학 대가들의 저서에 심취해 서장관으로 연경에 가서 청의 문물에 대해 자세히 기록해 오고 고증학 관련 책들도 들여왔다. 서자여서 크게 중용되지 못했으나 규장각 검서관으로서 많은 서적의 정리와 교감에 종사했다. 글씨와 그림에도 뛰어났다(《한국민족문화대백과사전》에서).

이덕무는 풍열로 눈병에 걸려 눈을 뜰 수가 없는 중에도 어렵사리 실눈을 뜨고 책을 읽었던 책벌레였다. 열 손가락이 다 동상에 걸려 손가락 끝이 밤톨만 하게 부어올라 피가 터질 지경 속에서도 책을 빌려달라는 편지를 써 보내던 그였다. 그는 마치 기갈 들린 사람처럼 책을 읽었다. 가난하여 책 살 돈이 없었기에 늘 남에게서 빌려 보았다. 한 권 책을 얻으면 기뻐 이를 읽고, 또 중요한 부분을 베껴 적었다. 이렇게 읽은 책이 수만 권이었고, 파리 대가리만 한 작은 글씨로 베낀 책만 수백 권이었다.

- 정민, 「지리산의 물고기」, 『미쳐야 미친다』

요즘은 책 몇 권 정도를 살 여유도 있으며, 주변에 공공도서관의 대출이 자유롭기 때문에 읽을 책이 없어 못 읽는다는 핑계는 사라졌다. 다만 읽고자 하는 사람들보다 책을 쓰고자 하는 이들이라면 이덕무와 같아야만 좋은 글을 쓰는 작가가 될 것이다. 분명한 사실이고, 책을 읽으면 금방 확신이 설 것이다.

그럼 간서치看書癡 이덕무처럼 읽으면 어떻게 되는가?

100세를 훌쩍 넘긴 철학자이자 수필가인 김형석 교수는 『백년의 독서』2022에서 '나는 좋은 글을 많이 읽으라고 권한다. 그러면 자연히 좋은 글을 쓰게 될 것이라고 말할 수밖에 도리가 없기 때문이다.'라고 했다. 그래서 책을 만드는 글을 읽으면 자신의 의도를 담은 글을 쓸 수 있으며, 이에 나아가 한 권의 책을 출판할 수 있다. 독서는 글을 읽는 데에만 그치는 것이 아니라 '인간적 삶을 풍요롭게 해 주는 가장 중요한 방법임을 의심할 수 없다.'고까지 김형석 교수는 단언한다.

무신론적 실존주의實存主義 사상을 대표하는 프랑스의 작가이자 철학자인 장 폴 사르트르Jean-Paul Sartre, 1905~1980는 현대사회에 있어서의 부정과 회의, 분열을 한 몸으로 지니고 있는 상징적 존재이다.[3] 이 상징적 존재인 사르트르는 책벌레였다. 그는 인생을 책에서 시작하고 책에서 끝냈다. 우리들은 간서치나 책벌레가 될 수 있을까?

글을 쓰는 이유와 책을 출판한 이유가 무엇일까?

① 자신만의 독특한 체험을 책으로 남기고 싶다는 욕구 때문에 출판하는 경우도 있다.
　– 삶의 질곡桎梏이나 오지奧地 여행과 같은 독특한 체험을 토대로 글을 쓴 경우
② 자신의 사상이나 주장을 체계적으로 정리한 책을 출판하는 경우도 있다.
　– 자신의 사상이나 이론에 대한 설득 과정을 담는 글을 쓴 경우
③ 특정 목적을 위해 책을 출판하는 경우도 있다.
　– 연구 용역에 의한 보고서 혹은 연구서를 글로 정리할 경우와 문학 동인들의 활동 자료집 등과 같은 글을 쓴 경우
④ 사회적, 문화적인 분야에 기여寄與하는 책을 출판한 경우이다.
　– 사회적, 문화적인 문제점을 지적하고 이에 대한 해결책을 제시하는 공익 보고서와 같은 글을 쓴 경우
⑤ 권익을 창출하기 위한 출판의 경우도 있다.
　– 전업 작가들의 생계 수단으로 글을 쓴 경우

이처럼 출판의 이유가 각기 달라도 책은 글쓴이의 고민을 담고 있

---

3. 장 폴 사르트르 / 김붕구 옮김, 「책읽기와 글쓰기(원제: 말)」, 삼문, 1994, 260쪽.

다. 글과 관련된 현실적인 사실은 책이 글쓴이의 고민을 담고 있지 못하다면 글과 책은 본질적인 가치를 상실하게 된다. 그래서 독자들에게 외면당하게 된다. 출판과 동시에 쓰레기통으로 가는 비운을 맞게 된다. 더구나 디지털 시대의 책읽기가 인터넷과 각종 매체로 대체되는 현실에서, 글쓴이의 고민이 깊지 않으면 책은 가치를 상실할지도 모른다.

책이 쓰레기통으로 가지 않고, 독자 곁에서 영혼의 보석처럼 빛나려면 적어도 책의 유용성과 함께 본질을 갖추고 있어야 한다. 그래서 책이 가지는 본질의 의미가 잘 드러날 수 있도록 글쓰기 기술을 생각해 볼 필요가 있다.

2. 책의 유용성

책은 글쓴이의 사고의 덩어리이다. 즉 대상이나 현실에 대해, 혹은 삶에 대해 체계화되고 정제된 사고의 흔적이다. 글쓴이는 자신이 고민한 흔적을 언어의 결정체로 정리하여 책을 출판한다. 문제는 한 권의 책이 다양한 독자들의 심오한 요구를 채워 주지 못한다면 그 가치는 상실하게 된다. 가치를 상실한 책은 글쓴이의 감정 배설排泄일 뿐이다. 따라서 책은 독자들의 요구를 받아들일 준비가 되어 있어야 한다. 이것이 바로 책의 유용성有用性이다.

그래서 글쓴이는 예상 독자들의 요구를 철저하게 분석해야 하며, 분석에 따른 글쓴이의 고민을 정제된 언어로 완성해야 한다. 이것이 글쓴이의 정신이다. 즉 독자에 대한 글쓴이의 예의이다. 이러한 정신을 탁마琢磨하는 기초적 과정인 글쓰기 기술을 익혀야 하는 이유이다.

조성기의 「우리 시대의 소설가」1991는 진정한 작가 정신과 작품성의 가치를 따지는 독자의 강렬한 외침이 그려져 있다. 허접한 구성과 불성실한 내용의 작품을 출판한 허장성세虛張聲勢의 유명 작가의 집 앞에서 초인종을 끝없이 누르고 서 있는 독자의 모습이 그 상징적 증거이다.[4] 물론 독자들도 책을 쓰레기통에 버릴 정도의 냉혹한 비판과 시각이 있어야 한다. 이것이 바로 '독자 정신'이다. 독자 정신이 치열할 때, 작가들의 책을 쓰레기통으로 버릴 수 있다. 책의 운명을 결정할 수 있는 것이다. 그래서 옥석을 가려 가치 있는 고전古典만을 읽을 필요가 있다.

쓰레기통으로 버려지지 않는 책은 독자들의 요구를 충족할 수 있는 정보성이 있어야 한다. 즉 실용적 가치를 가지는 정보성과 함께 독자들의 고민을 해결할 수 있는 실마리도 제공해야 한다. 정신적이든 물질적이든 책은 본질적인 가치를 담고 독자들에게 다가가야 한다. 체 게바라 스페인어: Ernesto "Che" Guevara,1928~1967[5]의 생애를 다룬 『체 게바라 평전』을 통해서 한 인간이 자신을 버리고 이념에 충실한 지도자로서의 모습을 생각해 볼 수 있다. 또 정신분석학의 창시자인 프로이트S. Freud, 1856~1939의

---

4. 박종석, 「제1권 조성기의 "우리 시대의 소설가" – 독자의 정체성, 그 부활」, 『우리 시대의 독자』, 한국학술정보, 2023, 23~14쪽.

5. 아르헨티나 출신의 마르크스–레닌주의 혁명가이다. 의사로 성장한 그는 쿠바의 게릴라 지도자가 되었고 쿠바 혁명 이후 정치가, 외교관으로 활동하였다. 게릴라 활동에 대한 군사 이론을 만들기도 하였고 여러 저작을 펴낸 저술가이기도 하다. 볼리비아에서 군사 정권에 대항하는 게릴라 활동 중에 체포되어 사형되었다. 대중에게 체 게바라라는 이름으로 널리 알려졌으며, 사후 여러 대중문화에서 저항의 상징으로 다루어졌다. '체'는 아르헨티나 스페인어에서 "어이" 또는 "이보게" 하고 다른 사람을 부를 때 쓰는 말에서 왔다(《위키백과》에서).

『꿈의 정신분석』을 읽은 살바도르 달리S. Dali, 1904~1989는 20세기의 새로운 세계를, 즉 꿈과 환상의 세계를 그린 초현실주의超現實主義의 예술 세계로 표현했다. 위대한 예술의 탄생 배경이 화가의 독서였다는 사실을 달리의 그림이 입증한 것이다. 이처럼 한 권의 책이 가지는 힘은 개인에게는 정보성이지만, 정보성을 뛰어넘는 새로운 예술 세계를 탄생시켰다는 점에서 가치가 있다.

한 권의 책을 읽은 독자들은 인생을 변화하게 하는 가치를 찾아야 한다. 그 한 권이 인생을 바꾼 예는 허다하다. 다음은 필자의 학문적 경험을 쓴 기사이다.

시인이자 비평가인 송욱宋稶, 1925~1980은 평생 단 한 권의 책으로『노자』를 꼽았다. 필자는 송욱에 대한 관심을 가지고부터는 "내가 만약 단 한 권을 꼽는다면, 어떤 책을 꼽을 수 있을까?"를 고민했었다. 아마 평생 한 권은 꼽을 수 없을 것 같다. 그래도 굳이 한 권을 꼽는다면, 송욱의 진면목眞面目을 볼 수 있는『님의 沈黙 – 全篇解說』과학사, 1974을 말하고 싶다.

한국시문학사의 금자탑인 만해의『님의 沈黙』을 불교의 선 원리에 따라 선구적이면서도 체계적으로 연구한 비평서가『님의 沈黙 – 全篇解說』이다. 1926년 출판된『님의 沈黙』과 1974년 출판된『님의 沈黙 – 全篇解說』사이의 50여 년의 세월을 묶어 둘 수 있는 이들의 만남을 어떻게 이해할 수 있을까? 만해는 송욱 문학과 인생에서 출발점과 끝점을 잇는 중요한 점이다. 그래서 만해는 송욱의 문학이요, 인생이요, 철학이다. 필자의 보잘것없는 문학 비평과 삶의 중심에는 송욱이 자리하고 있다. 그에게 세 가지를 배웠기 때문이다.

첫째, 평생 12시까지 연구하는 학자의 모습을 보았기 때문이다. 이런 연구의 결실이 바로 『님의 沈黙 - 全篇解說』이다. 둘째, 동서양을 아우르는 비평적 사고와 한국 문학에 대한 실천적 비평 태도를 배웠다. 셋째, 그의 대표 시집 『何如之鄕』에 나타난 촌철살인寸鐵殺人 같은 시적 표현은 그의 비평적 날카로움과 시적 감수성, 그리고 시대감각에 대한 지식인의 모습을 읽을 수 있다.

어느 노학자는 작가 연구는 한 번으로 끝나는 경우가 다반사茶飯事지만 송욱은 평생 연구의 가치가 있는 작가라고 말한다. 오랫동안 관심을 가진 필자도 아직 송욱의 언저리쯤이나 다가갔는지 의문이다.

고산준령高山峻嶺은 쉽게 오르지 못하는 법. 오랜 수련과 노력이 있어야 하는 법. 고산준령에 무엇이 있기에 수많은 사람들이 가려고 하는가. 고산준령을 문학서로 비유하자면 송욱의 『님의 沈黙 - 全篇解說』만 한 것이 있을까? 이 책을 읽노라면 정직한 비평가, 비평의 예리함, 학문의 깊이, 치열한 삶의 자세를 배울 수 있을 것이다.

- 박종석, 「책과 나」, 《경상일보》

책은 반드시 유무형의 가치를 함의해야 하지만, 윗글처럼 독자는 책의 가치를 발견하는 눈이 있어야 한다. 물론 독자들이 가치를 발견할 수 있을 만큼 책은 그 가치성을 담을 만큼 효과적으로 글이 전개되어 있어야 한다는 전제가 우선이다.

독서 인구가 점차 줄어드는 이유 가운데 하나는, 다양한 콘텐츠를 제공하는 디지털 시대로 이동했기 때문이다. 그렇다면 디지털 시대의 책 읽기는 가치가 없다는 말인가? 디지털 환경에서 종일 스크린으로 디지털 읽기를 하는 것이 무용한가? 이 문제에 대해 조병영은 다음과 같은 이야기를 하고 있다.

새로운 배움의 가능성과 정보를 알아가는 기회의 이면에는 디지털 독자라면 누구나 직면하게 되는, 전례 없는 도전이 도사리고 있습니다. 이 도전들은 다음과 같은 환경적 요인 때문에 생겨납니다.

첫째, 디지털은 '검증되지 않은 공간'입니다. 대표적 오프라인 정보 창고인 도서관과 비교해 봅시다. 도서관은 최고는 아니어도 소위 '작가'라 불리는 사람들이 쓴 책을 선호합니다. 대부분의 인쇄 서적들은 사업인가를 받은 출판사가 기획하고 발행합니다. 베스트셀러와 스테디셀러는 열렬한 대중 독자들이 선택합니다. 판매량에 상관없이 주옥같은 책들은 사람들이 열심히 찾아냅니다. 오프라인에는 전문가들이 도서를 검토, 평가, 선택하는 일련의 필터링 절차가 존재합니다.

반면에 디지털 환경에서는 누구나 내키는 대로 표현해 드러낼 수 있습니다. 디지털 키보드와 카메라, 노트패드나 녹음 애플리케이션으로 무엇이든 손쉽게 정보의 형태로 제작할 수 있습니다. 정돈된 메시지를 정교하게 디자인하여 공유하는 이들도 많지만, 대개는 다양한 플랫폼들을 통해서 속전속결로 자신이 생산한 것들을 게재합니다. 디지털 환경에서는 텍스트의 생산과 소비 사이에 출판, 검토, 비평, 선정이라는 중간 과정이 흔히 생략됩니다. …중략…

둘째, 인터넷은 '확정되지 않은 공간'입니다. 검증되지 않은 정보들이 넘쳐나기 때문에 어떤 정보가 사실이고 거짓말인지를 분명하게 판단하기가 쉽지 않습니다. 도서관에 가는 사람 중 저질의 도서나 나쁜 책을 고를까 봐 염려하는 사람들은 거의 없습니다. 유익하고 좋은 책을 찾고 싶은 독자들은 작가의 명성, 출판사의 신뢰, 목차의 구성, 디자인의 감수성 등을 두루 보고 판단합니다.

- 조병영, 「가짜를 판별하는 능력 기르기」,
『읽는 인간 – 리터러시를 경험하라』

디지털 독서와 서적 독서의 특징을 비교한 윗글을 읽어 보면 독서의 방향과 가치를 이해할 수 있다. 바르게 읽고 쓰는 '문해력리터러시 시대'에 인쇄 서적의 독서가 필요한 이유를 알 수 있다.

사회와 과학의 급격한 변화로 새로운 지식은 넘쳐나지만 잘못된 정보가 또한 범람汎濫하는 시대이기도 하다. 문명적 삶의 8할을 읽고 쓰고 대화하고 협력하고 판단하는 방식이 결정되는 정보를 이해하지 못한다면 세상에서 실질적인 문맹 상태나 낮은 문해력으로 좋은 삶을 살아가는 것은 불가능해진다. 따라서 잘 읽는 인간을 길러내고 이를 장려하는 것은 국가의 의무라고 할 만큼 중요하다고 장은수 대표편집문화실험실는 목소리를 내고 있다.

대기업의 경영인 가운데는 기업과 기술에 관한 지식뿐만 아니라 풍부한 역사와 철학에 대한 해박한 지식을 갖춘 이들이 많다. 그래서 기업 경영에 필요한 도움을 독서에서 구하는 기업도 생겨났다. 독서량이 많은 회사원의 아이디어를 모아 회사의 기획이나 사업 계발에 활용하는 것은 독서 경영의 현실적 가치를 보여 준 사례라고 할 수 있다. 심지어 연간 몇 천만 원에서 몇 억대까지 회사가 도서를 구입해 직원들에게 나눠 준다는 기업도 있다.[6]

한 권의 책에는 글쓴이가 주장하는 정보의 가치성이 반드시 담겨 있어야 한다. 그 가치성은 글쓴이의 모든 에너지의 합合이다. 따라서 책에 담긴 글쓴이의 인생 에너지의 합을 이해한다는 것은 바로 독자들이 엄청난 에너지를 얻는 셈이다.

---

6. 구본준 외, 「독서 경영이라는 조직 트렌드」, 「서른 살 직장인 – 책읽기를 배우다」, 위즈덤하우스, 2014(14쇄), 119~125쪽.

세상에는 무서운 것이 많지만, 필자는 '책 한 권만 읽는 사람'이 무섭다고 생각한다. 왜냐하면 그 사람은 그 책에 담긴 주장에 감동해 항상 책의 주장대로만 생각하고 행동하고 말하기 때문이다. 그래서 그 책의 주장과 사고에서 벗어나지 못한다. 육체의 병을 치료하는 의사의 절대적 권위에 맹종盲從한다면, 의료 사고는 해결되지 않는다. 마찬가지로 글쓴이의 주장에 정신적 지배를 받고 독자 스스로 맹종하게 된다면 큰 정신적 피해를 입게 될 것이다. 우스운 이야기지만 두 번째 무서운 사람은 역시 '책 두 권만 읽는 사람'이다. 똑같은 이유이다. 또 우스운 이야기지만 세 번째 무서운 사람은 역시 '책 세 권만 읽는 사람'이 무섭다고 생각한다. 똑같은 이유이다. 완전히 정신적 지배를 받게 된다. 독자들의 정신적 오염汚染 방지를 위해서라도 글쓴이는 짙은 어둠 속에 별이 빛나는 새벽까지 글을 쓰고, 또 쓰고, 또 고쳐 써야 하는 것이다.

실제로 로버트 치알디니의 『설득의 심리학』을 선물해 보라. 그러면 친구는 이 책의 주장에 감동되어 모든 사회 현상을 이 책에 근거해서 말하고 심지어 행동의 지표로까지 삼을 것이다. 『모리와 함께한 화요일』이라는 책을 선물해 보라. 또 『누가 내 치즈를 옮겼을까?』를 선물해 보라. 불 보듯이 뻔하다. 이 책의 주장에서 벗어나지 못한다. 그런데 역설적逆說的이게도 수많은 책을 읽은 사람은 오히려 무섭지가 않다. 왜냐하면 한 가지 생각 혹은 세 가지 생각에만 갇혀 있지 않기 때문이다. 수많은 고전을 읽고, 다양하고 균형 감각이 있는 생각과 행동을 하기 때문이다.

20여 년간 전국 산간 도서 벽지 73곳에 사재 50억을 털어 〈마을 도서관〉을 설립하고 책을 기증한 '책 전도사' 김수연 목사의 이야기'좋은 책 읽기 가족 대표', 《동아일보》, 2007년 5월 29일는 유명하다. 이 이야기를 잠깐 언급하면 책의 가치를 다시 생각해 볼 수 있다.

> 김 목사는 "경제협력개발기구OECD 국가 중 우리나라 사람들이 용돈은 많이 쓰는데 책 읽는 것은 최하위 수준입니다. 책을 읽지 않으면 남에 대해 배려할 수 없고, 타인의 삶 자체를 이해할 수도 없어요. 고집의 알맹이는 무식입니다. 아는 것이 없으니 자기가 아는 몇 가지만 가지고 사는 것이지요."

"책이 있으면 책을 읽습니다. 단 한 권의 책도 접할 수 없었던 사람들이 책을 읽도록 하는 것이 제 소원입니다."라고 말하는 김수연 목사의 말에 귀 기울여야 할 필요가 있다. 책을 읽는다는 것은 바로 남에 대한 배려, 삶의 지혜, 고집을 벗고 타인의 생각을 이해하는 길이기도 하다. 삶의 성찰은 물론 자신의 사상 체계까지 정립할 수 있는 계기가 된다는 사실이다. 이러한 유익한 가치를 책은 담고 있어야 한다.

105년을 산 김형석 교수는 "독서가 영원한 삶을 살게 해준다면 과장이며 거짓일 것이다. 그러나 현실에서 깊이 있는 가치를 추구하면서 살도록 이끌어 준다는 말은 결코 과장도 거짓도 아니다."라고 말한다. 체 게바라는 '잘 싸우기 위해 공부한다'고 한다. 게릴라 전술가로서는 일견 맞지 않는 이야기일지 모르지만, 여기에는 나름의 타당성이 있다. 이념의 경계에서, 삶과 죽음을 선택해야 하는 게릴라 전투의 현장에서 전투력 증강의 군사 훈련보다는 '두뇌 전술'을 강조한 것이다. 그래서 체 게바라는 행동에 앞서 공부하는 두뇌 전술가로 보인다. 물론 어떤 가치를 지닌 책을 읽을 것인가의 문제는 독자의 몫으로 남게 된다. 독자 정신이 요구되는 이유이기도 하다.

3. 책의 무용성

책의 가치를 논하는 것은 정말 쓸모없을 것 같다. 여태껏 책의 긍정적 가치만을 이야기하다가 갑자기 엉뚱한 이야기를 하는 것처럼 들릴지 모르겠다. 그러나 책의 무용성을 이야기함으로써 역설적으로 진정한 책의 가치를 강조할 수 있다.

나는 책 읽기를 통해 문학과 영화, 나아가 세상에 대한 삶의 이치를 들여다볼 수 있기를 기대한다. 그래서 고전적이지만, 아니 상투적이지만 책 읽기는 삶의 무기를 갖추는 것과 동격이라고 생각한다. 사실 책과 관련해서 주의해야 할 일이 없는 것도 아니다. 단적으로 말해서 식자우환識字憂患이 문제이지만, 이보다 더 큰 문제는 곡학아세曲學阿世이다. 이 곡학아세의 길목에서 나 자신이 서성거리는 것은 아닌지. 그러나 지나치게 책벌레가 되기를 희망하지만 오히려 얼간이가 될 수 있다는 생각이 들기도 한다.

여기서 책과 관련한 얼간이 같은 책벌레 유형을 소개하고자 한다.[7]

첫째, 책이 마치 값비싼 가구나 되는 것처럼 장식을 위해 책을 수집하는 얼간이 – 흔히 우리 주변에서 볼 수 있을 것이다. 이런 사람들은 '책을 서재에 보관할 것이 아니라 머릿속에 보관해야 한다.'는 사실을 망각한 얼간이들이다.

둘째, 현명해지려는 욕심에서 지나치게 많은 책을 읽는 부류의 얼간이 – 비유하자면 '음식을 너무 많이 먹어 일으키는 위통이나, 포위된 상태에서 지나치게 많은 부하들을 거느리고 있어 오히려 방해받는 장군'에 비유된다. 그래서 유익한 것만 골라서 필요할 때 그것을 이용할 수 있어

---

7. 알베르트 망구엘, 정명진 옮김, 「독서의 역사」, 세종서적, 2000, 430~432쪽

야 한다.

셋째, 책을 모으기는 하되 진정으로 읽지는 않고 자신의 값싼 호기심을 만족시키기 위해 건성으로 들춰 보기만 하는 얼간이.

넷째, 호화로운 그림책을 좋아하는 얼간이 - 이는 그림으로 그려진 상像에 애착을 갖는 것은 '지식에 대한 모독冒瀆'이라 할 수 있다. 천상에 있는 아름다운 자연들만 가지고도 충분하다고 할 때 흔히 책에서까지 그림을 보아야 하는가라고 반문한다.

다섯째, 책을 값비싼 표지로 장정하는 얼간이 - '서재도 욕실처럼 부유한 가정의 필수적 장식'처럼 생각하는 얼간이이기 때문에 책의 장정이나 상표에서 쾌락을 얻는 수집가이다.

여섯째, 고전은 한 번도 읽지 않았을 뿐 아니라 철자나 문법, 수사학에 대한 지식은 쥐뿔도 없으면서 엉성한 책을 써서 출판하는 얼간이. '자신의 알맹이 없는 낙서를 위대한 저작 옆에 세워두고 싶은 유혹을 뿌리치지 못하는' 이들이다.

일곱째, 책은 철저히 무시하고 책에서 얻는 지혜를 멸시하는 얼간이. 책에서 얻은 지혜를 무시한다는 것은 더 이상 해석할 필요가 없을 것이다.

- 박종석, 「문학론과 비평의 채색」, 『비평과 삶의 감각』

지나친 독서의 욕심과 호화로운 책에 대한 알베르트 망구엘의 냉철한 비판은 독자들이 다시금 생각해 볼 문제이다. 개인 PC나 컴퓨터와 같은 디지털 장비들이 즐비한 세상에 책 읽기란 오히려 출판 시장의 무용성과 함께 독서의 시간적 낭비라 할 정도의 비극적 현실이 되었다. 이로 인해 인쇄 출판 시장이 위축되었고, 또한 책의 향기가 묻어난 곳곳의 서점이 무너졌다. 이런 현실은 이미 오래전의 일이기도 하다.

근자에 ○○○당이 교육과학기술부로부터 넘겨받아 발표한 자료에 따르면, 젊은 대학생들이 의식 작용과 인격 형성에 엄청난 영향을 끼치는 책 읽기에서 균형을 잃고 '편식 현상'을 보이고 있다고 한다. 주요 30개 대학의 학생이 가장 즐겨 읽는 책은 에쿠니 가오리와 오쿠다 히데오 등 일본 작가의 소설, 영국 작가 조앤 롤링의 판타지 아동 소설『해리포터 시리즈』, 허영만의『식객』이 주조를 이룬다는 얘기이다. 통계 자료가 지극히 우울하고 실망스러워 우리를 좌절하게까지 만든다.

무엇보다도 기계 문명의 발달로 정보의 홍수 속에 사는 그들이 인문학적 지식 없이 상업주의와 인터넷이 결탁해서 쏟아 내는 정보에 의존하기 때문이다. 많은 독자는 책을 보지 않고 인터넷만 매달리는데 기호학자 움베르토 에코가 "인터넷에는 내가 필요한 정보가 없다."고 말했듯이 거기에는 단편적인 지식과 정보밖에 없다. 그들은 전문적인 분석과 평가가 담긴 독서 지침 없이 영상 매체와 인터넷에서 얻은 광고 성격이 짙은 일방적인 짧은 지식과 정보에 압도되어 추종 구매로 흥미 위주의 책을 선택해서 읽는다.

물론 판타지 소설은 이념적인 전쟁에 지친 젊은이에게 피난처를 제공하며 새로운 상상력을 자극한다는 의미에서 필요한 부분이 없지 않다. 그러나 현실과는 너무나 동떨어진 환상적인 경험을 주로 제공하므로 현실 세계에서 해야 할 인간적인 의무에서 벗어나려는 도피적인 인간으로 만들 위험성에서 자유롭지 못하게 한다. 젊은이가 환상 세계에만 몰입하면 다른 인문학 서적은 물론 현실 세계를 다룬 고전적인 문학작품에 나오는 살아 있는 치열한 경험을 통한 깨달음의 지혜를 얻을 수 없다.

- 이태동,「책 읽기에도 교육이 필요하다」,

《동아일보》, 2009년 3월 14일

상업주의와 결탁한 인터넷의 정보와 단편적인 지식, 흥미 위주의 지식이 현실로부터 도피적인 인간으로 만들 수 있다는 경고는 곱씹어 볼 문제이다. 올바른 '독자 정신'이 필요한 시대이다. 오늘날과 같은 각종 미디어와 정보 사회에서 필요한 정보를 습득하는데, 굳이 독서가 필요한가라는 질문에 김형석 교수는 '정보는 생활에 필요한 보도일 뿐 내 삶을 키워 주지는 못한다. 신문과 텔레비전 등은 살아가는 데 상식을 제공할 수는 있으나 내 영혼을 살찌게 하고 삶의 내용을 풍부하게 채워 주지는 못한다.'고 답을 했다. 그래서 영혼을 쌀찌우는 독서가 가장 중요한 방법이다.

더구나 유튜브와 같은 다양한 매체들이 각종 흥미로운 소재와 충격적인 내용을 노출하여 우리들의 삶의 모습이 현명한 판단보다 확증 편향의 시각만 더 깊어지게 되었다. 그래서 글은 무분별한 환상보다 진정한 삶의 가치를 담아야 한다. 진정한 삶의 고민과 사상을 담는 글을 써야 한다. 그래서 기초적인 글쓰기 기술을 배우고 익혀 실제 글쓰기를 할 때부터 진정한 삶의 가치를 담는 시작이 되는 것이다.

끝으로 책과 관련된 '글쓰기와 글읽기'가 대한 고민을 던지는 두 개의 글이 있어 여기에 인용한다.

다음 글은 우리들이 글쓰기를 해야 할 현실적인 이유를 설명하고 있다.

전문가들은 한국 사회가 신조어나 유행어가 많이 생겨나고 언어문화가 급격하게 바뀌는 탓도 있지만 언어 능력을 유지하기 위한 노력이 서구 사회보다 부족한 것도 한 요인이라고 지목한다. 최원일 교수는 "한국인은 학교를 졸업한 뒤 독서량과 독서 시간이 급격히 줄어드는 경향이 있다."며 "최근에는 영상매체에 대한 의존성이 늘면서 더욱 줄고 있다."

고 우려했다. 독서뿐 아니라 남의 말을 귀 기울여 듣거나 글을 쓰고, 대화를 하는 것도 언어능력을 유지하는 데 큰 도움이 된다. 크루즈 교수는 "체력 단련을 위해 꾸준히 운동하듯 지속적으로 말하고 듣고 읽고 쓰면서 언어 능력을 계속 갈고 닦아야 한다."고 주장했다.

최 교수가 특히 강조하는 것은 글쓰기다. 그는 "메신저 대화처럼 아주 짧은 글이라도 다른 사람과 소통하고 자신이 살아온 이야기를 회고하면서 글을 쓰는 일은 정서적으로 긍정적인 영향을 준다."고 말했다. 미국 유타주립대 심리학과 연구팀이 평균 73.5세 성인 215명을 대상으로 분석한 결과 일기처럼 긴 글을 꾸준히 써온 사람은 알츠하이머 치매를 비롯한 모든 유형의 치매 발생 위험이 53% 낮았다. 특히 여섯 글자 이상의 긴 단어를 자주 사용하는 것이 효과를 높였다. 이 연구 결과는 2017년 10월 국제학술지 '노년학 저널'에 발표됐다.

– 이정아_{동아사이언스} 기자, 《동아일보》, 2022년 1월 14일

다음은 글읽기가 우리들에게 어떤 고민을 던지는지 시사하는 글이다.

『젊은 베르테르의 슬픔』은 독일의 위대한 시인이자 극작가, 소설가인 요한 볼프강 폰 괴테가 처음 쓴 소설이다. 기약 없는 사랑과 청년의 자살을 서간문書簡文 형식으로 그린 이 연애 소설은 폭발적인 반응을 일으키며 25세의 젊은이를 하루아침에 유명하게 만들었다. 1774년 독일에서 처음 발간되어 곧 수많은 언어로 번역되었으며 당시 최고의 화젯거리였다. 이 사랑 이야기는 유럽 젊은이들의 감수성을 자극해 '베르테르식 열병'을 야기할 정도로 엄청난 영향을 끼쳤다.…중략…

이 소설은 카를 빌헬름 예수살렘이라는 실존 인물에서 비롯됐다는 사실 때문에 '베르테르 열병'은 더욱 뜨거워져 몇십 년 동안 유럽 대륙을

휩쓸었다. 속편, 모방작, 패러디, 오페라, 연극, 노래, 시가 쏟아져 나왔다. 숙녀들은 베르테르표 향수, 베르테르식 보석, 베르테르 부채를 들고 다녔고, 신사들은 베르테르처럼 푸른 셔츠에 노란색 조끼를 입었다. 그리고 베르테르와 로테의 모형 도자기가 중국에서 수입되었다. 12년 동안 독일에서 나온 해적판만 26종이고, 18세기가 끝날 무렵 영국과 프랑스에서 출간된 번역본만 26종에 이른다. 나폴레옹은 괴테에게 『젊은 베르테르의 슬픔』을 일곱 번 읽었다고 말했다. 유럽 전역에서 카를 빌헬름 예수살렘의 묘소를 찾는 발걸음에 이어져 그의 무덤에 헌화와 헌사를 바쳤다. 19세기 여행서는 이곳으로 가는 방법을 실었다.

-니컬러스 J. 캐롤리드스 외 / 손희승 옮김,
「젊은 베르테르의 슬픔」, 『100권의 금서』

글은 인간의 사고와 행동을 결정하는 데 막대한 영향을 미친다는 사실을 글쓴이와 독자들은 다시 한번 생각해야 한다.

4. 책의 구성

글 쓰는 목적은 개인마다 다르다. 하지만 그 목적을 크게 나누면 실용적 글쓰기, 수사적 글쓰기, 학술적 글쓰기 등이다. 일상생활에서부터 어떤 목적을 두고 글을 쓰는 경우가 실용적 글쓰기라면, 문학 작품에 반드시 필요한 수사적 글쓰기, 학술 또는 학위 논문의 학술적 글쓰기로 나눌 수 있다. 이 책에서는 실용적인 글쓰기를 중심에 놓고 설명을 한다. 글의 완결이 책이라면[8] 대체로 다음과 같은 과정을 거쳐야 한다.

① 글 쓰는 목적 확인		
② 목적에 따른 글 성격 파악		
③ 글감 찾기 및 내용 생성하기		
④ 개요 작성 및 내용 조직하기		
⑤ 관련 자료 읽기		
⑥ 쓰기		
㉠ 실용적 글쓰기	㉡ 수사적 글쓰기	㉢ 학술적 글쓰기
⑦ 고쳐쓰기		
⑧ 책 구성 완성		
⑨ 출판 여부 결정		
① 자비 출판	② 계약 출판	③ 기획 출판

고쳐쓰기를 끝낸 원고를 한 권의 책으로 출판할 때, 대체로 다음과 같이 3가지 방법으로 출판이 이루어진다.

① 자비 출판 – 비매품이거나 지나친 인용으로 책의 가치를 상실해서 판매가 어려운 경우, 지나친 학술 서적의 경우도 이에 해당한다. 출판에 대한 욕구의 실행도 이에 해당한다.

② 계약 출판 – 일정한 계약으로 출판하는 경우이다. 물론 작가와 출판사의 조건이 일치할 때, 출판한 경우이다.

③ 기획 출판 – 출판사의 출판 업무 중, 일정한 흐름을 간파하고 수익성의 판단으로 출판을 결정한다.

---

8. 탁석산은 『보고서는 권력 관계다』(김영사, 2006)에서 '책'의 위치를 다음과 같이 정리하고 있다.

논증(1/4쪽 보고서)
A4 한 장으로 만들기
보고서 – 논문 – 학위 논문 – 책

"보고서와 논문, 책의 차이가 근거 자료의 양과 질의 차이"라고 했다. 그의 주장은 글쓰기에 필요한 근거 자료의 양과 깊이 있는 내용을 다루어야 한다는 것이다. 여기에는 글쓰기의 근거 자료에 대한 분석과 재해석에 필요한 창의적 사고가 필수적이다는 의미가 있다.

다음은 책 출판과 관련하여 생각해 볼 문제이다.

1) 책 제목 정하기

표지 디자인이 책의 표정일 수 있지만 사실은 책의 제목이 책의 표정이다. 책의 내용을 독자들에게 인상 깊게 전달할 필요가 있다. 이는 책의 가치를 효과적으로 드러낼 수 있기 때문이다. 또한 제목이 판매에 미치는 영향이 크다. 특이한 메뉴와 소비자들의 식욕을 자극하는 광고 간판을 본 적이 있다면 쉽게 공감할 것이다.

김환기金煥基, 1913~1974[9]가 쓴 글을 모아 출판한 『어디서 무엇이 되어 다시 만나랴』는 우주에서 운명을 만날 수 있을까라는 신비적 황홀감을 느끼게 하는 인상적인 제목이다. 아마도 김환기의 글을 읽으면, 광활한 그의 예술 세계와 정신 세계를 만날 수 있을 것이라는 출판 의도가 깔린 것으로 보인다. 이 책 제목은 사실 김광섭金珖燮, 1905~1977의 「저녁에」라는 시를 읽고 뉴욕에서 김환기가 그린 그림의 제목이다. 책 제목에서 유추되는 서사적인 이야기는 독자들의 흥미를 준다. 천재 작가 이상李箱, 1910~1937의 부인이었던 변동림이 운명처럼 만난 김환기 화백과의 재혼 이야기는 알려져 있다.

오늘날은 어쩌면 숫자로 시작해 숫자로 끝나는 세상일 수 있다. 우리의 출생부터 사망까지 숫자로 표시된다. 일상의 숫자는 우리의 삶이

---

9. 현대의 서양화가. 호는 수화(樹話). 도쿄에서 중학교를 졸업했고 일본대학 미술부에 재학 중 아방가르드 미술연구소에서 미술 수업을 하는가 하면 〈자유미술협회〉에 참가했다. 1936년 11월 도쿄 천성화랑에서 첫 개인전을 가졌다. 한국일보사 주최의 제1회 한국미술대상전에서 대상을 받은 '어디서 무엇이 되어 다시 만나랴' 등의 대표작이 있다.

라고 할 수 있다. 시험 성적, 재산, 은행, 스마트위치의 신호 등에서처럼 숫자는 우리 삶의 일부이다. 숫자가 우리의 삶과 어떤 관련성이 있는지를 보여 주는 『숫자는 어떻게 생각을 바꾸는가』라는 책 제목은 매우 인상적이다.

2) 글머리 쓰기

글머리가 책에 미치는 영향은 글의 내용에 대한 독창성, 충실성 그리고 경제성까지를 결정한다. 왜냐하면 독자들은 책을 펼치고 첫 장부터 몇 장을 뒤척이다가 서점 진열장에 놓는 행동을 할 수 있기 때문이다. 책의 운명은 독자가 결정한다는 사실을 명심해야 한다. 그래서 책 제목만큼이나 글의 첫머리는 독자들이 요구하는 '유혹적인 내용'이 담겨 있어야 한다. 물론 제목부터 책의 글머리에 해당하는 목차와 책의 구성까지 포함해서이다.

3) 책의 몸통 쓰기

목차에 따라 구체적인 내용을 담아야 한다. 당연히 제목에 부합하는 내용을 담아야 하며, 독자들에게 실망을 주지 않는 신선한 정보와 정신적 가치를 담고 있어야 한다. 책 내용에 대한 독창성, 충실성 그리고 경제성, 구성 및 전개 방식 등과 같은 글의 구성 요건이 책의 몸통이라 할 수 있는 본문에 구체적으로 드러나야 한다. 독자들은 이를 보고 다시 한번 책의 운명을 결정한다.

1995년 『어디서 무엇이 되어 다시 만나랴』는 절판되었고, 이후 그의 글과 함께 드로잉화를 곁들여 2005년에 다시 출판하게 된다. 목차와 내용의 변화를 다시 볼 수 있는 책이다. 이 책의 운명은 이러한 몸통 구성에 달려있는 것이다.

글의 내용을 어떻게 구성하느냐에 따라 책이 독자들의 운명을 결정한다. 그래서 정치적 견해나 사회적인 파장을 일으키는 글뿐만 아니라 문학에서도 책의 내용이 중요하다. 앞에서 인용했던 『젊은 베르테르의 슬픔』이 그 단적인 예이다. 이처럼 글은 인간의 사고를 결정하는 데에도 막대한 영향을 미친다.

4) 책의 표지

책 겉표지 쓰기가 남았다. 겉표지에는 글쓴이 자신이 책에 대해 쓰거나 권위자나 전문가의 도움을 받아 간단한 서평을 쓰는 경우가 있다. 이는 짧은 시간에 독자들에게 강한 인상을 주기 때문이다.

(1) 책 띠지 활용
책 전체에 대해 한 줄의 경구警句로 간명하게 적는다.
『백년의 독서』 띠지에는 다음과 같은 글귀가 박혀 있다.

'지금도 독서는 내게 시간과 공간을 초월한 열정과 꿈을 준다.'

(2) 글쓴이 자신의 글

글쓴이는 자신이 쓴 글에 대해 제일 잘 안다. 그래서 책 소개를 할 때 깔끔하게 정리할 수 있다. 〈서문〉이나 〈본문〉의 글 가운데 책의 특징을 드러낼 수 있는 부분을 요약하여 쓰는 경우가 많다. 그리고 글쓴이 자신이 자유롭게 책과 관련된 자신의 말을 쓸 수도 있다.

졸저 『우리 시대의 독자 - 박종석의 독서궁리讀書窮理』의 겉표지에는 다음과 같은 글을 적었다.

독서를 통해 나를 찾았느냐? 졸렬한 생각에 변화가 있었는가? 세계적인 예술품인 반가사유상은 그 외현적 아름다움보다는 '나'를 찾기 위한 사유가 빛나는 것이 아닌가.

이런 가치를 담은 책이 있다면, 나는 책처럼 살고 싶다.

......

그리고 생각해 보니 나의 한계가 보였다. 그리고 글을 쓰면서 한계가 보였다!

이제 나를 찾는 독서를 시작한다.

(3) 권위자의 글

겉표지에 전문가나 권위자들이 책에 대한 긍정적 평가를 쓰면 독자들에게 권위가 있어 좋다. 다만 이들이 애정을 가지고 정확하게 출판한 책에 대한 견해를 피력한다면 이는 글쓴이나 출판사 측에서도 매우 좋아할 일이다. 그럴 경우보다 출판사 측의 요청에 의해 이들이 책에 대한 좋은 글을 써 붙이는 경우가 많다. 그러나 종종 독자들이 책에 대해 실망하는 경우도 있다. 주례사와 같이 칭찬으로만 끝나는 문장일 수도 있기 때문에 고려해야 한다.

공신력 있는 기관이나 저명인사가 책에 대해 평가할 경우, 그 판매의 파장이나 사회에 미친 영향력은 상상을 초월한다. 올해 서울대 학생들이 가장 많이 읽은 책이라는 평가가 나가는 순간, 그 책의 판매는 이미 언론이나 서점가를 뒤덮는다. 페이스북 창업자인 마크 저커버그가 자신의 페이스북에 『권력의 종말』을 올렸다. 그 이후를 상상해 보라.

5. 출판사의 고려 사항

대형 출판사들은 매우 조직적이기도 하지만 글쓴이를 선정하는 데도 신중하다. 대형 출판사에서 책을 낸다는 것은 영광이지만 웬만큼 해서는 출판이 어려운 게 현실이다. 더구나 디지털 공간과 환경이 지배하는 오늘날은 더욱 그렇다.

출판사를 찾아가거나 전화상 문의해도 우선 원고를 보내라고 하고, 그 원고를 가지고 편집회의를 거치고, 그 결과에 따라 출판 여부를 결정한다. 다행히 좋은 원고라고 하더라도 이런저런 이유로 해서 출판을 거절당하는 경우가 허다하다. 또 내부 사정에 의해 연간 출판 계획이 잡혀 있다고 해서 거절을 당하기도 한다.

군이 출판을 목적으로 한다면 자비 출판이나 소규모의 출판사와 계약을 하는 것도 고려해 볼 만하다. 소규모의 출판사는 비교적 출판이 무난할 수 있지만 지명도가 낮기 때문에 아쉬운 점이 많다. 그리고 자비 출판으로 개인적인 부담이 큰 경우도 있다. 이런 부담을 안고도 자신의 생각을 담은 글이 가치 있다고 판단하거나 심지어 비용 부담까지 감수할 만큼 절실할 때, 출판을 결심하면 된다. 이러한 책들은 대개 자기만족이나 자기위안의 책이라 할 수 있다.

책이란 서점가의 판매와 작가의 수입이 보장되는 책을 말한다. 한 가지 분명한 것은 책은 부가가치를 창출할 수 있는 하나의 상품이라는 사실이다. 이 사실을 명심해야 한다. 동네 서점에 내 책을 판매하기란 어렵다. 이는 자신의 책이 대중적이지 못하다는 반증이기도 하다. 이러한 상품의 가치를 결정짓는 것은 무엇인가? 「내 글이 책이 되는 방법」에서는 이런 결정 사항의 항목들을 소개하고 있다.[10] 즉 ① 저자에 관하여 – 저자의 전공 여부, 인지도, ② 주제에 관하여 – 언론의 관심 정도와 독자층의 관심도, ③ 원고의 질에 관하여 – 원고 내용의 흥미성과 명료성, ④ 마케팅과 관련하여 – 일반 독자의 폭넓은 관심으로 광고성 효과, ⑤ 투자 수익성에 관하여 – 최소 5,000부 이상 판매 실적의 보장성과 1년 내 10,000부 이상 판매 가능성 여부 등이 결정하는 요인이 된다.

위와 같은 조건이 아니라면 1인 출판사를 등록해 자신의 책을 출판하는 것도 한 방법이다. 물론 개인의 노력이 들지만, 책과 관련된 출판 경비를 줄일 수 있는 이점도 있다. 책 출판과 관련해 출판사를 기웃거리지 않아도 되니, 무엇보다도 글쓴이의 마음이 편하다는 장점이 크다.

10. 탁정언 · 전미옥, 「내 글이 책이 되는 방법」, 『일하면서 책 쓰기』, 살림, 2006, 261~263쪽.

목차

제2부 글 전개 방식의 기술

제3부 고쳐쓰기의 기술

제4부 글쓰기와 논술, 토론

제1부

창의적 사고와 글쓰기 기술

유명세를 떨친 글쓰기 작가들의 특징은 무엇일까?

책을 통해 엄청난 부를 축적한 『해리 포터』의 작가는 조엔 K. 롤링 J. K. Rowling이다. 이 책의 국내 판권을 가진 문학수첩 출판사도 상당한 판매고를 올렸다. 천재 물리학자 칼 세이건Carl Edward Sagan, 1934~1996의 『코스모스』나 영국 진화생물학자 리처드 도킨스Clinton Richard Dawkins가 쓴 『이기적 유전자』는 책 두께 못지 않게 난해한 내용임에도 불구하고 고등학생, 대학생의 필수 도서로 알려져 있다. 이들의 공통점은 독자의 상상력을 자극하거나 폭 넓은 지식과 지적 호기심을 바탕으로 글을 썼기 때문이다.

부자가 되는 방법은 부자 부모를 만나는 것, 부자 배우자를 만나는 것, 자신이 스스로 부자가 되는 것이라는 우스갯소리도 듣는다. 재래시장의 자장면집 주인이 그 바쁜 와중에 읽고 있던 책이 바로 『돈의 속성』이다. 2020년에 100쇄까지 출판된 『돈의 속성』에는 '부자가 되는 세 가지 방법'이 소개되어 있는데, 상속, 복권 당첨, 사업 성공을 말하고 있다. 복권 당첨 비율은 사업 성공 비율보다 훨씬 낮다고 한다. 사업 성공 또한 말처럼 쉬운 것이 아니다. 그래서 이 책에서는 오늘부터 당장 좋은 회사의 주식을 사서 투자하라고 조언하면서 일찍 시작할수록 더 좋다고 한다.『돈의 속성』은 금전적인 인간의 욕망을 자극하는 제목과 함께 돈에 대한 궁금증을 이야기한다는 점에서 독자들의 흥미를 끈다. 그리고『따뜻한 카리스마』는 사회생활에서 성공적인 에티켓을 재미있게 다루었다는 점에서 독자들의 지갑을 열게 했다.

구본준의『한국의 글쟁이들』은 인쇄료가 아주 많은 현역 작가들의 글 쓰는 특징을 책 소비자인 독자와 연결시켜 정리한 책이다. 상당히 고개를 끄덕이게 된다.

대중과 소통하는 미술 저술가 이주헌의『50일간의 유럽 미술관 체험』으로 유명세를 탔던 그는 '절대 현학적衒學的이지 않도록 노력하는 것'으로 '독자 지향적 글쓰기'를 주장한다. 책을 쓰는 것은 돈을 벌면서 공부하는 것이라는 지론을 가지고 있다. 그리고 역사 저술가 이덕일은 일제 시대에 형성된 '식민사관'에 대한 부정으로부터 시작해 '명문대 중심의 학계'에서 벗어난 자괴감으로 시작한 글쓰기로 성공을 거둔 저자이기도 하다. 그의 대표작은『당쟁으로 보는 조선 역사』와『조선왕독살사건』이다. 이덕일은 학자풍의 딱딱한 글을 쓰지 않는 수준을 넘어 짜임새 있는 이야기 구조를 만들어 내는 능력이 탁월하다는 평가받는다. 역사적인 인물의 일생을 샅샅이 훑어야만 가능하기 때문에 자료 수집과 집필에 몇 년은 기본이고 길게는 십여 년씩이나 걸리기도 하고, 또한 관련된 인물도 입체적立體的으로 조망眺望하기 위해 취재 및 인터뷰를 한다. 자료와 인터뷰를 재구성해야 하는 어려움도 따른다. 출판이 선진화되면서 시장이 성숙해지고 진실과 정의가 살아남는 '평전評傳'의 가치가 가장 높다고 평가하고 있다. 특히 역사적인 인물의 경우는 종친회라는 독특한 문화적 요인이 작용하기도 한다. 종친회는 집필에 어떤 형태로든 영향을 끼친다고 어려움을 토로吐露하고 있다.

삶과 글이 일치하는 글쟁이는 한비야이다. 1996년 『바람의 딸, 걸어서 지구 세 바퀴 반』은 저자가 혈혈단신 6년 동안 전 세계를 걸어서 다닌 경험을 바탕으로 쓴 책이다. 그래서 '머리를 때리는 글이 아니라 가슴을 때리는 글을 쓴다.'거나 '아무리 뛰어난 머리도 잉크를 따라가지 못한다.'는 말을 가질 수 있는 저술가이다. 1인 기업형 지식인으로 꼽히는 도올 김용옥, 그는 책을 쓸 때 독자를 25~35세로 잡는다. 그리고 가장 쉽게, 대중과 교감할 수 있는 사유를 정리해 책을 집필한다. 그는 '20세기는 폭력의 세기'이고, '21세기는 논술'의 세기로 규정하여 신세대와 함께 합리적인 소통이 가능하도록 노력한다. 그의 『논술과 철학 강의』에 고스란히 담았다. 이들은 프랑스 철학자이자 비평가인 롤랑 제라르 바르트Roland Gérard Barthes, 1915~1980가 지적한 작가의 소멸과 독자의 가치를 일찍 간파한 글쓴이들이다.

교양 과학 저술가 정재승, 그의 『물리학자는 영화에서 과학을 본다』20만 부 이상와 『정재승의 과학 콘서트』40만 부 이상는 가장 많이 팔린 책이다. 글쓰기 능력보다는 독자들이 무엇을 알고 싶어 하는지, 이 시기에 무엇을 말해야 하는지를 가장 잘 파악하는 저자가 정재승이라고 평가받는다. 또한 정재승은 이공계 출신의 약점을 극복하고 문과 출신 못지않은 글솜씨를 자랑한다. "미래가 필요로 하는 인재상은 한 우물만 파는 게 아니라 우물 두세 곳을 파고, 그 우물 사이에 지류를 내는 사람일 겁니다. 그런 사람이 되는 가장 좋은 방법은 역시 책 읽기라고 생각합니다."라는 것이 그의 독서론이다. 정재승의 책들은 『코스모스』나 『이기적 유전자』보다는 읽기 부담을 덜어준다. 그러나 읽기 부담 때문에 독서를 회피하는 것은 인생을 망치는 위험한 일이다. 그래서 『만들어진 신』, 『스티브 잡스』도 읽어야 한다. 물론 정재승의 책보다는 재미가 덜 할지 모르겠지만.

여기에 덧붙이고 싶은 책은 강양구의 『과학의 품격』이다. 과학적 지식을 바탕으로 한 짧은 형식의 글을 통해 인간의 삶을 되돌아보게 하는 일침의 문장이 돋보이기 때문이다. 인간과 과학 기술과의 관계를 물음으로 시작해 독자에게 흥미를 끈다.

책벌레들이 하는 직업이 생겼는데, 바로 출판 칼럼니스트 또는 출판 평론가이다. 이러한 직업을 개척한 이들 가운데 표정훈이 있다. 일주일에 3~4권 읽고, 3분의 1 정도 읽는 책은 5~6권이고, 월 50만 원 정도의 책을 구입한다. 그는 '조사주의자'다. 책을 통해 참고문헌을 읽고, 이와 관련한 책을 다시 찾아 읽어 그물식의 독서로 박람강기博覽强記: 동서양 서적을 두루 읽고 이해함한 상태에서 일종의 서비스업 정신으로 글을 쓴다고 밝혔다. 책읽는 것이 책 쓰는 것이라는 이유를 그에게서 찾을 수 있다.

이들처럼 수많은 독자들이 선호하는 책에는 어떤 특징이 있을 것이다. 『해리 포터』는 세상에서 없었던 세계를 글로 보여 주었다는 점에서 창의성을 생각해 볼 수 있다. 『코스모스』나 『이기적 유전자』는 우주의 특징과 인간의 유전적인 특징을 흥미롭게 담았다는 점에서 창의성과 함께 지식의 가치를 보여 준 역저라고 할 수 있다. 『돈의 속성』은 자본주의 사회의 속성을 간결하게 '돈'으로 명명함으로써 독자들의 흥미를 끌었다는 점이다. 일종의 대중 사회의 욕구를 자극하는 '돈'에 대한 대중 심리를 저격한 것이다. 『따뜻한 카리스마』도 사회관계의 망網 형성을 짚고 있다는 점에서 역시 대중 심리를 간파看破한 것이다. 『50일간의 유럽 미술관 체험』, 『바람의 딸, 걸어서 지구 세 바퀴 반』 두 권은 작가의 독특한 체험을 바탕으로 한 글쓰기였다는 점이다. 50일과 6년이라는 시간이 글쓰기에 어떤 영향을 미칠까라는 생각이 남게 된다. 세계적인 명작의 관람기와 오지 체험기라는 점에서 차이가 있으나, 다 같이 독자들에게 현장을 생생하게 묘사해 전달한 장점이 있다. 『논술과 철학 강의』, 『정재승의 과학 콘서트』, 『과학의 품격』은 전문 지식을 독자들이 접근할 수 있도록 글을 썼다는 장점이 있다. 또한 출판 평론가인 표정훈처럼 책을 읽고 글을 쓰는 직업도 있다.

위에서 언급한 것처럼 독자가 많이 탐독한 책을 쓴 작가들의 특징을 정리해 보면 우선 창의성, 대중성, 일반적인 글쓰기 수준 고려, 삶의 체험, 자료 수집, 전문적 식견, 책 읽기로 글쓰기 등으로 파악할 수 있다. 이러한 글을 쓰려면 작가 정신 혹은 집필 태도뿐만 아니라 글의 방향성과 글쓰기 기술을 알아 둘 필요가 있다.

서울대 김난도 교수는 "그대가 어떤 일을 하든 반드시 익혔으면 하는 단 하나의 역량을 들라면, 나는 주저 없이 글쓰기 능력을 들고 싶다."[11]고 했다. 그래서 필자는 한 편의 글을 쓰는 방향과 글쓰기 기술을 터득한 독자들이 '단 하나의 역량'인 글쓰기 능력을 키워서 자신이 쓴 글로 책을 출판할 수 있기를 희망한다.

---

11. 김난도, 「글은 힘이 세다」, 『아프니까 청춘이다』, 쌤앤파커스, 2010, 179쪽. 한국 출판 사상 최단기에 100만 부를 돌파한 이 책의 저자는 한비야의 『바람의 딸-걸어서 지구 세 바퀴 반』이라는 책을 통해 이 용기 있는 여성을 우리들이 알았던 것이다라고 언급하고 있다.

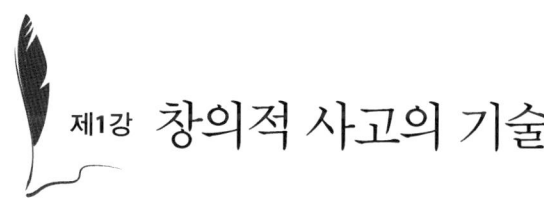

제1강 창의적 사고의 기술

한 편의 글을 쓰는 과정은 대개 주제 정하기 – 내용 생성하기 – 내용 조직하기 – 표현하기 – 고쳐쓰기 등의 순서로 이루어진다. 여러 가지 생각의 그물을 만드는 과정에서 주제와 글감을 찾는다. 그리고 구체적으로 내용을 생성해 글을 쓰고, 고쳐쓰기 과정을 통해 한 편의 글을 완결하게 된다.

구양수歐陽脩, 1007~1072의 간다看多, 주다做多, 상량다商量多의 삼다설은 좋은 글을 쓰는 요건으로도 유명한 금언金言이다. 오늘날은 서구의 글쓰기에 관한 이론이 수입되면서 작문론이 다양한 시대가 되었다. 글의 중요한 요건으로 정확성, 경제성, 일관성, 완결성, 독창성, 타당성 등과 같은 삼다설보다는 세분화, 구체화되었다.[12]

이와 같은 이론은 좋은 글을 쓰는 요건은 되지만, 다소 추상적이라는 판단이 섰다. 작문론이 안내하는 대로 한 편의 글을 쓸 수 있을까라는 의구심이 들었다. 그래서 실제 글쓰기의 구체적인 기술이 필요하다는 생각을 하게 되었다.

글쓰기는 무엇보다 창의적 사고에서 출발해야 한다. 글쓰기의 출발은 기존 질서 체계와 관념觀念으로부터 벗어나 새로운 인식 체계를 정

---

12. 김봉군, 「제12장 좋은 글의 요건」, 「문장 기술론」(제6판), 삼영사, 2005, 48~144쪽.

립하는 것이다.

가령 '500원 동전이 둥글다'는 인식 체계가 잘못된 것은 아니다. 다만 '500원 동전이 직선直線'이라는 새로운 인식 체계를 설명할 수 있다면, 이를 창의적인 생각이라고 할 수 있다. 500원 동전이 둥글다는 인식 체계는 평면 위의 동전을 90도 직각으로 볼 때만이 진실이다. 그러나 평면 위의 45도를 거쳐 180도의 평면과 같은 위치에서 보면 직선으로 보인다. 그렇다고 500원 동전의 본질적 가치가 없어지는 것이 아니라 새롭게 존재를 인식할 수 있다는 점이다. 이와 마찬가지로 기존의 대상에 대한 인식이라 하더라도 새롭게 볼 수 있다는 창의적인 관점이 글쓰기의 기본이다.

누구나 500원 동전이 둥글다는 사실은 안다. 다만 500원 동전이 직선이라고 설명할 수 있을 때, 글쓰기는 시작되는 것이다. 500원 동전에 대한 새로운 관점과 해석을 글로 표현하는 기술이 창의적 사고의 표현인 것이다.

1. 문제의 본질을 생각하라

복잡한 사회 현상에 대한 흐름을 간파하면 좋은 글감을 찾을 수 있다. 이 글감을 액면 그대로 본다면 사실적인 글쓰기일 뿐, 새로운 시각을 보여 줄 수 없다. 그래서 항상 사회의 일반적 현상에 대한 이해를 바탕으로 다른 사실을 볼 수 있는 시각과 노력이 필요하다.

이명박 정부에는 영어 몰입 교육 정책이 난무했다. 그래서 영어 교육의 필요성을 강조하는 사회적 분위기에서 왜, 영어가 국제어가 될 수밖에 없는가에 대한 논란이 있었다. 이 논란과 관련하여 미국의 정치학자이자 하버드 대학 교수인 사무엘 필립스 헌팅턴Samuel Phillips Huntington, 1927~2008의 생각을 참고할 필요가 있다.

> 영어가 이질적인 문화와 문화의 보편적 의사소통으로서 확고한 위치에 올라섰다고 말할 수 있다. 그러나 이런 방식으로 사용되는 영어는 어디까지나 문화와 문화의 의사소통을 위한 매개체이다. 이것은 이질적인 문화들의 존재를 해소하는 방책은 아니다. 그것은 의사소통을 위한 수단이지 정체성正體性과 귀속감을 낳는 원천은 아니다. 일본의 금융인과 인도네시아의 기업인이 만나서 대화를 나눈다고 해서 그들의 사고가 영어화, 서구화된다고 보는 것은 어불성설이다. 독일어를 쓰는 스위스인과 프랑스어를 쓰는 스위스인도 만나면 대개 영어를 쓰지만 그들의 생각마저 영어화되지는 않는다. 네루가 각종 억제책을 썼음에도 불구하고 인도에서 영어가 제2국어로서의 자리를 계속 유지하고 있는 것은, 비힌두어 사용자들이 자기의 언어와 문화를 유지하려는 열망이 그만큼 강하고 여전히 인도가 다언어 사회로 남아 있어야 할 필요성이 있다는 사실을 반증한다.
>
> － 사무엘 헌팅턴, 『문명의 충돌』

사람들은 미국이 강대국이기 때문에 그들이 사용하는 영어는 국제어가 될 수밖에 없다고 한다. 그럴 수 있다. 이는 일반적 사고이다. 여기에 동의한다면 더 이상 논의할 가치가 없다. 그러나 사무엘 헌팅턴은 영어의 가치를 문화와 연결시켜 해석하고 있다는 점에서 우리들의 눈길을 끈다. 의사소통으로서의 외형적인 국제어가 영어일 뿐이고, 영어의 사용으로 각국의 이질적인 문화를 미국화로 귀속시킬 수 없다는 점이 이 글의 핵심이다. 사무엘 헌팅턴처럼 논란의 핵심을 찾는 창의적 사고를 바탕으로 글을 쓰는 노력이 필요하다. 물론 윗글처럼 창의적 사고를 뒷받침하는 근거와 예시를 인용하는 글이 설득력이 있다.

영어는 의사소통 도구일 뿐, 문화의 속성을 갖지는 못한다. 언어가 문화의 속성을 가진다면 전 세계는 동일한 문화로 획일화하게 된다. 인류 문화의 발전을 저해할 수 있다. 따라서 영어의 상용화는 필요에 의한 의사소통의 도구일 뿐이다. 그래서 사무엘 헌팅턴의 주장은 타당하다.

글은 생각에서 나온다. 그래서 좋은 글을 쓰기 위해 대상과 문제의 본질을 찾는 깊은 사색思索이 필요하다. 창의적인 사고는 창의적인 글쓰기의 출발이다.

2. 주장의 논리를 생각하라

요즘 매체의 발달로 소통 공간이 확장되면서 누구나 자신의 생각을 드러내는 글쓰기 '열풍 시대'가 되었다. 그런데 많은 사람들이 자유롭게 글을 쓰는 표현 자유의 시대임에도 불구하고 오히려 현대인의 문맹률文盲律이 치솟고 있다. 읽고 이해하고 쓰는 문해력文解力이 현저히 떨어져 글쓰기의 위기 시대가 된 것이다. 인터넷의 열린 공간을 통한 글쓰기 문화가 확산擴散되고 있다. 하지만 정작 제대로 된 주장보다는 자신의 왜곡歪曲된 시야를 그대로 표출表出하는 글들이 주를 이루고 있어

안타깝다. 현실적 문제에 대한 논리적 사유와 비판적 의식이 바탕이 된 글이 아니기 때문에 읽는 이 또한 짜증이 난다. 무슨 이야기인지조차 이해할 수 없어 글쓴이의 감정만 배설排泄한 것 같은 느낌을 주는 글이 많다.

논리와 비판 의식은 자신의 주장을 강화하고 독자들에게 설득력을 얻을 수 있는 필수 조건이다. 하지만 식자층들의 글쓰기는 논리성과 비판성보다는 자신과 전공에 대한 홍보성의 글을 붙여쓰기 경우가 허다한 것이 현실이다. 따라서 식자층들에 대한 글쓰기 훈련이 필요하다고 역설한 작가의 글을 읽어 볼 필요가 있다.

최근 어떤 자리에서 '라이팅 스쿨'에 대해 이야기했다. 법학전문대학원이니 의학전문대학원이니 하는 교육 체계와 비교해 문학 쪽도 전문대학원이 필요하지 않은가 하는 것이 대학에서 강의하는 교수님의 견해였다. 문학전문대학원이나 논술전문대학원이라는 이름으로는 뭔가 어색해 '로스쿨'이라는 관용어에 따라 '라이팅 스쿨'이라 불렀다. 내용인즉 전공에 관계없이 지식인들의 글쓰기 훈련이 필요하다는 말이다.

일반인도 그렇지만 학문을 직업으로 하는 사람이 자신의 생각을 저장, 전달하는 중요한 수단이 글쓰기이다. 전자공학이든 군사학이든 열심히 공부해 뛰어난 업적과 특출한 지식을 가져도 글쓰기 능력 부족으로 자기만 알고 남에게 알려주지 않으려는 '청기와 장수 심보'가 없는데도 그런 처지에 놓인 분이 많다.

문학인이나 언론인, 학자와 같이 소위 팬클럽 회원만이 아니라 경영인이나 엔지니어, 종교인에게도 글 쓰는 능력은 속한 분야의 지식과 사상을 사회로 환원하는 통로이다. 모든 사람이 명문장가가 될 순 없지만 지금 우리 사회의 현실이 안타깝다는 생각이 든다. 구슬이 서 말이라도 꿰어야 보배라는 속담도 있고, 독서는 사람을 풍부하게 하고 대화는 사람을 풍부하게 하고 대화는 사람을 유연하게 하고 필기는 사람을 정확하게 한다는 말이 있다.

예전에는 문사나 글씨, 그림을 잘하는 이들은 후세에 불후의 명성을 전할 수 있었다. 그에 반해 음악인이나 춤꾼 같은 공연예술가들은 기예와 예술혼을 전달할 방도가 없었다. 조선 중종 때 당대 최고의 거문고 악사 이마지李馬智의 토로가 그런 사정을 말한다. 수많은 귀족이 운집한 자리에서 거문고 연주로 좌중을 압도하던 이마지가 연주를 마친 뒤 슬픈 얼굴로 한탄했다. "비록 이마지가 음률을 잘했다고 말한들 뒷사람이 무엇을 근거로 그 수준과 품격을 알겠는지요? 호파瓠巴와 백아伯牙가 중국의 뛰어난 악사였으나 죽는 날 밤부터 벌써 그 소리를 평가할 길은 없었습니다."

그의 탄식도 동시대 문사인 김안로金安老의 문집에 실려 있기에 전해졌고 지금은 안대회 교수가 자신의 저서에 옮겨 뒀기에 누구나 접할 수 있다.

하지만 요즘에는 그 처지가 뒤바뀌어 음악인이나 무용가, 영화인 같은 예술인은 발전한 영상과 음향 저장기술을 통해 자신의 예술혼을 고스란히 보존, 전달한다. 오히려 글쓰기 능력이 부족한 학자, 추상적 관념을 추구하는 종교적 수행자는 자신의 지식과 사상을 정리할 기회조차 없다. 문학을 강의하는 교수님이 라이팅 스쿨의 필요성을 개진할 만하지 않은가.

－ 심상대, 「지식인들, 글쓰기 훈련 좀 합시다」,

《동아일보》, 2008년 3월 29일

윗글을 정리해 보면, 지식인의 글쓰기 훈련이 필요하다는 내용이다. 학문하는 직업인은 생각을 저장, 정리하는 수단이 글쓰기라는 점과 고사를 통해 글쓰기의 중요성을 한 번 더 강조하고 있다. 논리적으로 뒷받침하는 논거로 글을 전개하기 때문에 설득력이 있고 또한 창의적 사고력도 돋보이는 글이다.

3. 관념을 벗어나 생각하라

글을 쓸 때 중요한 것 중 하나는 관념으로부터 벗어나야 한다는 것이다. 관념을 벗어나는 생각이 바로 글쓰기의 출발이다. 다음은 우리들의 관념과 다소 다른 생각을 보여준 글이다.

우림은 육지의 생태계에서 가장 크고 풍요로운 체계다. 온대나 한대의 생태적 체계다. 온대나 한대의 생태적 체계들보다 훨씬 많은 생물적 질량과 종種의 다양성을 누린다. 지표에서 30미터 이상 치솟은 촘촘한 나무들의 덮개는 생태계의 장관들 가운데 하나다. 이렇게 우람한 나무들은 수많은 기생 생물들의 터전이 되고, 그 식물들은 수많은 동물들을 지탱한다.

…중략…

우림처럼 크고 다양성을 지닌 체계는 질서를 지녀야 존재할 수 있다. 그런 질서는 구성원들이 긴밀하게 협력할 때 비로소 나온다. 실제로 우림을 이루는 많은 종들은 협력하면서 살아간다. 공생이 널리 이루어지고 여러 종들을 포함하는 다단계 협력인 '초순환 hyper-cycle'도 다양하게 나온다. 협력을 통한 질서가 나오지 않는다면, 우림과 같은 체계는 존재할 수 없다.

이처럼 통념과 달리, 정글이라 불리는 우림은 많은 종들과 개체들로 이루어졌지만, 질서를 지녔고 안정적이다. 즉 정글은 생물이 살기 좋은 곳이다.

- 복거일, 『경제적 자유의 회복』

글쓴이는 정글이 복잡하고 살기 힘든 곳으로 생각하는 사람들이 있다고 전제하고 우리들의 '관념과 달리' 정글은 질서가 유지되는 살기 좋은 곳이라고 주장한다. 인용과 같은 창의적인 글을 쓰려면, 기존의 생각부터 바꾸어야 한다. 생각부터 바꿔야 창의적인 글을 쓸 수 있고, 좋은 글이 되고, 문장文章이 되고 명문名文이 되고 명저名著가 된다.

대상자연이나 사회에 대한 깊은 관찰은 우리들의 관념을 벗어날 수 있는 방법이며, 또한 깨달음을 얻을 수 있는 통로이다. 관찰의 순간은 창의적 사고가 발현되는 순간이기도 하다.

나는 사마귀가 무섭다. 모기에 물려도 신경 쓰지 않고, 소똥구리를 잡으려고 똥을 들추는 일도 역겹지 않다. 쏘일까 겁날 만한 애벌레나 벌도 거리낌 없이 만진다. 그런 내가 손으로 만지기 꺼리는 녀석이 바로 사마귀다. 앞다리를 쩍 벌리고 와락 덮칠 듯한 자세, 섬뜩할 정도로 날카로운 눈매, 휙휙 돌려 뒤에 있는 것도 씹어 먹을 수 있는 로봇 같은 목과 주둥이가 무섭다. 잡으면 터질 것 같은 물컹한 배도 징그럽다.

곤충들도 사마귀를 두려워한다. 톱날 같은 돌기가 있는 사마귀 앞다리에 걸리면 아무리 발버둥 쳐도 빠져나오지 못한다. 삼각형 모양의 얼굴, 매서운 눈을 마주하면 그 기세에 눌린다. 날카롭고 단단한 턱은 순식간에 작은 곤충을 분해해 버린다. …중략…

그런데 알고 보면 사마귀는 허풍쟁이다. 위협적인 자세가 말 그대로 자세로만 끝나기 때문이다. '버마재비 수레 못 버티듯'이란 속담이 있다.

사마귀가 길 한가운데 몸을 꼿꼿이 세우고 수레와 맞서려 하는 꼴을 표현한 것으로, 턱도 없는 상대와 싸우려 하는 무모함을 비유적으로 이르는 말이다. 아무렴 사마귀가 수레와 맞서 이길까? …중략…

사마귀가 사냥하는 장면을 촬영하려고 지켜보는데 녀석은 정말 얼음처럼 굳어 있었다. 나와 눈이 마주치자 잠시 몸을 움찔하며 경계하는 듯하다가 고개를 한두 번 갸우뚱하더니 다시 꼼짝하지 않았다. 한참을 서로 노려보다 속으로 중얼거렸다. '에잇! 답답해 죽겠네. 네 녀석이 직접 사냥감을 찾아 나서 봐라!' 그러나 내 바람은 아무 소용이 없었다. 사냥 장면은커녕 눈싸움만 하다 내가 먼저 지쳐 버렸다. 산에 오를 때 칡넝쿨 앞에 앉았던 것이 오후에 내려올 때도 그대로였다. 전날 본 녀석이 이튿날까지 그대로였던 적도 있다.

사마귀가 곤충 세계의 최상위 포식자로 군림할 수 있었던 것은 꼼짝 않고 먹이를 기다리는 진득함 때문이다. 날렵한 사냥술, 무모한 허풍보다 때로는 진득함이 더 큰 무기가 된다. 나는 녀석의 허풍과 진득한 기다림에 졌다. 사마귀는 고수다.

- 조영권, 「사마귀가 무서운 이유」,
『좋은 생각』, 2011년 1월호

사마귀라는 곤충을 통해 삶의 교훈이라 할 '삶의 진득함'도 배울 수 있다는 주제의 글이다. 곤충이라고 할 대상을 깊이 관찰하다 보면 한 편의 재미있는 글을 쓸 수 있다. 이것이 곤충이라는 관념에서 벗어나 대상을 새롭게 생각하기이다.

4. 호기심과 논리를 생각하라

글을 쓰고자 하는 목적이 뚜렷해야 한다. 물론 독자들에게 일상적인 호기심을 줄 수 있는 글이라면 더욱 흥미를 유발할 수 있다.

다음은 인간의 뇌가 감당할 수 있는 진짜 친구의 수는 몇 명일까라는 흥미로운 질문을 던진 글이다.

'던바의 수'가 있다. 영국 옥스퍼드 대학교의 과학자 로빈 던바의 이름에서 따온 것이다. 던바는 인간을 비롯한 영장류가 다른 포유류보다 몸의 크기에 비해서 큰 뇌를 가지게 된 이유를 사회성에서 찾는 '사회적 뇌' 가설로 유명한 과학자다. 인간이 여럿이 어울려 살면서 두뇌가 발달해 오늘날처럼 진화했다는 것이다.

그렇다면 던바의 수는 뭘까? 던바는 뇌의 크기와 영장류 집단의 규모를 연구하면서 한 개체의 한정된 뇌가 감당할 수 있는 집단의 규모에 한계가 있다는 결론에 이른다. 던바가 추정한 인간 뇌가 감당할 수 있는 집단의 규모는 150명 정도다. 즉 한 사람이 맺을 수 있는 인간관계는 150명 정도에 불과하다.

던바는 1993년 이런 결론이 담긴 연구 결과를 발표했다. 던바의 수는 150명이 탄생한 순간이었다. 그렇다면 이 던바의 수는 얼마나 신뢰할 만할까?

흥미롭게도 던바의 수를 지지하는 증거는 상당히 많다. 신석기 시대 수렵 채집 공동체의 인구는 150명 정도였다. 던바가 인구 기록을 구할 수 있는 20개 원주민 부족의 규모를 확인했더니 인구가 평균 153명이었다. 던바의 고향인 전통적인 영국 시골 마을의 평균 인구도 공교롭게도 150명이었다.

이뿐만 아니다. 로마 시대 로마군의 기본 전투 단위인 보병 중대는 약 130명이었다. 현대로 눈을 돌려도 마찬가지다. 현대 보병 중대의 단위도 3개 소대, 포대, 지원 병력 등을 합해 130명 정도로 구성된다. 이런 것 어떤가? 기능성 섬유 '고어텍스' 제조사 고어는 수평적 조직을 지향하는 독특한 기업 문화로 유명하다. 그런데 그 공장의 조직 단위가 150명이다.

던바가 직접 진행한 재미있는 연구도 있다. 던바가 영국 시민을 대상으로 연말에 크리스마스 카드를 고르고 편지를 쓰고 우표를 사고 우편으로 보내는 과정을 몇 번이나 반복하는지 살폈다. 아니나 다를까, 사람들은 평균적으로 68곳의 가정에 카드를 보냈고, 그 구성원을 합하면 150명 정도였다.

던바의 수가 유명해지자 미국, 오스트리아 등의 과학자들이 함께 온라인 게임의 가상 공간에서 게임 참여자가 어떻게 관계를 맺는지를 연구했다. 이들은 3년 6개월에 걸쳐 게임 참여자 사이에 나타나는 동맹, 제휴, 거래, 경쟁 등의 인간관계 기록을 검토했다. 흥미롭게도 동맹의 크기에 상한선이 없는데도 가장 큰 공동체의 구성원이 130명을 넘는 경우가 없었다. 던바의 수!

　　　　　　　　　　　- 강양구, 「진짜 친구의 수는 150!」, 『과학의 품격』

글의 방향성을 잃지 않도록, '던바의 수는 뭘까?' 혹은 '던바의 수는 얼마나 신뢰할 만할까?'라는 의문형의 문장을 되풀이하며 독자들의 호기심을 유발하면서 글을 기술하고 있다. 글의 목적을 분명히 하면서 그에 뒷받침되는 논리적 근거를 제시하고 있는 글이다.

5. 참신한 비유법을 생각하라

한 편의 글이 완성되는 과정에서 참신한 비유법을 활용한다면 글의 창의성이 돋보이게 된다. 모든 상황을 한마디의 수사적 장치로 표현한 글에 경탄驚歎하는 경우가 많다. 그런 만큼 수사적 글쓰기는 필요하다.

'침대는 가구가 아닙니다. 침대는 과학입니다.'라는 상업 광고 문안이 유행한 적이 있었다. 기존의 통념과 달리 참신한 비유법으로 표현된 광고로 깊은 인상을 남겼다. 이 침대는 단순히 집 안이나 사무실에 존재만 해 있는 가구가 아니라 인체 공학적 원리로 만든 과학적인 침대입니다라는 의미를 내포한 것이다.

침대는 가구입니다라는 사실을 광고 문구에 사용했다면 일반적인 사실이기 때문에 참신하거나 광고 대상인 침대의 특징을 드러내지는 못할 것이다. 침대는 가구가 아니라는 도발적인 발상의 표현인 역설법逆說法을 활용했기 때문에 강한 인상을 주게 된다. 이처럼 자신이 쓰는 글에는 비유적인 표현을 활용하는 창의성이 필요하다.

수사법의 종류는 어떤 학자는 적게는 100여 가지로 꼽고, 많게는 200여 가지로 꼽는다. 그런가 하면 무려 300여 가지로 꼽는 학자도 있다.[13] 우선 비유법의 개념을 명확하게 이해한 다음에 활용해야 한다.

---

13. 김욱동, 「수사학이란 무엇인가」, 민음사, 2003, 9쪽.

1) 의인법 활용

표현에서 가장 기본적인 수사법이 의인법이다.

> 개념: 의인법은 생명이 없는 무생물이나 동식물 또는 자연 현상이나 추상적 개념에 사람의 생명과 속성을 부여하는 수사법을 말한다. 의인법에서 사물이나 동식물 또는 자연 현상 따위는 마치 사람처럼 말하고 행동할 뿐만 아니라 사람처럼 생각하고 판단한다.
>
> — 김욱동, 「의인법」, 『수사학이란 무엇인가』

다음은 의인법을 볼 수 있는 글이다.

> 나무는 고독하다. 나무는 모든 고독을 안다. 안개에 잠긴 아침의 고독을 알고, 구름 덮인 저녁의 고독을 안다. 부슬비 내리는 가을 저녁의 고독도 알고, 함박눈 펄펄 내리는 겨울 아침의 고독도 알고, 별 얼고 돌 우는 동짓달 한밤의 고독도 안다. 그러나 어디까지든지 고독에 견디고 고독을 이기고 또 고독을 즐긴다.
>
> —이양하, 「나무」

너무나 잘 알려진 이양하의 수필 「나무」의 첫머리에서 따온 글이다. 나무가 고독하다고 말할 수 있는 것은 나무에게 사람의 생명을 불어넣고 사람의 속성을 부여하기 때문이다.

첫 문장처럼 '나무는 고독하다.'고 말하면 형용사로 만든 의인법이 되지만, 둘째 문장처럼 '나무는 모든 고독을 안다.'고 말하거나 마지막 문장처럼 '나무는 어디까지든지 고독에 견디고 고독을 이기고 또 고독을 즐긴다.'고 말하면 동사로 만든 의인법이 된다. '돌 우는 동짓달 한밤의 고독도 안다.'는 문장에서도 '돌이 운다'는 표현은 동사로 만든 의인법이기는 마찬가지다. 한겨울에 모진 바람을 맞고 소리를 내는 것을 두고 돌이 운다고 말한 것이다.

-김욱동, 「의인법」, 『수사학이란 무엇인가』

식물인 나무를 통해 인간의 근원적 고독을 비유하고 있다. 의인법을 통해 인간의 본질을 파헤쳤기 때문에 시인의 창의적인 사고가 발현된 표현이다. 윗글은 나무를 소재로 삼아 삶의 고독을 반추反芻하는 글이다.

2) 직유법 활용

일상적인 생활이나 문학 작품에서 직유법을 활용해 대상의 특징을 밝히거나 글의 주제를 부각하기도 한다.

저는 주로 붓으로 글씨를 쓰고 있습니다만 가끔 '매직펜'으로 줄을 긋거나 글씨를 쓸 일이 생깁니다. 이 매직펜은 매직잉크가 든 작은 병을 병째 펜처럼 들고 사용하도록 만든 편리한 문방구文房具입니다. 이것은 붓글씨와 달라 특별한 숙련이 요구되지 않으므로, 초보자가 따로 없습니다. 마치 피아노의 건반을 아무나 눌러도 정해진 음이 울리듯, 매직펜은 누가 긋더라도 정해진 너비대로 줄을 칠 수 있습니다. 먹을 갈거나 붓끝을 가누는 수고가 없어도 좋고, 필법筆法의 수련 같은 귀찮은 노력은 더구나 필요하지 않습니다. 그뿐만 아니라 휘발성이 높아 건조를 기다릴 것까지 없고 보면 가히 인스턴트 시대의 총아라 할 만합니다. 그러나 저는 이 모든 편의에도 불구하고 이것을 좋아하지 않습니다. 종이 위를 지날 때 내는 날카로운 마찰음 – 기계와 기계의 틈새에 끼인 문명의 비명 같은 소리가 좋지 않습니다. 달려들듯 다가오는 그 자극성의 냄새가 좋지 않습니다.

붓은 결코 소리 내지 않습니다. 어머님의 약손같이 부드러운 감촉이, 수줍은 듯 은근한 그 묵향墨香이, 묵의 깊이가 좋습니다. 추호秋毫처럼 가는 획에서 필관筆管보다 굵은 글자에 이르기까지 흡사 피리 소리처럼 이어지는 그 폭과 유연성이 좋습니다. 붓은 그 사용자에게 상당한 양의 노력과 수련을 요구하지만 그러기에 그만큼의 애착과 사랑을 갖게 해 줍니다. 붓은 좀체 호락호락하지 않은 매운 지조의 선비 같습니다.

매직펜이 실용과 편의라는 서양적 사고의 산물이라면 붓은 동양의 정신을 담은 것이라 생각됩니다. 저의 벼룻집 속에는 이 둘이 공존하고 있습니다만, 이것은 제가 소위 '동도서기東道西器'라는 절충의 논리를 수긍하는 뜻이 아닙니다.

절충이나 종합은 흔히 은폐와 호도糊塗의 다른 이름일 뿐, 역사의 특정한 시점에서는 그 사회, 그 시대가 당면하고 있는 객관적 제 조건에 비추어, 비록 상당한 진리를 내포하고 있는 주장이라 하더라도 그 경중, 선후를 준별하고 하나를 다른 하나에 종속시키는 실천적 파당성派黨性이 도리어 '시중時中'의 진의이며 중용의 본도本道라고 생각됩니다.

저는 역시 붓을 선호하는 쪽입니다. 주로 도시에서 교육을 받아 온 저에게 있어서 붓은 단순한 취미나 여기餘技라는 공연한 사치로 이해될 수는 없는 것입니다.

　　　　　　　　　　　　　　　　　　　　– 신영복, 「매직펜과 붓」

붓은 '어머니의 약손같이 부드럽다.'거나 펜은 '기계와 기계의 틈새에 끼인 문명의 비명 같은 소리'라는 비유를 통해 창의적인 표현법을 구사하고 있다. 특히 무생물인 펜과 붓의 특징을 파악해 삶의 가치와 태도를 논하고 있어 글의 품격을 보여 주고 있다.

6. 고전 속의 한자성어를 생각하라

한자에 대한 부정적 시각이 있는 것도 사실이다. 하지만 글의 성격과 활용에 따라 글쓴이의 의도를 한눈에 파악할 수 있는 한자성어漢字成語를 쓸 필요가 있다. 글의 맥락에 따라 적절한 문구를 쓰는 것은 창의적 사고에서 비롯된다고 할 수 있다.

> 어떤 법이 정의로운 것인지에 관해서는 수많은 이론과 학설이 있다. 악법惡法과 선법善法도 어떤 가치관으로 보느냐에 따라 달라질 수 있다. 하지만 동서고금을 막론하고 사회 구성원들이 좋거나 나쁜 법을 판단하는 공통 기준이 있다. 바로 '백성을 등 따습고 배부르게 하는 데 도움이 되느냐'다.
>
> 다산 정약용은 1794년 피폐한 농촌과 참담한 백성들의 삶을 보고 임금에게 올린 글에서 '이존국법以尊國法 이중민생以重民生'이라고 썼다박석무 저, 「풀어 쓰는 다산 이야기」. 국법을 존엄하게 하고 민생을 무겁게 여겨야 한다는 뜻이다. 국법을 존중하는 것이 선정善政의 요체임을 설파한 것이다. 가혹한 정치가 호랑이보다 더 사납다가정맹어호: 苛政猛於虎는 말도 있다. 여기서 '가혹한 정치'는 '민생을 돌보지 않는 정치'로 대체해도 크게 틀리지 않을 것이다.
>
> — 박성원, 「횡설수설」, 《동아일보》, 2008년 12월 30일

윗글에서 보듯이 필자가 강조하고자 한 바를 한자성어로 글의 무게감을 보여 줄 수 있다. 풀어 쓴 말이 전달력은 있지만 자칫 가벼운 의사 표현으로 인식될 수도 있다. 그래서 전달력을 위해서는 쉬운 표현을 쓰되, 강한 인상을 주는 고전 속의 한자성어를 적절하게 활용하는 것도

필요하다.

다음은 글쓴이가 의도한 바를 한자성어를 활용해 창의적인 글쓰기를 보여 준 글이다.

한여름, 때아닌 '닭칼 · 소칼론'이 뜨겁다. 그 출처는 '논어'의 '양화' 편인데 이야기 전말은 이렇다. 공자의 제자 자유子游가 노나라의 작은 읍邑인 무성을 다스릴 때였다. 공자가 무성을 들르게 되었는데 예악으로 잘 다스려져 마을 곳곳에서 거문고 소리가 들려왔다. 공자가 "닭을 잡는 데 어찌 소 잡는 칼을 쓰랴割鷄焉用牛刀" 하며 웃었다. 자유는 "'군자가 예악의 도를 배우면 사람을 사랑하고, 소인이 도를 익히면 부리기 쉽다'고 선생님이 평소 말씀하시지 않았습니까"라고 당차게 반박한다. 좀 더 크게 쓰일 수 있는 제자의 재능을 안타까워해 한 말이었지만, 제자의 기분을 상하게 했던 것. 공자는 곧바로 "네 말이 옳다. 내가 실언농담을 했다"고 사과한다. '할계우도割鷄牛刀'를 용인술用人術과 관련해 4가지 논점으로 짚어 보자.

첫째, 닭칼이든 소칼이든 칼의 기본 원리는 같다는 논리다. 소규모나 대규모 조직의 기본 운영 원리는 같다. '작은 것을 잘하는 사람이 큰 것도 잘하는 법이다'식 사고다. 잭 웰치 전 GE 회장은 "직원 2명의 구멍가게 리더십이나 수천 명의 대규모 조직이나 기본 운영 원리는 같다"고 말한 바 있다.

둘째, 닭 잡는 데 소칼을 쓰는, 역량이 자리를 넘치는 오버스펙의 경우다. 『삼국지』에서 유비는 방통을 무시해 낮은 벼슬을 맡겼다. 방통은 부임 100일 동안 술타령으로 소일한다. 현지 시찰을 온 장비가 추궁하자 '밀린 일을 반나절 만에' 해내는 신공을 보인다. 인재는 자신의 실력에 걸맞게 쓰이지 않을 경우, 불만 내지 태만으로 제 기량을 발휘하지 않는다.

셋째, 소 잡는 데 닭칼을 쓰는, 역량이 자리에 못 미치는 언더스펙의 경우다. 닭칼로 소를 잡으려 하면 소뿔에 받힐 위험에 처하듯 조직도 마찬가지다. 쓸데없는 일을 부가적으로 만들거나, 부족한데도 자신을 임명한 인사권자에 대한 과잉 충성으로 존재 가치를 증명하는 멍부_{멍청하고 부지런한} 관리자는 조직을 위태롭게 한다.

넷째, 소칼과 닭칼은 아예 쓰임이 다르다는 논리다. 한나라 장수 한신은 한고조 유방에게 "폐하는 장수들의 장수이기 때문에 10만 명만 거느려도 충분합니다. 저는 병사들의 장수이기 때문에 많을수록 좋습니다 多多益善"고 말한다. 요컨대 병졸에 대한 리더십과 장수에 대한 리더십은 애초에 차원이 다르다는 논지다.

결국 중요한 것은 지피지기知彼知己 안목이다. 소칼인지 닭칼인지, 소와 닭 무엇을 잡고자 하는 건지 자기 인식과 상황 인식이 먼저다. 작금의 '소칼·닭칼론'을 보면 원저작권자인 공자가 무슨 말을 하실지 궁금하다.
        – 김성회, 「할계우도의 4가지 용인술」, 《매일경제》, 2021년 8월 3일

다소 현학적衒學的이기는 하나 한자성어를 활용해 글의 무게감을 주면서도 독자들이 쉽게 이해할 수 있도록 쓴 글이다.

제2강 글쓰기 활용의 기술

한 편의 글을 쓸 때, 문장에서, 단락에서 혹은 한 편의 글 구조에서 글쓰기 기술을 어떻게 활용할 것인가를 고민해야 한다. 즉 글을 전개하는 과정에서 활용할 수 있는 몇 가지 기술이 필요하다. 글을 쓸 때 활용할 수 있는 기술 몇 가지를 정리하면 다음과 같다.

글의 구조	글쓰기 활용의 기술
문장 구조	1. 주술 근접 법칙
단락 구조	2. 머리말 주장 법칙
	3. 손가락 법칙
	4. 세 가지 개념 법칙
한 편의 글 구조	5. 접촉 법칙
	6. 시각 법칙
	7. 지식 법칙
	8. 근거 법칙
	9. 수치 법칙
	10. 기준점 법칙

한 편의 글을 구조로 보면 우선 문장 – 단락 – 한 편의 글로 나눌 수 있다. 여기에서는 문장을 짧게 명확하게 쓰는 기술, 단락의 구조는 머리말에 주장을, 세 가지 개념을 중심으로 하여 손가락 법칙을 활용해

글을 쓸 수 있다. 그리고 글의 전체 내용을 쉽게 전달할 수 있도록, 독특한 시각을 담도록, 근거를 바탕으로, 구체적인 수치를 활용하되, 기준점 법칙 등을 활용해 글을 쓸 수 있다. 이러한 글쓰기 활용의 기술들은 이해를 돕기 위해 구분한 것일 뿐, 한 편의 글을 완성할 때 다양하게 활용할 수 있다.

자신의 생각을 표현하거나 주장을 펼칠 때, 말은 직접 소통한다는 점에서 글과는 다른 점이 있다. 말이 통하지 않을 때는 곧바로 지시 대상을 가리키거나 손동작을 이용해서까지 전달할 수 있다. 하지만 글을 통해 자신의 생각을 표현한다는 것은 결코 쉬운 일이 아니다. 자칫 오해를 불러올 수도 있다. 그래서 자신의 생각을 정확하게 표현할 수 있는 글쓰기 기술이 필요한 것이다.

인터넷의 발달로 정치와 사회 현안 문제, 심지어는 개인사까지 의견을 표출할 수 있는 글 쓰는 공간이 확보되면서 많은 글쓴이들이 등장하였다. 글쓴이들이 늘어난 만큼 사회적 문제와 이로 인한 문제가 자주 발생하게 되었다. 사회적 파장을 일으킨 악플에서부터 특정한 사건에 대한 무분별한 옹호擁護: '빠' 집단이라고 부름나 무분별하게 반대反對: '까' 집단하는 팬덤 문화 현상이 바로 그것이다. 이뿐만 아니라 각종 인터넷 광장을 통해 사회의 특정 사안에 대해 자신의 주장을 피력하는 글쓴이들이 하루에도 수없이 등장한다. 글쓰기를 통한 감정 치료라는 긍정적인 효과[14]도 있으나, 혹은 논란의 글 때문에 사회적 혼란을 야기惹起할 수도 있다.

---

14. 단순 계산을 만족하며 시간을 낭비할 게 아니라 통찰력이나 논리력을 바탕으로 글을 쓰는 등 창조적인 뇌 활동을 하는 게 바람직하다. 실제로 저명한 문학작품 중에는 나이가 많은 대문호나 문필가의 작품이 적지 않다(선웅. 고려대 의대 해부학교실 교수).

1997년 IMF 구제 금융 사태 이후, 2008~2009년에는 실물 경제 위기가 다시 올 것이라고 쓴 누리꾼 박 모미네르바 씨의 경제 관련 글이 세간의 화제가 되었다. 그가 쓴 경제 관련 글이 한국 경제의 시국을 예측했다는 점에서 '인터넷에서 경제 대통령'이라는 칭송을 받았지만 "정부가 주요 7대 금융 기간 및 수출입 관련 주요 기업에 달러 매수를 금지한다는 긴급 공문을 전송했다."는 '허위 유포 혐의정보통신기본법 47조 1항 −5년 이하 징역 또는 5,000만 원 이하 벌금'로 검찰의 구속 수사를 받았다.[15] 이 때문에 표현의 자유냐 제한이냐는 또 다른 불씨를 낳았다. 미네르바가 쓴 글이 세간의 관심과 정부까지 개입하는 사태까지 번졌다.

　　다음은 그에 관한 기사이다.

　　　'미네르바' 박 모 씨는 검찰이 진짜 '미네르바'가 맞는지 확인하기 위해 "올해의 경기를 예측해 보라"고 요구하자 앉은 자리에서 인터넷 검색만으로 40여 분 만에 A4 용지 2장 분량의 글을 써 내 수사팀을 놀라게 했

---

15. 인터넷 경제 기고가 '미네르바'가 검찰 수사 결과 30대 무직자(공고 졸업과 전문대 졸업으로 경제 관련 전공이 아님)로 밝혀지자 그를 칭송했던 지식인들은 납득하기 어렵다는 반응을 보였다. 미네르바에 대해 '가장 뛰어난 국민 경제의 스승'이라고 평가했던 김태동 경제학부 교수는 9일 휴대전화를 꺼놓았다. 대통령경제수석비서관과 금융통화 위원을 지낸 김 교수는 8일 한 인터넷 언론과의 인터뷰에서 "내가 읽은 미네르바의 글은 현장에서 일하지 않고는 도저히 쓸 수 없는 글"이라며 "금융사 경험도 없는 젊은이가 그런 글을 썼다는 게 믿기지 않는다."고 말했다. 미네르바를 '시민 지성'이라고 칭했던 김상종 서울대 생명과학부 교수는 9일 기자와의 통화에서 "미네르바에 대해 더는 코멘트할 게 없다."며 "경제 문제는 경제학자들이 할 얘기"라고만 말했다. 미네르바의 주 공격 대상이 됐던 기획재정부는 "검찰이 알아서 할 일"이라며 공식적인 반응을 자제하고 있다. 그러나 강만수 장관이 최근 TV 토론에서 "공개적으로 대화할 용의가 있다"고 밝힌 상황에서 미네르바가 뜻밖의 경력 소유자로 드러나자 당황스러워하는 모습이다. 재정부의 한 관계자는 "누가 이런 결과를 상상했겠느냐. 처지가 참 난처해졌다."고 말했다(신광영 기자/길진균 기자, 《동아일보》, 2009년 1월 10일).

다. 박 씨는 이 글에서 다양한 수치를 인용해 가며 '중국의 내수시장 위축과 지난해의 환율 폭등과 맞물린 결과 올해 국내 기업들이 조업 단축과 수익성 감소라는 이중고를 겪게 될 것'이라는 취지의 글을 막힘없이 써 냈다. 검찰 관계자로부터 "경제학 공부 외에 글쓰기 연습도 많이 한 것으로 보인다."며 "그러나 말투는 그다지 정제되지 않은 편이어서 '미네르바' 같은 느낌이 나지 않는다."고 전했다.

- 전성철 기자,《동아일보》, 2009년 1월 10일

윗글은 인터넷 글쓰기가 사회적 파장까지 불러온 신문 기사이다. 글은 누가, 어떤 관점에서, 어떻게 쓰느냐에 따라 엄청난 결과를 가져올 수 있다. 백 마디 말보다 한 편의 글이 뛰어날 때가 있다. 1898년 1월 13일《로로르》지에 에밀 졸라Émile Zola, 1840~1902가 대통령펠릭스 포르에게 보내는 공개서한 형식의 「나는 고발한다」는 글 때문에 드레퓌스 Drefus 사건의 진실이 밝혀졌다.[16]

명확한 글쓰기가 아니면 오해를 불러일으킬 수도 있다. 세계적 시인이면서 비평가인 엘리엇Thomas Stearns Eliot, 1888~1965은 항상 '명료하게 생각하기'와 '명료하게 글쓰기'를 주창했다.[17] 그가 명료하게 글을 쓰지 못했다고 생각되는 철학자나 작가들을 질타叱咤했다는 이야기는 유명하다. 따라서 명료하게 글을 쓰려면 글 쓰는 기술이 필요하다.

문장 혹은 단락을 중심으로 한 글쓰기의 활용 기술 10가지는 의도와 목적에 부합하는 글을 쓸 때 그 유용성을 확인할 수 있을 것이다.

서울대 김난도 교수는 "그대가 어떤 일을 하든 반드시 익혔으면 하

---

16. N. 할라즈/황의방 옮김, 「드레퓌스 사건과 지식인」, 한길사, 1992.
17. 요하네스 클라이슈튀크/김이섭 옮김, 「T. S. 엘리엇」, 한길사, 1997, 127쪽.

는 단 하나의 역량을 들라면, 나는 주저 없이 글쓰기 능력을 들고 싶다."[18]고 했다. 다음 글부터는 글쓰기 역량을 키울 수 있는 구체적인 글쓰기 활용 법칙 10가지를 제시했다.

1. 주술 근접 법칙

한 문장을 쓸 때 주어主語와 서술어敍述語를 가까이해야 한다. 짧은 문장은 강한 인상印象과 함께 의미 전달이 분명하다. 반면에 건조할 수밖에 없다. 긴 문장은 지루하고 또한 수식어를 남발하는 순간, 글이 난해難解할 수 있다. 그래서 주어와 서술어 중심의 짧은 문장을 쓰는 것이 좋다. 국어 문장은 영어와 달리 위치가 자유롭다. 위치가 자유롭다는 것은 장점이지만 그만큼 수식어로 인하여 의미 전달력이 떨어지는 단점도 있다. 그래서 문장의 의미를 좀 더 명확하게 전달할 필요가 있을 때만 수식어부사, 형용사를 적절하게 사용하는 것이 좋다.

18세기 고전 문학을 번역해 주목받고 있는 정민 교수는 전달력을 최우선으로 하면서 "형용사와 부사를 최대한 줄이고, 접속사를 피해 문장을 나눈다. 그가 글을 쓸 때 가장 중시하는 것은 글의 리듬, 그리고 언어의 경제성"[19]을 강조하고 있다. 수식어와 언어의 경제성은 문장의 길이와도 관련이 있다. 문장 길이는 다소간 차이가 있을 수 있으나 대체로 한 문장은 대략 40~50자 내외로 하는 것이 좋다.

---

18. 김난도, 「글은 힘이 세다」, 『아프니까 청춘이다』, 쌤앤파커스, 2010, 179쪽.
19. 구본준, 「국문학 저술가 정민」, 『한국의 글쟁이들』, 한겨레, 2008, 14쪽.

[예]

　중국 정부는 중국 국민들에게 사스[20]에 대한 공포를 숨기고 발표했는데, 중국 정부는 사스가 국내의 불안과 경제 등에 영향을 미친다는 점을 알고 있었기 때문에 알리지 않았다.

윗글을 주술 근접 법칙에 따른 문장으로 고치면 다음과 같다.

[고친 예]

　중국 정부는 중국 국민들에게 사스에 대한 공포를 숨기고 발표했다. 왜냐하면 사스가 국민의 불안과 경제 등에 영향을 미친다는 점 때문이다.

　고치기 전의 문장은 주어가 겹친 데다가 문장의 길이가 길다는 것을 알 수 있다. 전달하고자 하는 내용은 알 수 있지만, 글을 고친다면 '명료하게' 의미가 드러난다. 즉 주어와 서술어를 가까이함으로써 의미 전달을 간명簡明하게 할 수 있다.

　다음은 그래프와 관련해 학생들이 쓴 글이다.

[예 1]

　Tellus 연구소가 만든 그래프를 보면 시간이 지남에 따라 복잡해지는 관계를 알 수 있다. 그런데 시간이 지나는 것이 갈수록 점점 빨라지는 것과 시대가 변할 때 복잡성의 수치가 급격히 증가하는 특징을 보인다. 시대의 변화가 빨라지고 그에 상응하는 복잡성 또한 증가하고 있다.

---

20. 2003년 3월 동남아시아에서 발생해 아시아 · 유럽 · 북아메리카 등으로 확산된 호흡기 계통의 질환.

[예 2]

　[가]의 그래프는 시간의 흐름에 따른 복잡성의 정도를 나타낸다. 그래프의 형태는 계단식으로, 특정 시기에 복잡성이 급격히 증가한다. 이는 주요한 문명 변화에 맞춰 복잡성이 함께 증가해 왔기 때문이다.

윗글을 주술 근접 법칙에 따른 문장으로 고치면 다음과 같다.

[고친 예1]

　[가]의 그래프는 시간의 흐름에 따른 복잡성의 정도를 나타낸다. 이는 주요한 문명 변화에 맞춰 복잡성이 함께 증가해 왔기 때문이다.

[고친 예2]

　[가]는 시간의 흐름에 따라 문명 변화와 복잡성의 증가를 그래프로 표시한 것이다.

　[예 1]의 세 문장은 같은 의미를 반복적으로 썼다. 그래서 [예 1]보다는 [예 2]의 글이 경제적이며 명료하다는 것을 알 수 있다. [예 2]는 [예 1]보다는 중복 표현이 줄었지만 [고친 예 1], [고친 예 2]처럼 고치는 것이 간결하다. 그럼에도 불구하고 [고친 예 1]도 전달하고자 하는 내용의 문장이 다소 길다.

　주어와 서술어를 최대한 가깝게 하여 문장을 완성하면서 꼭 필요한 수식어는 덧붙여 쓰는 것이 좋다. 여기에는 꼭 필요한 정보를 써야 하고, 이 정보를 효과적으로 전달할 수 있도록 문장을 배열하는 것이 중요하다. 다만 정보 전달을 위해서만 글이 존재하는 것이 아니기 때문에 자연스러움 또한 필요하다.

다음 글에서 건조한 문장과 자연스러운 문장의 차이를 확인할 수 있다.

[예]

　많이 사귄다고 무조건 좋은 친구가 아니라, 한둘이라도 좋으니 자기의 생각을 아무런 부담 없이 털어놓을 수 있는 진정한 친구가 진짜 친구지, 양적으로는 많아도 자기의 생각을 털어놓고 얘기할 수 없는 사람은 정말 외롭고 불쌍한 사람이다.

- 권영민, 「제1장 글쓰기의 기초」, 『우리 문장 강의』

[고친 예]

① 친구를 많이 사귄다고 무조건 좋은 것은 아니다.

② 한둘이라도 좋으니 자기의 생각을 아무런 부담 없이 털어놓을 수 있는 진정한 친구가 있어야 한다.

③ 양적으로는 아무리 많아도 자기의 생각을 털어놓고 얘기할 수 없는 사람은 정말 외롭고 불쌍한 사람이다.

[고친 예]는 의미가 분명하지만 [예]보다 자연스럽다고 보기 어렵다. 그래서 글은 문장의 흐름이 자연스럽고 의미가 분명하게 드러나도록 써야 한다.

2. 머리말 주장 법칙

머리말introduction에 주장을 쓴 글은 독자들에게 강한 인상을 준다. 위 가령, '1천만 원으로 1억의 소득을 얻을 수 있다.'거나 '80kg에서 30kg 감량한 감자 다이어트 할 수 있다.'와 같이 강한 인상을 줄 수 있는 주장을 머리말에 쓰는 것이 좋다. 또 '토정비결土亭秘訣은 토정 이지함이 쓴 책이 아니다.'나 '각국의 언어는 사라져서 박물관 언어로만 남는다.'와 같은 주장도 머리말에서 강한 인상을 줄 수 있다. 그 주장에 대한 타당성 혹은 궁금증으로 독자들은 끝까지 글을 읽게 된다.

> 권위에 대한 맹목적인 복종은 인간에게만 일어나는 것은 아니다. 상하체계가 분명한 원숭이 사회에서도 어떤 방법을 가르치려 할 때 제일 먼저 대장 원숭이에게 그 방법을 가르치지 않으면 빠른 학습 효과를 얻어낼 수가 없다. 하위 원숭이에게 그 새로운 방식을 먼저 가르치면 나머지 원숭이들은 그 가치를 거의 알아차리지 못했기 때문이다.
>
> — 로버트 치알드니 지음 / 이현우 옮김,
> 「권위의 법칙」,『설득의 심리학』

윗글은 원숭이가 맹목적인 복종을 하는지와 인간 역시 맹목적으로 복종하는지에 대한 궁금증으로 독자들이 끝까지 글을 읽게 될 것이다. 이 책에서는 1995년 시카고불스 농구팀 주장인 마이클 조던이 초콜릿 바를 세 개씩 먹었던 경우와 선수 2명이 먹었던 경우가 확연히 차이가 났다는 연구 결과를 제시하고 있다. 그리고 일본 원숭이의 카라멜 실험도 설명하고 있다.

인간 사회 체제 유지에 필요한 복종은 갑질과 관련되는 말도 많고 탈도 많은 사안이다. '우리의 행동이 권위의 법칙에 따라 아무 생각 없이 행해질 수 있다는 점'에서 관심이 필요하다는 점을 머리말에 핵심어로 던져 놓은 글이다.

다음은 장엄성과 위대성, 참가 선수들의 노력의 결정체를 볼 수 있는 올림픽에 대한 비판 글이다. 보통 사람들의 시각과 차이를 볼 수 있다.

> <u>올림픽은 인류의 축제가 아니다.</u> 그것은 승자로 남은 몇몇 영웅들의 축제다. 그들만의 스포트라이트를 받으며 무대의 중앙에 오른다. 관중들의 환호와 갈채는 한 마리의 여왕벌 주위로 몰려드는 벌떼들의 날갯짓 소리와 별로 다르지 않다. 모든 관중은 초반에 탈락한 패자들과 마찬가지로 축제의 무대를 꾸미는 소품들에 불과하다. 그들은 동원된 들러리이며 치장된 액세서리에 지나지 않는다. 무대 위의 조명은 이들을 비추기 위해 낭비되는 일이 없다. …중략… 보르헤스의 소설 『불한당들의 세계사』역시 이처럼 영웅 없는 역사, 천재 없는 문명사를 그리려 한다. 깡패, 사기꾼, 해적, 장사꾼, 위장한 염색업자 등이 그 주인공이다. 그들은 하나같이 철저히 주변부 인물들로서 권력과 부의 가장자리에 있고 거짓과 진리의 변방에 있으며 법과 도덕의 피안에 있다.
>
> — 이왕주, 「역사의 다른 얼굴, 불한당들의 세계사 : 보르헤스의 '불한당들의 세계사'」, 『소설 속의 철학』

윗글은 올림픽이 승자 영웅주의와 패자 소품주의로 전락했다는 점, 소설의 주인공이 패자 소품주의와 같은 인물이 소설 주인공이라는 점을 설명하고 있다. 올림픽 축제에 대한 비판적 시각을 강조하기 위해 소설의 인물 분석을 끌어들인 점에서는 비유의 가치가 있다.

다음은 인물에 대한 평가이다. 글의 마지막 문장에서 평가하는 경우와 머리말에서 인물을 평가하는 경우를 비교해 보면, 그 차이를 알 수 있다.

> OO대학교에서 박사학위를 받은 경남 산청 출신의 국문학자 OOO씨를 소개한다. 2015년 개정 고등학교 『국어』 교과서 집필위원이기도 하다. 『송욱 문학 연구』, 『송욱 평전』, 『한국현대시의 탐색』, 『작가연구 방법론』 문화관광부 추천-우수학술도서, 『현대시 분석 방법론』 울산작가상, 『비평과 삶의 감각』, 『조연현 평전』, 『현대시와 표절 양상』, 『송욱의 실험 시와 주체적 시학』, 『에고티스트 송욱의 삶과 문학』, 『박종석의 글쓰기 기술』 수정 증보판, 『바로 써먹는 수업의 기술』 외 교육 관련 저서 다수를 펴냈다. 교육 평가, 논술, 독서 관련 강의를 하고 있다. 재야 국문학자라고 할 수 있을 텐데, 대단한 실력을 갖고 있는 분이다. 중앙 문단에서는 잘 모르고 있는 것 같아 이 자리에서 소개한다.
>
> ―이승하 중앙대 교수 blog, 「OOO이란 국문학자을 알고 계십니까」,
>
> 2024년 7월 23일

윗글의 제목에 비추어 다음처럼 머리말을 썼으면 하는 생각이 든다.

> 재야 국문학자라고 할 수 있을 텐데, 대단한 실력을 갖고 있는 분이다. 중앙 문단에서는 잘 모르고 있는 것 같아 이 자리에서 소개한다. 국문학자 OOO씨는 경남 산청 출신으로 OO대학교에서 문학박사학위를 받았다.
>
> 2015년 개정 고등학교 『국어』 교과서 집필위원이기도 하다. 『송욱 문

학 연구』, 『송욱 평전』, 『한국현대시의 탐색』, 『작가연구 방법론』문화관광부 추천-우수학술도서, 『현대시 분석 방법론』울산작가상, 『비평과 삶의 감각』, 『조연현 평전』, 『현대시와 표절 양상』, 『송욱의 실험 시와 주체적 시학』, 『에고티스트 송욱의 삶과 문학』, 『박종석의 글쓰기 기술』수정 증보판, 『바로 써먹는 수업의 기술』외 교육 관련 저서 다수를 펴냈다. 교육 평가, 논술, 독서 관련 강의를 하고 있다.

인물을 소개하는 이유를 먼저 제시하고 이에 해당하는 구체적인 이력을 설명하는 것이 어떤가 싶다. 다음 예를 보자.

[예 1] 철학자들도 수백 년 동안에 신의 존재에 관해 논쟁해 왔다.
[예 2] 이 글에서 나는 신이 존재한다는 것을 증명하겠다.[21]

[예 1]보다는 [예 2]가 글쓴이의 주장이 분명하게 드러나는 첫 문장이다. 글쓴이가 무엇을 쓸 것인지를 분명하면서도 강하게 표현되었다. 신의 존재 유무를 논쟁하는 것은 철학의 영역이기 때문에 이 글에서 마침표를 짓거나 철학자들의 기존의 논쟁을 정리할 수 있지만, 더 이상 글쓴이의 구체적인 생각과 주장이 드러나지 않는다. 그러나 [예 2]는 신의 존재에 대해 글쓴이의 의견과 주장이 뚜렷해진다. 신의 존재를 증명하는 글이 이어서 전개되기 때문이다. 물론 모든 주장에 대한 근거는 반드시 필요하다.

---

21. 앤서닌 웨스턴 / 이보경 옮김, 『논증의 기술』, 필맥, 2000, 158쪽.

3. 손가락 법칙

전달하고자 하는 내용을 분명하게 표현하고자 할 때, 명제엄지 - 주장검지 - 근거중지 - 사실약지 - 재주장새끼손가락 순으로 글을 서술Hi-Five하라.[22] 국토에 관한 논쟁 가운데 독도를 예로 들 수 있다. 주장은 독도는 우리 땅이다. 그리고 근거와 사실을 분명하게 확인할 수 있다.

『세종실록지리지』 50쪽 셋째 줄에 있고, 우리의 경찰이 지키고 있을 뿐 아니라 주민이 살고 있기 때문이다. 그래서 독도는 우리 땅이다.

이러한 순서로 글을 쓰면 글쓴이의 의도가 분명하면서도 전달력이 있다. 그러면 주제가 무엇인지, 무엇을 말하는지를 한눈에 볼 수 있다. 특히 주장과 논거가 중요한 논증적인 글에서 확인할 수 있다.

① 컴퓨터 기술의 사회적 영향에 대해 연구했던 엔지니어 캘빈 고트립은 우리가 사는 세상에 프라이버시는 더 이상 존재하지 않는다고 주장한다. ② 자신의 이해관계가 걸려 있을 때에는 다른 사람들의 프라이버시를 고려하지 않는 경우가 너무 흔하기 때문이다. ③ 이는 그 사람만의 문제라고는 할 수 없는데, 많은 경우에 타인의 프라이버시는 내가 알고 싶어 하는 권리나 욕구와 많이 상충된다. ④ 문제는 여기에 그치지 않는다. 사람들은 약간의 편리함을 위해 프라이버시를 너무 쉽게 포기한다. 당첨될 확률이 하늘의 별 따기만큼이나 어려운 경품 때문에 성명, 주소는 물론 전화번호까지 쉽게 제공한다. ⑤ 적립금이나 마일리지 보너스를 위

---

22. 졸저, 「정상으로 통하는 논술」, 49쪽(임재춘, 앞의 책, 〈서문〉 참고).

해 멤버십 카드를 만들고, 이를 위해 자세한 신상 정보를 제공한다. 공공의 안전을 보장한다는 이점 때문에 폐쇄회로 텔레비전으로 인한 프라이버시 침해에 무관심하다. ⑥ 핸드폰 전화번호는 이미 자기 사무실 전화번호만큼이나 공적인 것이 되었다. ⑦ 실명 등록을 권하는 국내의 어느 포털 사이트는 핸드폰 번호를 입력하지 않으면 아예 회원으로 등록할 수 없는 곳도 있다.

- 홍성욱,『파놉티콘 - 정보 사회 정보 감옥』

윗글을 보면, ①은 이 글의 주장주제이다. ②는 이유이고, ③에서 ⑦까지는 근거나 사실에 해당하는 문장이다. 자신이 주장하는 바를 손가락 법칙을 활용해 글을 쓴다면 전달과 표현의 측면에서는 효과적이다.

① 연상의 법칙의 긍정적인 측면에 대해서는 설득 전문가들에 의해 교훈을 얻을 수 있다. ② 그들은 끊임없이 그들이나 그들의 제품을 우리가 좋아하는 것과 연결시키기 위하여 안달하고 있다.

③ 자동차 광고에서 왜 아름다운 모델이 등장하고 있는가에 대해 이상하게 생각해 본 적은 없는가? 광고주들이 기대하고 있는 것은 그들 모델이 지니고 있는 긍정적인 이미지가, 즉 아름다움의 이미지와 또 그것을 소유하고 싶은 욕망이 자동차에 전이되는 것이다. 아름다운 모델에 연결되었다는 사실 때문에 우리가 그들의 제품에 대해 서로 그 모델에 대한 것과 동일한 반응을 보이기를 기대하는 것이다.

④ 그들의 그러한 기대가 단순한 몽상이 아님이 한 연구 결과에 의해 뒷받침되었다. 매혹적인 여성 모델을 포함하고 있는 자동차 광고에 노출된 남성 피실험자들은 모델 없이 자동차만의 광고에 노출된 사람들보다 광고된 자동차가 더 빠르고 더욱 마음에 들고 더욱 비싸 보이며, 보기에

도 좋다고 인식하고 있음이 연구 결과, 발견되었기 때문이다.

- 로버트 치알디니 / 이현우 옮김, 『설득의 심리학』

윗글 ①은 "연상의 법칙의 긍정적인 측면에 대해서는 설득 전문가들에 의해 교훈을 얻을 수 있다."는 주장에 대해 ② 근거를 바탕으로 ③ 예시를 들고, ④ 연구 결과의 논거를 들어 설명하고 있다. 연상의 법칙을 설명하면서 사람과 자동차의 관계를 통해 광고의 효과를 입증하는 예이다. 즉 연상 법칙의 긍정적인 측면주장 - 자동차와 모델의 상관관계사실 - 연구 결과근거 - 연상 법칙의 효과재주장 순으로 글이 전개된 것이다.

4. 세 가지 개념 법칙

세 개의 중요한 개념Three-key-concept을 중심으로 글을 전개하는 것이 좋다. "서로 비슷하지 않은 세 개의 키 콘셉트를 얼마나 잘 연결시키느냐는 전적으로 글쓴이의 능력과 재능에 달려 있다."[23]고 할 만큼 중요하다. 세 가지 개념을 활용한 글의 구성은 보편적인 글쓰기 법칙이다.

다음 글은 이지함이 『토정비결』의 저자가 아니라는 주장을 세 가지 관점에서 제시하고 있다.

---

23. 사이토 나카시 / 황혜숙 옮김, 「'3의 법칙'으로 글을 구성한다」, 『원고지 10장을 쓰는 힘』, 루비박스, 2005, 96쪽.

"토정비결土亭秘訣은 토정 이지함이 쓴 책이 아니다." 1월이면 많은 사람들이 그해의 운을 알아보기 위해 찾아보는 토정비결. 주역을 기본으로 삼아 쉽게 운수를 볼 수 있도록 만든 토정비결이 알려진 것과 달리 이지함1517~1578의 저작이 아니라는 내용을 담은 책이 나왔다. 신병주 건국대 사학과 교수는 최근 출간한 『토정 이지함 평전』글항아리에서 토정비결이 19세기 후반에 널리 퍼진 점 등을 고려할 때 이지함이 쓴 책이 아니라 누군가 그의 이름을 가탁假託한 것이었다고 말했다.

그 근거는 이렇다.

(1) 우선 이지함이 세상을 떠나고 100여 년 뒤인 숙종 때 그의 고손자高孫子 이정익이 토정의 유고를 모아 간행한 책인 『토정유고』에 토정비결에 대한 내용이 없다. 당시에 『토정비결』이 유행했다면 반드시 『토정유고』에 포함됐을 것이라는 게 신 교수의 설명이다.

(2) 저자는 조선 후기 세시풍속에 대한 책들에도 『토정비결』에 관한 내용이 없다고 말한다. 정조 때 홍석모가 조선 후기 풍속 전반을 상세히 기록한 『동국세시기東國歲時記』에는 정월 풍속으로 새해 신수를 보는 오행점五行占은 포함돼 있지만 『토정비결』은 없다는 것이다. 같은 시대 유득공이 서울의 세시풍속에 대해 쓴 『경도잡지京都雜誌』에도 오행점과 윷점 등에 대한 기록은 나오지만 『토정비결』에 대한 기록은 나오지 않는다는 것.

(3) 신 교수는 후대의 연구자 누군가가 점술과 관상비기觀象秘記에 능했고 서민적인 인물로 알려진 이지함을 토정비결의 저자로 내세운 것으로 본다. 고려 말과 조선 초 이름난 학자인 목은牧隱 이색1328~1396의 7대손이었지만 스스로 상업에 종사하고 거지들과도 어울릴 정도로 민간에 친숙한 인물이었던 그의 이미지를 사용했다는 것이다. 저자는 "19세기 이후 토정비결과 같이 사람이 즐겨 찾는 책에 '토정'이라는 브랜드가 붙여진 것"이라고 말한다.

저자는 이지함이 올렸던 상소문과 사료 등을 통해 그가 민간의 현실을 체험하며 실용적 학문을 추구한 북학 사상의 원류였다고 말한다. 농업 중심 사회였던 16세기, 백성을 잘살게 하려면 상업이나 수공업을 발달시켜야 하고 국제무역까지 해야 한다고 주장했던 그의 사상이 18세기 후대 실학자들로 이어졌다는 것이다.

- 황장석 기자,《동아일보》, 2008년 12월 18일

근거는 ① 후손이 쓴 『토정유고』에 언급이 없다는 점, ② 조선 후기 세시 풍속 책에도 누락漏落되었다는 점, ③ 19세기 이후 '토정 브랜드'를 붙여 유행시켰다는 점 등이다. 이처럼 세 개의 중요한 개념으로 글쓴이의 주장을 뒷받침한 글이다.

첫째, 텍스트의 의미가 단선적이 아니라 무한히 다양하고 풍부함을 인정하고 그러한 모든 의미를 가능한 한 모두 찾아야 한다. 그렇게 하기 위해서는 텍스트의 정독精讀이 선행되어야 한다. 정독은 모든 상세한 의미를 빠뜨리지 않고 찾아내는 작업을 뜻한다. 한 텍스트의 의미, 특히 인문계 텍스트의 의미가 독자의 지적 배경과 상대적 관계를 갖고 있는 이상, 정독에 필요한 조건의 하나는 독자는 자신이 갖고 있는 모든 지식과 경험을 총동원하여 그것에 비추어 텍스트의 의미를 파악해야 한다는 것이다.

둘째, 특히 인문계 텍스트가 다의적이고 절대적으로 명확하며 단 하나의 절대적 독서의 틀이 있을 수 없는 이상, 단 하나의 해석과 그 해석의 절대적 객관성을 고집하지 말아야 한다. 이런 점에서도 인문계 텍스트, 특히 문학 텍스트의 독서 행위는 자연계 텍스트의 독서 행위와 다르다. 후자의 경우와 달리 전자의 경우는 한 텍스트의 의미의 '진眞'과 '위僞'의 양분에 의한 결정적 판단이 설 수 없다. 거기에는 오직 보다 설득력 있고 없고의 개연성만이 논의될 수 있다. 이른바 인문 과학을 인문계 텍스트의 독서 행위, 즉 한 텍스트의 의미 해석 행위로 정의할 수 있다면 인

문 과학은 엄밀히 말해서 과학적이기보다는 예술적 행위에 속한다.

셋째, 사물 현상이나 경험에 대한 과학적 관점이 분석이며, 분석적인 것은 기계적 법칙에 의한 설명을 목적으로 하고 그러한 설명에서 객관 지식을 찾는다면, 예술적 관점은 종합적이며, 종합적인 것은 유기적 전체 성에 의한 이해를 지향하며 그러한 이해를 통해 인식 대상의 가치를 평 가 혹은 감상하려 한다. 과학적 텍스트가 전자와 같은 인간의 욕구를 나 타내는 것이라면 인문계 텍스트는 후자와 같은 인간의 또 다른 욕구를 표현해 준다. 따라서 과학계 텍스트와 인문계 텍스트를 대하는 독자의 태도는 두 경우 각기 논리적으로 달라야 한다.

– 박이문, 「인문계 텍스트의 독서론」

윗글뿐만 아니라, 이 세 가지 개념은 다양한 글에서 볼 수 있다. 가 령 "야스퍼스에 의하면 인류의 철학은 원래 세 가지 언어들 속에서 자 랐다고 한다. 희랍말, 인도말, 중국말의 세 가지 언어들을 통해서 삶의 세계를 포괄적으로 밝히려는 작업이 처음으로 시작되었다는 것이다."[24] 와 같이 확인된다.

다음은 고미숙이 쓴 신문의 기고문 일부이다. 이 역시 세 가지 개념 을 활용해 자신의 생각을 드러내고 있다.

"하늘 아래 책을 읽고 이치를 탐구하는 것처럼 아름답고 고귀한 일이 또 있겠는가?"

조선 후기 르네상스를 주도한 정조대왕의 말씀이다. 지존의 자리에 있 었으면서도 공부보다 더 귀한 일은 없단다. 그냥 하는 소리가 아니라 그 과정을 구체적으로 제시하기까지 한다. "첫째, 고전을 통해 진리를 배운

---

24. 이규호, 「말의 의미」, 「말의 힘」, 제일출판사, 1968, 162쪽.

다. 둘째, 탐구를 통해 문제를 밝힌다. 셋째, 호방하고 힘찬 문장 솜씨를 지혜롭고 빼어난 글을 써낸다. 이것이야말로 우주 사이의 세 가지 통쾌한 일이다." '정조치세어록'

그렇다. 이것은 '운명애運命愛'의 원리에도 그대로 적용된다. 운명을 '있는 그대로' 받아들이기 위해선 표상의 그물을 뛰어넘는, 역동적인 사유와 훈련이 필요하다. 자아는 물론이고 가족 혈연 국가 등으로 이루어진 표상의 장막을 벗어나 그야말로 우주적인 인과 속으로 들어가야 한다. '고전의 바다'에 접속해야 하는 이유도 여기에 있다. 왜 하필 고전인가? 인생과 자연, 그 '사이에서' 벌어지는 생극상생과 상극의 드라마가 펼쳐지기 때문이다. 그 힘과 지혜를 길어서 올리지 않고서 삶의 주인 되기란 가능하지 않다. …중략…

그럼 어디서부터 시작하느냐고? 암송과 연극, 필사와 구술 등 고전의 입구에 들어서는 방법은 무수히 많다. 그런 과정을 밟아 보면 최후의 관문이 기다리고 있다. 글쓰기가 바로 그것이다. 고전의 지혜와 나의 몸이 '화학적으로 융합되는' 절정의 순간이기도 하다. 예를 들면 쿵후를 배울 때 교재만 죽어라 읽어대는 이는 없을 것이다. 반드시 몸으로 해 봐야 한다. 넘어지고 쓰러지고 위험을 무릅써야 한다. 지성의 훈련 또한 이와 다르지 않다. …중략…

물론 글쓰기는 어렵다. 당연히 스승과 벗이 필요하다. 스승의 도움과 채찍을 받고 벗들의 응원과 질투를 받으면서 쓰고 고치고 또 쓰고, 이토록 치열하면서도 매혹적인 과정이 또 있을까. 자기 구원으로서의 앎, 자기 수련으로서의 글쓰기. 과연 '우주 사이의 이 통쾌한 일'이라 할 만하지 않은가.

대개의 글은 이처럼 세 가지 관점으로 서술하는 것이 보편적이다. 심지어는 일반적인 상담에 대한 답변도 이에 적용된다는 사실이다.

Q: 증권회사 애널리스트 이혜정33입니다. 높은 연봉에 좋은 직업, 남부러울 것 없지만 '노처녀'라는 말에 신경 쓰이는 것이 사실입니다. 주위에 만날 사람도 없고 맞선이나 소개팅에 나가면 '내가 갈수록 경쟁력이 떨어지는구나'라는 사실만 실감하죠. 과연 나에게 맞는 결혼 상대가 있는 걸까요?

A: 첫째, 사람들이 선호하는 직업에 연봉도 많은 골드미스 자신에 대한 자부심이 큰 만큼 이성에 대한 기대도 크기 마련입니다. 그동안 자신에게 맞는 남자를 자신보다 잘난 남자라고 생각해 왔던 것은 아닐까요. 주위에 만날 사람이 없는 것이 아니라 본인이 지나치게 높은 잣대로 이성을 바라본 것은 아닌지 먼저 생각해 보세요.

둘째, 나이에 대해 지나치게 스트레스를 받지 말 것. 20대와 비교하면 만남의 기회가 많지 않은 것은 사실이겠지만 자신의 일에 최선을 다하는 당신을 멋지다고 생각하는 사람도 찾아보면 많답니다. 또 최근엔 결혼 커플 일곱 중 하나가 연상연하 커플일 정도로 나이에 대한 장벽도 무너지고 있죠.

셋째, 주위에 만남의 채널이 부족한 것은 아닌지 체크할 것. 동호회 등 많은 사람을 만날 수 있는 기회를 만들고 전문가를 찾아 결혼 상담을 받는 것이 좋습니다. 30대 결혼은 정보력이 생명이라는 사실, 잊지 마세요도움말: 결혼정보회사 듀오 남지훈 상담부장.

— 《동아일보》, 2009년 2월 17일

일상적인 대화뿐만 아니라 각종 상담 과정에서도 이 법칙은 적용되고 있다. 이를 보편적인 글쓰기의 한 방법으로 적절하게 이용할 필요가 있다.[25]

---

25. 『우리 문화의 수수께끼』의 저자 주강현은 편집자들이 공통적으로 꼽는 강점을 기획력, 답사와 취재의 열정, 방대한 자료 등을 거론한다(구본준, 앞의 책, 140쪽). 『크로스』(정재승, 진중권)에

자신의 의도를 표현하는 데 있어 세 가지 개념을 활용하는 심리적인 이유는, 2개는 부족한 것 같고, 4~5개는 너무 과하다는 생각과 함께 글쓴이가 더 분석하고 종합하기에는 사고력이 다소 부족한 것 같은 부담감이 있기 때문이다. 그러나 글의 의도를 분명하게 전달할 때, 필요에 따라 다양하게 개념을 잡아 글을 전개할 수 있다.

<u>동료들에게 신뢰를 얻는 것은 성공의 전제조건이다.</u> 어느 직장에서나 마찬가지다. 신뢰 없이는 동료들의 지지나 지원을 얻기 어렵고, 신뢰 여부에 따라 목표를 달성할 수 있는지가 결정되기 때문이다. 이렇게 동료들과 진심으로 소통하고 신뢰 관계를 구축하고 싶은 이들에게 미국 중앙정보국 CIA 은 5가지 기술을 활용해 볼 것을 제안한다. 이 기술은 <u>스스로를 다차원적 인간으로 만들고 상대방과의 공통점을 찾는</u> 데 도움을 줄 수 있다.

첫째, 다른 사람들과 소통할 주제를 찾으려면 다재다능한 사람이 돼야 한다. 다양한 관심사에 취미가 있어야 한다는 의미다. 집을 떠나지 않고도 온라인 마스터클래스를 통해 유명 소믈리에와 와인을 마실 수도 있고, 소셜미디어인 '틱톡'에서 뜨개질을 배울 수도 있으며, 비대면 독서 모임에 나가 책 애호가들과 이야기를 나눌 수도 있는 시대다. 물론 가정이나 회사에서 맡은 역할도 많은데 직장 외 관심사에 시간을 내는 게 쉬운

는 박사가 되기 위한 '뉴턴의 세 가지 법칙'이라는 재미난 글이 있다. 1. 관성의 법칙: 대학원생 할 일 미루기(지도교수 외압이 있어야 함). 2. F=ma(a: 박사 과정 마치는 나이 age/m: 성취동기 motivation, f: 지도교수 마음 flexibility). 3. 작용－반작용의 법칙: 학위 심사 ↔ 반작용으로 '꼭 일이 터진다'(2009년, 334쪽). 국민 안전에 대한 홍보 프로그램인 모 방송국의 「위기 탈출－넘버원」에서는 11월 수능 이후 청소년들의 사망률이 높다는 것이다. 그 사망률의 가장 큰 원인은 오토바이 사고라는 것이다. 그래서 시험(시뮬레이션)을 통해 그 대책을 세 가지로 내세웠다. 첫째는 면허 시험을 통과하라는 것이고, 둘째는 헬멧을 착용, 셋째는 1인 이상 타는 것(혹은 과다 적재물 금지)은 금물이라는 것이다.

일은 아니다. 하지만 달력에 매주 일정 시간을 체크해 두고 새로운 기술이나 취미를 배우는 시간으로 정하는 것도 하나의 방법이 될 수 있다. 도전하는 모든 분야에서 반드시 전문가가 될 필요는 없다.

둘째, 거짓 모습을 꾸며내면 안 된다. 거짓으로 공통의 관심사를 지어내거나 진실한 태도로 임하지 않으면 신뢰를 구축하려는 시도는 실패하고 만다. 상대방의 관심사 중 하나에 대해 더 자세히 알아보는 것도 방법이다. 예를 들어 새로 들어온 동료가 와인 전문가라면 와인에 대한 책을 서둘러 사거나 와인 강의에 등록해 전문가인 척하는 대신, 와인에 대해 더 배우고 싶다는 솔직한 마음을 표현하는 게 낫다. 학생을 자처하고 상대방에게 선생님이 될 기회를 주는 게 진실한 관계를 구축하는 길일 수 있다.

셋째, 경청해야 한다. 관계를 형성할 때 사람들은 대체로 자기 자신, 그리고 자기 관심사에 대해 떠들기를 좋아한다. 물론 공통의 관심사를 통한 연결고리를 만들려면 자기 자신에 대한 이야기도 해야 한다. 하지만 상대방이 더 많은 말을 하면서 대화가 이어지도록 하는 게 먼저다. 원래 주목받기를 좋아하고 말이 많은 편이더라도 상대방에게 마이크를 넘기는 것을 잊어서는 안 된다. 상대방이 최근 휴가를 다녀온 이야기를 신나게 하고 있다면 그곳이 수없이 많이 가봤던 장소라 할지라도 내 여행 경험으로 대화를 이어받고 싶은 충동을 억눌러야 한다. 여행에서 가장 좋았던 점은 무엇이었는지, 어디에 묵었는지, 또 방문할 의사가 있는지 등을 질문하는 것이 좋다.

넷째, 받기 위해서는 먼저 줘야 한다. 상대방이 입을 열게 하려면 먼저 자신에 대한 정보도 솔직하게 제공해서 상대방도 편안하게 속내를 털어놓도록 만들어야 한다. CIA 훈련에서 작전 요원에게 정보원과 친밀한 관계를 구축하고 비밀을 털어놓게 만드는 방법을 가르칠 때도 이 같은 접근을 강조한다. 예를 들어 동료가 직장에서 어떤 스트레스를 받는지 솔직히 말해 주기를 바란다면 최근에 겪었던 비슷한 상황을 먼저 이야기하며 상대방의 참여를 유도해야 한다. 협상에서 타협점을 찾거나 단순히 동료와 어색함을 없애고자 짧은 대화를 나눌 때도 '받기 위해 먼저 주기 Give to get'는 상대의 마음을 열게 만드는 가장 손쉬운 방법이 된다.

마지막으로 메모하는 습관을 들여야 한다. CIA 작전 요원이 회의 후 내용을 메모하는 것처럼 다음번에 만났을 때 어떤 대화를 나눌지 기억할 수 있도록 상대방에 대해 알게 된 점을 메모해야 한다. 기밀 정보를 적어 두라는 게 아니다. 바쁘게 지내다 보면 기억하지 못할 수 있는 상대방의 삶에 대한 작은 세부 사항을 기록해 두라는 의미다. 만약 동료가 마라톤 훈련을 하고 있다면 다음에 그를 만났을 때 마라톤 훈련은 잘되고 있는지 물어볼 수 있도록 적어 두는 것이다. 사람들은 삶의 소소한 사항을 누군가 기억해 주면 특별함을 느끼며 다시 언급하고 질문해 줄 때 더욱더 감동을 받는다.

동료와 신뢰를 구축하는 능력은 아이디어에 대한 지지를 얻는 한 가지 방법일 뿐이다. 하지만 CIA에서 배운 5가지 기술을 사용한다면 커리어에서의 목표를 달성하는 데 큰 힘이 될 수 있다. 직장에서 성취하는 것의 대부분은 관계를 쌓고 동료들의 신뢰를 얻는 것에 달려 있으며 시간을 들여 유대감을 쌓고 공감을 나누는 과정이 개인을 성공의 길로 이끌어 줄 수 있다.

- 크리스티나 힐스버그 전 CIA 정보 분석가 / 정리=김윤진 기자,

《동아일보》, 2022년 1월 17일

앞에서 인용한 여러 글 역시 각기 다른 글쓴이들이 서로 약속이나 한 듯 세 가지 개념을 중심으로 글을 쓰고 있다. 이는 자신의 주장을 정리하는 보편적인 글쓰기 전략이라 할 수 있다. 앞에서도 언급했듯이 글의 성격에 따라 혹은 글쓴이의 의도대로 2~5개의 개념을 활용하는 것도 필요하다.

5. 접촉 법칙

접촉 Kiss 법칙은 원어로 **Keep It Simple**short, **Stupid!**단순하게, 그리고 머리
나쁜 사람도 알아듣게 하라!이다.[26] 글을 읽을 때 내용을 이해하는 것이 중요하
다. 따라서 되도록이면 쉽게 써야 한다. 다음은 자신의 주장을 순차적
으로 전개하면서 쉽게 표현한 글이다.

> 분명한 것은 영어의 득세가 불러올 영향들이 무척 크리라는 점이다.
> 단기적으론 민족어들이 점점 깊이 영어에 침윤될 것이다. 지금 영어의
> 침윤에 효과적으로 대응하는 언어는 없다. 영어의 득세와 침윤에 가장
> 거세게 반발하고 국가적 대응책을 강구해 온 프랑스조차 별다른 성과를
> 얻지 못하고 포기한 상태다.
> 중기적으론 영어와 민족어가 공존해서 시민들이 둘을 함께 쓰는 상태
> 가 나올 것이다. 이미 인도 · 필리핀 그리고 싱가포르와 같은 나라들에선
> 그런 상태다.
> 궁극적으론 영어가 단 하나의 국제어로서 거의 모든 부면들에서 쓰일
> 것이다.
>
>   - 복거일, 「국제어에 대한 성찰」, 『국제어 시대의 민족어』

윗글 가운데 "민족어들이 점점 깊이 영어에 침윤될 것이다."는 주
술 근접의 법칙에 따라 주어민족어들이와 서술어침윤될 것이다가 가까이 있으
면서도 글쓴이의 의도가 분명하게 표현된 문장이다. 물론 나머지 문장
도 이에 속하기 때문에 독자들이 쉽게 이해할 수 있을 것이다.

---

26. 임재춘, 「한국의 이공계는 글쓰기가 두렵다」, 북코리아, 2003년, 123쪽 재인용.

윗글 중 한 단락을 접촉 법칙을 활용해 고치면 다음과 같다.

[예]
단기적으론 민족어들이 점점 깊이 영어에 침윤될 것이다.

지금 영어의 침윤에 효과적으로 대응하는 언어는 없다.

영어의 득세와 침윤에 가장 거세게 반발하고 국가적 대응책을 강구해 온 프랑스조차 별다른 성과를 얻지 못하고 포기한 상태다.

[고친 예1]
단기적으론 민족어들이 점점 깊이 영어에 침윤될 것이다.

왜냐하면 지금 영어의 침윤에 효과적으로 대응하는 언어는 없기 때문이다.

가령/예를 들면 영어의 득세와 침윤에 가장 거세게 반발하고 국가적 대응책을 강구해 온 프랑스조차 별다른 성과를 얻지 못하고 포기한 상태다.

[고친 예2]
단기적으론 민족어들이 점점 깊이 영어에 침윤될 것이다.

왜냐하면 지금 영어의 침윤에 효과적으로 대응하는 언어는 없기 때문이다.

국가와 국민이 민족어국어를 보호하기 위해 대응책을 내놓아야 한다.

그러나 이러한 대응책에도 불구하고 영어의 득세를 막을 수 없는 상태이다.

가령/예를 들면 영어의 득세와 침윤에 가장 거세게 반발하고 국가적 대응책을 강구해 온 프랑스조차 별다른 성과를 얻지 못하고 포기한 상태다.

[고친 예 2]는 문장이 길어진 반면에 글쓴이의 주장이 뚜렷하면서도 쉽게 표현한 문장이다. 그래서 고치기 전의 문장과 비교해 볼 때, 고친 문장은 문장 길이와 전달에 무게를 둔 것이다.

『50일간의 유럽 미술관 체험』의 저자 이주헌은 글을 쓸 때 "절대로 현학적(衒學的)이지 않도록 노력하는 것"에 신경을 쓴다고 한다. 독자들에게 다가갈 수 있는 방법 중 하나는 쉽게 쓴다는 것이다. 재미없는 유럽 미술 이야기를 쉽게 풀어 많은 독자들에게 다가간 좋은 예이다. 접촉의 법칙을 염두에 두고 고쳐 쓴 글을 읽어 보면 명쾌하고 쉽게 파악이 된다.

6. 시각 법칙

글은 읽는 이들에게 지적 호기심을 자극해야 한다. 우리가 읽는 글의 대부분은 지적 호기심을 자극하지 않는 글은 없다. 그만큼 창의적이면서도 독자들에게 인상적인 글이었다. 글은 기존의 시각(視覺)과 다른 이야기를 전개해야만 한다. 가령 『토정비결』의 저자가 이지함이 아니라는 주장과 홍길동이 의적(義賊)이 아니라는 주장은 상당히 이색적인 글이라 관심을 가지고 읽게 된다.

다음은 독특한 시각view의 중요성을 보여 준 글이다.

창의적 사고를 위해서는 상식의 흐름을 뒤따라가서는 안 된다. 적극적으로 상식을 뒤집어 보는 훈련을 쌓고 그걸 실천에 옮겨야 한다. 상식 파괴자가 되어야 소비자를 이끌어 가고 압도하는 아이디어를 만들 수 있다. 사물을 볼 때 그것을 두루뭉술하게 보면 아이디어가 나오지 않는다. 나누고 쪼개고 어느 부분을 확대하면 거기서 아이디어가 나오게 마련이다.

예전에는 여름에만 냉장고를 켜고 겨울에는 켜지를 않았다. 따라서 냉장고 광고도 여름철에만 나왔지 겨울엔 할 생각도 못 했다. 아이스크림도 여름에만 먹었다. 그러다가 겨울용 아이스크림이 나오더니 이제는 계절을 가리지 않는다.

– 서동훈 · 김효정 공저, 「광고의 기본 전략」, 『광고 현장』

독자들이 관심을 가진 글은 독특한 시각이 드러나 있다. 글이 창의적 사고에서 출발해야 하는 이유인 것이다.

다음은 새로운 산업의 개척에 필요한 시각, 즉 '블루오션'이라는 개념과 그 예를 설명한 글이다.

「시르크 뒤 솔레이유」캐나다 문화 산업 수출업체. 공연 작품은 세계 90여 개 도시 4천여만 명 관람가 성공할 수 있었던 것은 경쟁을 멈춰야 미래에 성공한다는 사실을 인식했기 때문이다. 경쟁에서 이기는 유일한 방법은 경쟁자를 이기려는 노력을 그만두는 것이다. 「시르크 뒤 솔레이유」가 이루어 낸 성과를 이해하기 위해, 레드오션Red – Ocean과 블루오션Blue – Ocean으로 구성된 시장 세계를 상상해 보자.

레드오션은 오늘날 존재하는 모든 산업을 뜻하며, 이미 세상에서 알려진 시장 공간이다. 블루오션은 현재 존재하지 않는 모든 산업을 나타내며 아직 우리가 모르고 있는 시장 공간이다. 레드오션에서는 산업 간의 경계선이 명확하게 그어져 있다. 우리는 이를 받아들이고 그 게임의 법칙 또한 알고 있다.

기업들은 기존 수요에서 큰 점유율을 얻기 위해 경쟁자를 능가하려 애쓴다. 시장 참가자 수가 늘어남에 따라 수익과 성장에 대한 기대치는 낮아진다. 애써 개발한 상품은 흔한 일상품이 되고 목을 죄는 경쟁으로 시장은 유혈의 바다로 변한다.

이와는 대조적으로 블루오션은 미개척 시장 공간으로 새로운 수요 창출과 고수익 성장을 향한 기회로 정의된다. 블루오션은 기존 산업의 경계선 바깥에서 완전히 새롭게 창출되는 경우도 있으나 대부분은 「시르크 뒤 솔레이유」처럼 기존 산업을 확장하여 만들어졌다.

블루오션에서는 게임의 규칙이 아직 정해지지 않았기 때문에 경쟁과 무관하다. 레드오션에서는 경쟁자를 능가하기 위해 붉은 바다를 잘 헤쳐나가는 것이 중요하며 또한 항상 그럴 것이다. 그리고 이것은 언제나 비즈니스 라이프의 현실이다.

공급이 수요를 초과하는 대부분의 산업의 경우, 축소되는 시장 공간에서 점유율 경쟁이 필요한 것은 사실이다. 그러나 점유율에서 우위를 점한다고 하더라도 지속적으로 높은 실적을 내기는 어렵다.

기업은 이러한 한계를 뛰어넘어야 한다. 그리고 수익과 성장의 새로운 기회를 잡기 위해 블루오션을 창출해야 한다. 아쉽게도 블루오션은 항해 지도에 잘 나타나 있지 않다. 지난 20년간 절대적 영향력을 미친 기업의 경영 전략 업무 포커스는 경쟁을 바탕으로 한 레드오션 전략이었다.

그 결과, 우리는 업계의 근본적 경제 구조 분석에서부터 원가 절감, 품질의 차별화, 또는 포커스 가운데 하나를 선택하는 전략적 포지션 결정, 경쟁자 벤치마킹에 이르는 여러 가지 효과적인 기술로 레드오션에서 경쟁하는 방법을 배워 왔다.

　　　　　　　　　- 김위찬 · 르네 마보안 / 강혜구 옮김, 『블루오션 전략』

윗글은 아주 독특한 시각과 예를 들어 쉽게 글을 설명했다는 점에서 좋은 글이라고 평가할 수 있다. 요즘 백종원 이름으로 가게나 다방이 전국 곳곳에 개점해 성황리에 수익을 내고 있다는 보도는 골목 상권에 대한 새로운 시각의 비즈니스 스타일의 변화를 보여 준 사례이다.

다음은 "경제의 생산성을 높이는 데 교육이 중요하다는 것은 자명해 보이지만 사실은 이 상식에 반하는 증거들이 많이 있다."는 주장의 글이다.

> 배운 사람이 더 많으면 나라도 더 부자가 된다는 얼핏 보면 당연한 것 같은 이 논리를 뒷받침하는 증거가 그토록 없는 이유는 도대체 무엇일까? 간단히 말하면 교육이 우리가 믿는 것보다 경제의 생산성 향상에 중요하지 않기 때문이다.
>
> 우선 모든 교육이 생산성 향상을 목표로 하지는 않는다는 점을 짚고 넘어가자. 학교에서 배우는 내용 중에는 대다수 노동자의 생산성 향상에 간접적으로라도 영향을 전혀 주지 않는 과목이 많이 있다. 문학, 역사, 철학, 음악 등이 그 예일 것이다. 순전히 경제적인 면에서만 본다면 이런 과목들을 가르치는 것은 시간 낭비이다. 다만 우리들이 아이들에게 이런 과목들을 가르치는 이유는 그것이 아이들의 삶을 풍요롭게 하고, 그들을 더 나은 시민으로 길러내는 데 도움을 준다고 믿기 때문이다. 교육을 포함한 모든 것을 생산성 향상에 얼마나 도움이 되는지로 가늠하는 시대에 풍요로운 인생이니 더 나은 시민이니 운운하는 것이 점점 더 공격의 대상이 되는 현실은 알지만 이런 점들이야말로 교육에 투자를 해야 하는 중요한 이유이다.
>
> 심지어 생산성 향상에 중요하다고 간주되는 수학이나 과학 같은 과목도 대부분의 노동자들이 하는 일하고는 별 관계가 없다. 유능한 펀드 매니저가 되는 데 생물이 무슨 소용이며, 감각 있는 패션 디자이너가 되는

데 수학이 무슨 필요가 있단 말인가? 이런 과목과 상당히 관계가 있는 직종에서조차 실제 업무를 보는 데 중고등학교에서 배운 것, 심지어는 대학에서 배운 것도 크게 써먹지 못한다. 자동차 공장의 조립 라인에서 일하는 노동자가 학교 물리 시간에 배운 지식과 그의 생산성 사이에 얼마나 관계가 있겠는가? 많은 직종에서 현장 실습과 도제 제도를 중요시하는 것도 노동자의 생산성을 높이는 데 학교 교육이 영향을 주기에는 한계가 있다는 증거라고 하겠다. 따라서 생산성과 연관이 있다고 간주되는 과목마저도 우리가 생각하는 것만큼 생산성 향상과 직접 관련이 없다는 결론을 내릴 수 있다. 세계 각국을 대상으로 한 조사에서도 한 나라의 수학 성적과 그 나라의 경제 실적은 관련이 없다는 결론을 내린다.

－ 장하준, 「교육을 더 시킨다고 나라가 더 잘살게 되는 것은 아니다」,
『그들이 말하지 않는 23가지』

앞에서도 언급했듯이 관념을 벗어나서 생각해야 한다. 교육과 경제의 상관성을 강조하는 우리의 생각과는 다른 시각이 이 글을 쓴 동기이면서 주장이다.

7. 지식 법칙

글은 읽는 이들에게 지적 신뢰감을 주어야 한다. 그래서 글쓴이는 다양한 자신의 지식knowledge을 바탕으로 글을 쓸 필요가 있다. 다음 글은 지식을 활용하되, 이 글에서 언급한 글쓰기 법칙이 적용되는 예시이다.

케이비cave 이론

첫 번째는 '케이비cave' 이론으로, 케이비라는 것은 '조심하라'는 의미의 라틴어에서 온 말로 선생님이 가까이 올 경우 학생들이 급우에게 알리는 데 아직도 쓰인다. 이 이론은 위험에 처했을 때 덤불 속에 몸을 숨기는 습성을 가진 위장하는 새들에게 해당된다. 이와 같은 새의 한 무리가 초원에서 먹이를 찾고 있다고 상상해 보자.

멀리 매 한 마리가 날아오고 있다. 매는 아직 새 무리를 목격하지 못했고, 그들 쪽으로 곧장 날아오지는 않고 있으나 그의 예리한 눈이 언제 그 무리를 발견하여 공격할지 모르는 위험이 있다. 이때 무리 속의 한 마리가 매를 발견했으나 다른 새는 아직 보지 못했다면 어떻게 될까? 눈이 좋은 이 개체는 즉시 덤불 속으로 숨을 수가 있다. 그러나 그렇게 해도 소용이 없다. 그의 동료들이 아직 주위에서 제멋대로 돌아다니고 있기 때문이다. 그들 중의 한 마리라도 매의 주의를 끌게 되면 무리 전체가 위험에 처해질 것이다. 단순히 이기적인 견지에서 보더라도 맨 처음 매를 발견한 개체의 최선의 방책은 동료에게 빨리 경고 신호를 본 그들이 자기도 모르는 사이에 매를 불러들일 가능성을 될 수 있는 한 줄이는 것이다.

- 리처드 도킨스, 『이기적 유전자』

인간은 근본적으로 이기적 유전자를 타고난 것인가라는 의문을 가진 과학자의 글이다. 자신의 전공 분야를 활용해 글을 전개하고 있어 쉬우면서도 설득력을 가지고 있는 글이다.

과학자들은 이들 두 법칙제1법칙–에너지 보존의 법칙/제2법칙–엔트로피 법칙의 적절한 물리적 의미에 관해 아주 오랫동안 고민했지만 기이하게도 그 내용의 골자는 지구상의 모든 문명의 보통 사람들에게 매우 잘 알려졌던 것이었다. '공짜는 없다' 또는 '엎질러진 우유를 놓고 울어봤자 소용없다'

또는 '독불장군은 없다' 등의 말을 우리는 일상생활에서 자주 쓰고 있다. 이러한 표현들이 실제 생활의 경험으로 보아 맞는 말이라고 수긍한다면, 이미 당신은 열역학 제1법칙과 제2법칙에 대해서 알고 있는 셈이다.

듣기에는 열역학이라 하면 매우 난해한 개념 같다. 그러나 실상 열역학은 가장 단순하고 동시에 가장 매력적인 과학의 개념이다. 이 두 법칙은 다음의 한 문장으로 나타낼 수 있다.

"우주의 전체 에너지양은 일정하고, 전체 엔트로피는 항상 증가하려고 한다."

이것이 뜻하는 의미는 에너지를 생성시키거나 소멸시킬 수 없다는 것이다. 우주의 에너지 총량은 우주에서의 시간의 시작으로부터 종말에까지 일정하게 고정되어 있다.

- 제레미 러프킨 / 김건 옮김, 「엔트로피 법칙」, 『엔트로피』

이 책에서는 "인간, 마천루摩天樓, 자동차, 풀잎은 모두 그 형태가 어느 것으로부터 다른 것으로 바뀐 에너지일 뿐이다. 고층 건물이나 풀잎은 어느 다른 것으로부터 모아진 에너지로 구성된 것이다. 건물이 헐리거나 풀잎이 시들어 죽게 될 때, 이것들을 이루고 있던 에너지가 사라지는 것은 아니다. 다만 그것들은 주위 환경으로 되돌려지는 것이다."라는 일상적인 사례를 근거로 과학 원리를 설명하고 있다. 윗글은 열역학이라 하면 매우 난해한 개념이지만 일상적으로 이해할 수 있도록 쓴 것이다.

글쓴이 자신의 전문 지식이 아니더라도 지식 권위자의 글을 인용하여 자신의 주장이나 의견의 뒷받침 근거로 활용하는 방법도 필요하다.

〈슈퍼맨〉 영화를 모르는 사람이 있을까? 다음은 〈슈퍼맨〉 영화평을 쓴 글이다.

1938년 코믹 만화 전문 잡지인 《액션 코믹스》지 창간호에 게재됐던 〈슈퍼맨〉은 강력한 영웅을 갈망했던 소시민들의 환호를 받으며 근 50년 이상 장수 인기를 누려왔다.

이 가공의 주인공은 아주 우연한 기회로 탄생이 된다. 경제 대공황으로 불황의 여파가 지속되고 있던 1935년, 오하이오주에 사는 젤리 시겔이라는 소년은 친구 조 사스터에게 자신이 구상한 철강 사나이에 대한 이야기를 전한다. 그 후 두 악동들은 그들 나이의 특징인 무한한 상상력을 가미해 시대를 초월한 히어로를 탄생시키게 되는 것이다.

애초 〈슈퍼맨〉은 1940년 2월 12일 레이톤 콜루야라는 인기 성우의 구수한 입담에 실려 라디오 전파를 타면서 남녀노소를 붙들어 매놓은 위력을 발휘, 그 화려한 영향력의 서막을 알리게 된다.…중략…

이러한 구도를 가진 〈슈퍼맨〉이 일반 서민들의 영웅으로 떠오른 이유는 무엇일까?

이에 대해 기호학자 움베르토 에코는 "초자연적인 능력을 갖고 있는 영웅은 산업 사회에서 늘상 소외되고 열등감에 빠진 이들에게는 자신의 무능과 불만을 해소시켜주는 통로 구실을 하게 된다. 이 점은 조직 사회에서 자신의 능력을 발휘하지 못하고 있다는 내부적 욕구를 분출시켜 자립심과 용기 그리고 위인을 동시에 전해주고 있는데 이것이 바로 슈퍼맨이 갈채를 얻고 있는 이유"라고 분석을 해주고 있다.

　　　　 - 이경기, 「영화사상 최강의 사나이 - 슈퍼맨 탄생 50주년1988」,
　　　　 『세계 영화계를 뒤흔든 100대 사건』

윗글에서 글쓴이는 〈슈퍼맨〉이 인기가 있는 이유를, 소시민이면서도 어리석게 행동하는 주인공이지만, 어느 순간 슈퍼맨으로 변신해 초능력을 발휘할 수 있다는 자신감을 우리들에게 심어주는 효과 때문이라는 것이다.

윗글에서 보듯이 영화의 출발은 상상력이라는 창의적인 사고에서
이다. 이 영화에 대한 대중들의 지적 호기심을 충족할 수 있는 내용의
글을 지식 권위자인 기호학자 움베르토 에코Umberto Eco, 1932~2016[27]의 영
화평을 활용해 글을 전개하고 있음을 확인할 수 있다. 전문 분야가 아
니더라도 쓰고자 하는 글의 내용과 관련된 지식을 활용하는 것도 지식
의 법칙이다. 글을 쓰려면 책을 100권 읽어야 하는 이유이기도 하다.

8. 근거 법칙

자신의 주장이 타당성과 객관성을 유지하기 위해서 근거solid example
를 갖추어야 한다. 근거는 자신의 주장을 뒷받침하기 때문이다. 근거
의 강도가 높을수록 주장은 강화되기 때문에 설득력과 공감을 얻을 수
있다.

지구 온난화의 급격한 상승은 지역 생태계에도 엄청난 영향을 미칠 것
이다. 1987년 세계적으로 유수한 기후학자들이 참여한 연구인 벨라지오
보고서에 따르면 2010년대 말이 되기 전에 광대한 삼림의 고사枯死로 인

---

27. 이탈리아의 기호학자, 미학자, 언어학자, 철학자, 소설가, 역사학자이다. 볼로냐 대학의 교수로
    재직했으며, 기호학뿐만 아니라 건축학, 미학도 강의했다. 토마스 아퀴나스의 철학에서 퍼스널
    컴퓨터에 이르기까지 다방면에 걸쳐 지식을 쌓은 박식한 사람이다. 에코는 토마스 아퀴나스의
    철학과 중세를 배경으로 한 소설에서부터 현대의 대중문화와 가상현실에 대한 담론에 이르기까
    지 미학, 기호학, 문학, 에세이, 문화 비평 등의 영역에서 이론과 실천의 경계를 넘나들며 경이로
    운 저술 활동을 펼쳤다. 지식계의 T-Rex(티라노사우르스)로 불릴 만큼 엄청난 양의 독서에서 비
    롯된 깊이 있는 비평과 수필로도 유명하다.(《위키백과》에서).

　　　　　　　　　　　　　　　　　박종석의 글쓰기 기술(제4판)

해 온실 효과가 발생할 가능성이 있다. 삼림은 기온대의 변화 속도를 따라잡을 만큼 빨리 이동하지 못하기 때문이다. 리처드 에이커스는 『사이언스』의 기고에서 "섭씨 1도씨가 상승할 때마다 기후대는 100~150킬로미터 북쪽으로 이동하게 될 것"이라고 주장했다. 생태계에 미치는 영향을 살펴보면, 향후 60년 이내로 국립공원미국의 기후는 캐나다로 이동하게 될 것이다. 수목은 온실 효과 현상으로 인한 기후의 이동 속도를 따라잡을 수 없을 것이다. 지구촌 곳곳의 온갖 생태계들-나무, 곤충, 미생물, 동물들-은 이러한 빠른 속도의 기후 이동을 따라잡지 못해 소멸하게 될 것이다.

　　 - 제레미 러프킨 / 신현승 옮김, 「더워져만 가는 지구」, 『육식의 종말』

　　윗글은 지구 온난화로 빚어지는 인류의 비극을 경고하는 글이다. 자신의 주장을 과학적 근거와 현재 일어난 사실을 제시해 독자들에게 공감과 설득력을 얻고 있는 글이다. 물론 근거는 타당성妥當性과 수용受容 가능성이 있어야 한다. 글을 쓸 때는, 특히 주장이 담긴 문장은 근거가 명확하게 드러나도록 해야 독자들에게 공감과 신뢰감을 얻을 수 있다.

　　일상적인 경제 활동 가운데 현금과 카드 사용에 대한 두 사람의 의견에서 신용카드 사용을 주장한다면 다음과 같은 근거가 필요할 것이다.

　　신용카드는 지불을 몇 주일 연기해도 되는 반면에 상품과 서비스를 즉시 얻어 낼 수 있게 해 준다. 그런 이유 때문에 우리는 신용카드와 그 카드를 대표하는 로고와 표식 등을 부정적인 소비의 측면보다 긍정적인 측면으로 인식하고 있다.

　　　　 - 로버트 치알디니 / 이현우 옮김, 『설득의 심리학』

"무의식적으로 우리의 소비를 자극할 수 있다는 가장 흥미로운 증거는 신용카드와 소비에 대한 연구 결과"를 바탕으로 위와 같이 말할 수 있다. 이처럼 근거가 타당할수록 주장은 설득력을 얻게 되고 강화된다.

가령 "사과는 위에서 아래로 떨어진다. 돌멩이도 위에서 아래로 떨어진다. 책은 위에서 아래로 떨어진다."는 귀납 논증에서, 결론인 '모든 물체는 위에서 아래로 떨어진다.'는 뉴턴의 만유인력 법칙에서 연역될 수 있다. 이런 근거들이 결론_{주장}의 강도를 높인다. 귀납법으로 얻은 결론이 가진 확증의 정도를 '귀납적 강도'라고 부른다. 그리고 결론이 참일 개연성_{蓋然性} 또는 가능성이 높을 때 '귀납적 강도'가 높다고 한다. 물론 귀납의 강도가 높을수록 독자들에게 설득력이 있는 글이 된다. 귀납적 강도는 1. 조사된 사례가 많고, 2. 반대 사례가 적고_{backing}, 3. 일반화할수록 높다.[28]

9. 수치 법칙

수치_{figure}를 활용하여 글의 의도를 부각시켜라. 한눈에 볼 수 있고 전달력이 있다는 장점 외에도 설득력을 얻을 수 있다.

2001년도 영화 「친구」에서 중호와 상택의 대화 중, 중호는 - 상택아! 니 아시아의 물개 조오련하고 바다거북이하고 헤엄치기 시합하면 누가

28. 김용규, 「설득의 논리학」, 웅진하우스, 2007, 125쪽.

이기겠노?

바다거북은 미끈한 껍질과 패들처럼 생긴 발로 시속 24킬로미터를 낼 수 있다고 한다. 그리고 4,800킬로미터까지 헤엄칠 수 있다. 그런데 사람의 수영 세계 신기록자유형 200미터은 1분 42초 54인데 이를 시속으로 환산하면 약 시속 6.9킬로미터인 셈이다. 게다가 몇 시간, 아니 몇십 분 동안 계속 이 속도를 낼 수는 없다. 결국 바닷속에서는 아무리 조오련이 산소통 메고 오리발 차고 헤엄쳐도 바다거북의 상대가 안 된다.

- 최훈, 『논리는 나의 힘』

윗글을 읽은 독자들은 구체적인 수치를 통해 비교 대상의 차이를 확인할 수 있다. 물론 과학적 수치를 통해 글쓴이는 자신의 의도를 간접적으로 드러내고 있다.

다음 글도 수치가 갖는 의미 때문에 독자들이 의사 결정을 내릴 수 있도록 글의 의도가 분명히 드러나 있다.

1994년 외환위기에 빠진 멕시코 정부가 1997년 '기회'라는 조건부 복지 제도를 도입했다. 빈곤계층의 엄마에게 아들딸 모두 학교에 보내야만 현금을 주는 제도다. 1996년 37.8%였던 극빈층 비율이 10년 만에 13.8%로 줄었다. "개도국 소녀들을 교육시키는 건 다른 어떤 투자보다 높은 효과를 거둔다."고 1992년 세계은행 수석 이코노미스트였던 로런스 서머스현 미국 국가경제위원회 의장는 말했다. 초등학교를 1년 더 다니면 미래 수입이 20% 늘고 중등학교를 더 다니면 25%가 는다. 수입의 35% 정도만 내놓는 남자들과 달리 여자들은 90%를 가족에게 투자한다. 교육받은 소녀가 어머니가 되면 더 열성이다. 영아사망률과 에이즈 감염도 준다.

어제 개막한 2009년 세계경제포럼은 '경제학을 넘어선 글로벌 어젠다'의 하나로 '소녀효과 Girl effect'를 통한 개도국의 빈곤 극복을 꼽았다. 소녀들의 중등학교 졸업률이 10%로 늘면 빈곤국가 경제는 3%로 더 성장할 수 있다. 이름하여 소녀 효과다. 소녀 효과를 무시하고서는 여성 발전도, 사회개발도 뒤처질 수밖에 없다. 우리나라의 근대화는 소녀 효과의 산증인이다.

– 김순덕, 《동아일보》, 2009년 1월 29일

어떤 글이든 그 속에는 필자의 의견이나 주장이 있다. 의견이나 주장을 강화하는 글을 쓸 때, 수치를 활용할 필요가 있다.[29] 숫자가 지닌 정확성과 명료성은 문자가 보여주지 못하는 사실까지 알려준다. 숫자는 새로운 목표를 성취하는 동력이 되어주고, 우리가 놓쳤을 법한 문제에 대해서도 경고해준다. 숫자는 불확실성을 낮추어 주고 생각을 분명하게 정리해주어 우리가 더 많은 통찰력과 확신을 갖고 의사 결정을 내릴 수 있도록 도와 준다.

각국의 민족어는 '박물관 언어'로 전락하고 영어가 세계 공통어로 자리 잡을 것이라는 주장을 수치를 적절하게 활용해 피력하고 있다.[30]

---

29. 폴 굿윈 / 신솔잎 옮김, 「숫자의 횡포?」, 「숫자는 어떻게 생각을 바꾸는가」, 매일경제신문, 2023, 302~303쪽.

30. 세계 최고 수준으로 꼽히는 프랑스 전선업체가 입찰서에 2를 7로 잘못 적는 작은 실수로 3,000억 원대 사업을 놓치게 됐다. 서울중앙지법 민사 50부(박병대 부장판사)는 3일 프랑스 전선업체 '넥상스 프랑스 SAS'가 한국전력공사를 상대로 낸 입찰 절차 진행 금지가처분 신청을 기각한다고 밝혔다. 넥세스는 한전이 지난해 9월 발주한, 총 공사비 3,281억 원에 달하는 진도와 제주 간을 연결하는 해저 전력 케이블 사업 입찰에 참여했다. 입찰에는 넥세스 외에 일본 제이파워시스템사, 한국 LS전선 등도 참가했다. 당시 입찰서 주요 기술 규격 사항에는 해저 케이블을 연결하는 접속점을 2개 이하로 해야 한다고 명시돼 있었다. 접속점을 2개 이하로 하겠다고 적기만 하면 되는 것인데 그만 실수로 7개 이하라고 기재하고 말았다. (…중략…) 재판부는 "수정된 입찰

영어는 이제 망 경제의 이익을 제대로 누리기 시작했고 그런 이익은 점점 커질 것이다. 그런 사정을 보여 주는 증거들은 많다. 아마도 가장 시사적인 것은 유럽에서 일반 중등 교육 과정의 학생들이 배우는 외국어 가운데 영어가 압도적 지위를 누린다는 사실일 것이다.

플레미시 사용자들과 프랑스어 사용자들이 비슷한 벨기에에서 플레미시 사용자들이 프랑스어를 영어보다 많이 배우는 경우를 빼놓으면, 영어의 압도적 우세는 이내 눈에 들어온다. 국제어의 자리를 놓고 영어에 대해 도전할 만한 언어들인 프랑스어와 독어의 고향인 유럽에서 영어가 그렇게 우세를 보인다는 사실은 흥미롭다.

— 복거일, 「국제어에 대한 성찰」

영어가 세계 공통어로 자리 잡을 것이라는 주장의 근거로 통계표의 수치를 활용하고 있다. 그리고 이명박 정부 때, 대운하 국책 사업에 대한 찬반 논란이 많았다. 복거일은 이를 구체적인 수치로 관광산업의 효과[31]를 제시하여 대운하 사업을 찬성했었다.

그리고 독자들에게 특정 분야의 정보를 전달할 때에 수치를 활용하는 것은 유용하다.

올해 1분기 주식, 채권, 금, 가상화폐가 일제히 상승하는 '에브리띵 랠리'가 일어났지만 미술 시장에 훈풍이 불어오진 못했다. 1분기 해외 3대 경매사의 매출은 전년 동기 대비 18.3%가 하락했다. 다만 작년 큰 침체를 보였던 국내 경매 매출은 6.8%가 늘어난 것으로 조사됐다.

서는 추가 제출이 허용되지 않으며 접속점에 대한 규격 사항에 해당한다"며 넥세스 측의 신청을 기각했다(장은교 기자, 《동아일보》, 2009년 4월 4일).
31. 복거일, 「경제적 자유의 회복」, 문학과 지성사, 2008, 135쪽.

한국미술품감정연구센터가 30일 발표한 '2024년 1분기 미술 시장 분석보고서'에 따르면 올해 1분기, 크리스티, 소더비, 필립스의 매출은 2023년 1분기의 약 13억 2,000만 달러 대비 10억 8,000만 달러로 줄어들며 18.3% 하락했다. 이는 2022년 대비 29.4% 하락한 결과다. 전반적으로 하락한 매출 기록에도 불구하고 크리스티는 2024년 1분기에 매출이 전년 대비 11.2% 증가한 결과를 보여 주었다.

매출 하락의 원인으로는 매출 비중이 가장 높은 뉴욕과 런던의 매출 약세가 영향을 미쳤고, 2023년 1분기 대비 경매 횟수가 줄어들었으며 작품 수량도 감소한 데에 그 이유가 있다. 올해 1분기에는 2023년에는 166회에 달하는 경매 횟수가 151회로 줄었다. 또한 판매된 총 로트 수도 2023년 1분기의 19,846점에서 2024년 1분기에는 17,905점으로 감소했다. 이는 오프라인 경매16.6% 감소와 온라인 전용 경매4.5% 감소를 통해 판매된 작품 수량이 줄어든 결과다.

한편 1분기 국내 경매 시장에서는 서울옥션, 케이옥션, 마이아트 옥션이 총 7회의 경매를 개최했다. 낙찰 총액은 약 294억 4,000만 원으로 전년 동기 대비 약 6.81% 상승했다. 판매 작품 수량은 500점으로 전년 동기 대비 약 12.10% 증가하였다. 출품 취소 비중은 총 출품작의 약 5.42%로 전년 동기 대비 약 1.51%p 증가했다. 낙찰률은 약 65.19%로 전년 대비 약 2.18%p 하락하였다.

10억 이상에 낙찰된 작품은 총 2점으로, 두 점 모두 서울옥션에서 나왔으며, 최고가는 낙찰가 50억 원을 기록한 김환기의 전면점화 '3-V-71 #203 1971'이며, 그다음은 13억 원에 낙찰된 안중근 의사의 유묵이었다.

　　　　　　　－ 김슬기 기자, 「1분기 미술 경매 시장, 해외 불황에도 한국은 선방」,
　　　　　　　　　　　　　　　　　　　　《매일경제》, 2024년 4월 30일

윗글에서 보듯이 수치를 활용한 글은 객관적인 정보를 전달하는 방법 중 하나이다. 특히 통계 수치는 사람들이 집과 일터에서 더욱 현명한 의사 결정을 내릴 수 있고, 사실과 허위 정보를 분별해 내는 능력이 생김에 따라 통계가 민주주의에 기여[32]할 수 있을 만큼 매우 중요하다. 그래서 수치를 활용한 글은 독자에게 새로운 생각을 가지도록 하는 힘이 있다. 다만 수치의 법칙은 진실을 왜곡하거나 부정적 영향을 끼치는 의도로 활용해서는 안 된다.

10. 기준점 법칙

글을 쓸 때 방향을 정해야 한다. 그래서 글의 방향을 정하는 기준점criteria을 제시할 필요가 있다. 특히 비교나 대조하는 글이나 비판의 성격을 지닌 글에서는 기준점을 잡아 글을 전개하는 것이 논리적이고 설득력이 있다. 그래서 기준점 법칙은 가장 보편적으로 활용되는 글쓰기 활용 법칙이다.

가령 『홍길동전』을 읽고 『동명신화』와 비교하는 글이라면, ① 두 인물의 재능, ② 일생의 위기, ③ 이상의 지향 등과 같이 기준점을 잡아 글을 전개하면 된다.

나는 『홍길동전』을 읽고 『동명신화』와 비교해 보았다. 그랬더니 재미있게도 두 이야기에 공통점이 많았다. 첫 번째 공통점은 홍길동과 주몽이 모두 비범한 재능을 지니고 있다는 것이다. 홍길동은 도술을 잘 부리

---

32. 폴 굿윈 / 신솔잎 옮김, 「왜 숫자를 통제해야 할까?」, 앞의 책, 5쪽.

고, 주몽은 활을 잘 쏘았다. 두 **번째** 공통점은 두 사람 모두 위험에 처하나 이를 극복하고 집을 떠난다는 것이다. 홍길동은 자객의 위험을, 주몽은 왕자들의 위협을 받아 위험에 처하지만, 이를 극복하고 집을 떠났다. 세 **번째** 공통점은 새로운 땅으로 가서 나라를 세운다는 것이다. 홍길동은 바다를 건너가 '율도국'을 세웠고, 주몽은 졸본으로 가서 '고구려'를 세웠다. 두 이야기의 지어진 시기가 다른데도 이런 공통점이 있다는 것이 무척 흥미로웠다.

윗글은 기준점을 제시하였고, 글쓴이의 의도가 드러나도록 '주장을 머리말'에 쓰면서 세 가지 관점으로 글을 전개한 것을 확인할 수 있다.

다음은 같은 제재에서 차이점을 기준점으로 잡아 요약 정리할 수 있는 글이다.

⑺ 조선 전기에 명으로 파견된 사신은 조천사朝天使라고 했는데, 후기에는 도읍인 연경지금의 베이징에 파견되었다고 해서 연행사로 불렀다. 연행사는 매년 동지에 정기적으로 파견되었고, 특별한 일이 생겼을 때는 임시 사행을 보냈다.

청과의 외교 관계는 전쟁을 통해 수립되었기 때문에 청은 수시로 사신을 파견하여 조선을 감시했고, 조선 역시 이에 대응하여 사신을 보내야 했다. 하지만 청이 중원을 완전히 장악하고 조선과의 관계가 안정되면서 파견하는 사행의 횟수가 점차 줄자, 조선도 18세기 후반 이후로는 대개 연평균 두 차례의 사행만 파견했다.

연행 길은 정사나 부사, 서장관 같은 고위 관료라고 하더라도 매우 힘든 노정의 연속이었다. 조선의 사신 일행이 도성을 출발하여 압록강을 건너기까지는 한 달 이상이 걸렸다. 마부나 짐꾼 같은 이들은 출발부터 도보로 힘든 길을 가야 했으나, 적어도 관료들의 경우에는 여러 곳에서 연희와 유람을 즐기고 소회를 시로 남길 여유는 있었다.

압록강 부근에서 기생들의 말타기와 활 솜씨를 관람하고 마지막 연희에 참석한 사신들은 압록강을 건너 중국 측 관원과 처음 마주치게 될 책문栅門까지 사람이 살지 않는 무인 지대에서 이삼 일에 걸쳐 노숙을 했다. 책문에 도착한 사행 일행은 북경까지 멀고도 광활한 길을 중국의 고사나 우리 역사와의 관련성을 떠올리며 발걸음을 재촉했다.

(나) 임진왜란 후에 단절되었던 조선과 일본의 관계는 도쿠가와 바쿠후가 성립된 이후 복구되었다. 일본에서 파견한 국왕사는 17세기 초반부터 더 이상 도성까지 상경할 수 없었다. 일본 사행이 도성까지 왕래하면서 교통로나 군사상 요충지 등에 대한 정보를 얻는 것을 우려했기 때문이었다. 대신 일본은 매년 의례적으로 팔송사八送使를 동래부사에 파견했고, 특별한 외교 사안에 대해서는 차왜差倭를 수시로 파견하여 처리했다. 반면 조선은 다이묘에게 임란 이후 개항 전까지 12차례의 통신사를 보냈으며, 별도로 쓰시마 섬에 50여 차례의 문위행問慰行을 보냈을 뿐이다.

임란 이후 세 차례의 사절은 통신사란 명칭 대신에 회답겸쇄환사라는 칭호를 사용했다. 이들의 주된 임무는 전쟁 중에 일본으로 끌려간 사람들을 데려오는 등 전후 처리를 하는 것이었다. 1636년 당시 청이 새롭게 등장하면서 조선은 청을 견제하고 일본의 재침을 방지하기 위해 다시 통신사를 파견했다. 도쿠가와 막부 입장에서는 조선 국왕의 국서 전달 과정을 보여 줌으로써 지방 영주와 백성들에게 막부의 권위를 과시할 수 있었다. 이후 통신사는 주로 막부 장군의 습직을 축하하기 위해 파견되었지만 외교나 무역 현안을 처리하고 일본의 국정을 탐색하기도 했다. 일본 내부에서도 다이묘의 권위를 높이기 위해 통신사 일행에 대해서 극진히 대접했다.

통신사행의 규모는 400~500명 선이고, 체재 기간은 6~12개월로 연행사를 능가했다. 사행은 서울을 출발하여 곳곳에서 연회에 참석한 뒤 동래에 도착했다. 동래에서 도항에 필요한 각종 물품과 인원을 점검하고

안녕을 기원하는 제의를 거행한 통신사 일행은 기선 세 척과 짐 싣는 복
선 세 척을 동원하여 일본으로 출발했다.

– 권내현 외, 「연행사와 통신사」, 『이웃 나라와 새로운 관계를 맺다』

윗글은 차이점을 기준점으로 글을 전개하고 있다. 명칭, 파견 시기,
파견 이유, 규모, 목적 등이 각각 다르기 때문이다.

다음은 기준점을 제시한 예이다.

홍콩 : 싱가포르

기초 항목설정: 공통점

① 지리적 위치: 반도 끝에 위치한 항구이다.

② 역사: 영국의 식민지로 점령되고 항구 도시로 발전하였다.

③ 인종: 대부분 중국인이다.

④ 주민의 특성: 검소하고 부지런하며 교육에 관심이 많다.

⑤ 산업: 전자 제품, 해운업, 국제 금융업이 발달되어 있다. 등등

– 이대규, 「비교」, 『수사학 – 독서와 작문의 이론』

두 개의 화제로 글을 전개할 때, 기준점을 정하고 글을 쓰는 것이
논리적이며, 체계적일 수 있다. 물론 한 개의 화제라도 기준점을 제시
하여 쓴다면, 효과적으로 글의 내용을 전개할 수 있다.

위에서 언급한 10가지 글쓰기 활용의 기술은 한 편의 글의 구조를
이루는 요소별 글쓰기 전략이라 할 수 있다. 한 편의 글이 완성되는 방
법은 제각각이다. 과일 맛이 제각각이듯이. 그러나 과일이 재배되는 기
본적인 과정에서 공통되는 부분이 있듯이 한 편의 글이 완성되기까지

는 공통되는 과정이 있다. 그래서 좋은 글에는 앞에서 설명한 글쓰기 활용의 기술 10가지 요소가 포함되어야만 표현과 전달에 부합한다고 할 수 있다. 이러한 판단을 다음 글에서 확인할 수 있다.

최근 전 세계 언론에서 바이오 에너지가 식량 위기의 주범이라고 앞다투어 몰아가고 있다. 저명 학술지 「사이언스」에 실린 바이오 에탄올에 의한 온실가스 감축 효과를 보기까지 67년이 걸린다는 논문은 이러한 논쟁에 기름을 부었다.

과연 그런가? 이런 계산을 할 때는 계산에 사용된 가정과 조건이 항상 중요하다. 열대 우림을 밀어내고 바이오 에너지 작물을 재배하니까 그런 계산이 나온다. 지구상의 인구는 현재 66억 명을 넘었고 계속 증가 추세다. 구석기시대부터 지금까지 인구 증가를 그래프로 그려본 사람은 안다. 불과 지난 수백 년 사이에 거의 수직 상승했다는 것을. 이와 함께 온실가스의 농도도 수직 상승했다. 인구가 급격히 늘면서 식량 수요도 급증했다. 이것이 직접적인 곡물가 폭등의 주범이라 하겠다.

또 중국 등에서 화석 원료의 수요가 급증하면서 유가가 배럴당 130달러를 넘어섰다. 배럴당 200달러까지 갈 것이라는 말도 나온다. 1인당 에너지 소비량은 농경시대 때의 10배, 산업혁명시대의 3.5배에 이른다. 이 몇 가지만 봐도 우리가 직면한 에너지, 환경, 식량 문제는 급증하는 인구와 인류가 자원을 아끼지 않는 것이 주원인임을 알 수 있다.

고유가와 지구온난화 등 환경 문제는 대체 에너지 개발과 바이오 기반 화학물질 생산 시스템의 구축만이 유일한 해결책이다. 몇 년 전 예측자료이지만 만약 지금처럼 온실가스를 방출하면 2100년경에는 지구 온도가 8도까지도 올라간다니 인류의 생존은 불가능해진다.

지구상에는 1년에 1,700억t의 바이오매스생물자원가 생성되며, 인류의 70억t이 안 되는 양을 사용하고 있다. 이 중 대부분이 식량 등으로 활용되며, 이 사용량의 불과 4%가 안 되는 양이 비非식량 용도로 활용된다고 한다. 게다가 바이오매스 생산에 기여하지 못하는 사막과 불모지도 많고, 미국의 경우 아직 농작물을 추가 경작할 수 있는 여지도 있다.

현재 곡물가 폭등은 인구 증가라는 기본적인 문제에 곡물 배분문제와 그에 관여하는 경제적 정치적 이해관계가 얽혀 일어난 것이다. 옥수수 에탄올이라는 바이오 에너지의 한 형태의 확대는 하나의 빌미를 제공한 것이다.

열대우림 파괴 대신 환경친화적인 방법으로 바이오 에너지 작물을 재배하고, 스위치그래스 등 비식용 바이오매스를 원료로 바이오 에너지를 생산하는 전력이 필요한 것이지, 바이오 에너지가 무조건 곡물가 폭등의 주범이라고 말하는 것은 잘못이다. 그리고 바이오 에너지와 바이오 리파이너리가 중요한 해결책이긴 하지만 전부라는 생각도 버려야 한다. 한정된 자원을 환경을 고려하며 순환 활용하기 위한 한 가지 중요한 전략으로 추진하면 된다.

이를 위해서는 전체 지구 시스템에서의 최적화를 통한 자원관리가 요구된다. 그러면 더욱 큰 관점에서 인류는 무얼 해야 하나? 우선 인구 폭발을 막아야 한다. 또 모든 형태의 자원을 절약해야 한다. 경제발전이라는 목적 아래 너무 많은 자원을 쓰고 있다. 화석 원료는 중요한 화학물질의 생산 등으로 국한하고, 바이오매스 등 재생 가능한 원료로 생산이 가능한 것은 모두 바꿔야 한다.

개개인이나 어느 집단, 어느 국가의 이익을 따지다가는 인류 전체의 재앙을 면하기 힘들다. 전 세계가 동참해야 한다. 지금이 2008년이니 앞으로 2008년 후를 내다보는 것은 어떨까? 먹고살기도 바쁜데 지금부터 2008년 후를 보라고? 그래도 봐야 한다. 내 손자의 손자의 손자의 손자를 위해서라도, 누구 말처럼 우리가 사는 지구는 후손에게서 우리가 잠시 빌려 쓰고 있는 것이 아닌가.

    – 이상엽, 「식량 주범 '바이오' 아니다」, 《동아일보》, 2008년 5월

윗글은 ① 주술 근접 법칙, ② 머리말 주장, ⑤ 접촉 법칙, ⑥ 독특한 시각, ⑦ 지식의 활용, ⑧ 근거의 확실성, ⑨ 수치의 활용, ⑩ 기준점 제시 법칙 등을 확인할 수 있는 글이다.

① 주술 근접 법칙의 경우, 첫 문장에 보아도 주어와 서술어가 가까이 있다. ② 머리말 주장의 경우, 첫 문장에서 이 글의 논지를 분명하게 제시하고 있다. ⑤ 접촉 법칙의 경우, 온실가스 감축 효과를 쉽게 설명하고 있다. 그리고 ⑥ 독특한 시각의 경우는 둘째 단락 다섯~일곱째 단락에서 확인할 수 있다. ⑦ 지식 활용의 경우, 자신의 전공 영역과 관련된 해결책 제시를 통해 주장하고 있다. ⑧ 근거 확실성의 경우, 둘째 단락에서 '이것이 직접적인 곡물가 폭등의 주범이라 하겠다.'를 볼 수 있고, 다른 단락에서도 확인된다. ⑨ 수치 활용의 경우는, 농경시대 10배, 산업혁명 시대 3.5배 등등 수치를 활용하고 있다. ⑩ 기준점 제시의 경우는 식량 위기의 주범과 바이오 에너지라는 기준점을 통해 글을 전개하고 있다. 이처럼 자신의 주장을 드러낸 글은 글쓰기의 법칙들을 적절하게 활용하고 있음을 알 수 있다.

제3강 글쓰기 의도의 기술

글쓴이가 주장하고자 하는 바를 한 편의 글로 쓰는 데에는 갖추어야 할 조건이 많다. 눈을 마주하며 대화를 해도 자신의 의도를 충분히 전달할 수 없는 경우가 많은데, 눈앞에 있지 않은 독자들에게 자신의 의도를 표현하는 글은 더더욱 어려울 수밖에 없다. 그래서 글쓴이가 의도하는 주장을 효과적으로 표현하는 글쓰기 의도의 기술 10가지를 정리했다.

물론 글은 어느 한 가지만의 글쓰기 기술이 필요한 것이 아니라 글쓴이의 의도나 주장에 따라 몇 가지 글쓰기 기술이 필요할 수 있다.

글쓰기 의도에 따라 자신이 쓴 글은 다음과 같은 몇 가지 기본 조건을 갖추어야 한다.

1. 주장主張: 주장을 강화强化하여 독자들을 설득시키고 자신의 의도를 쉽게 전달하는 것이 글을 쓰는 목적이다. 독자들은 글을 통해 필요한 정보나 글쓴이의 주장을 간파看破하는 것이 궁극의 목적이다. 문학 작품이라면 당연히 작가가 던진 주제가 될 것이고, 문학 작품이 아닌 경우에도 글쓴이가 말하고자 하는 의도가 분명히 있다. 그래서 글쓴이는 어떤 의도를 가지고 글을 쓸 것인가를 분명하게 인식하고 글을 전개해야 한다.

2. 공감共感: 글을 쓴다는 것은 자신의 학문과 수양에도 도움이 되지만, 독자가 존재하는 한 무엇보다도 공감을 얻어야 한다. 당연히 독자의 공감을 얻지 못하면 글의 가치는 떨어진다. 정확하게 말하면 읽지 않는 책이 되며, 팔리지 않는 책이 된다. 독자에게 감동이 없으면 시든 장미薔薇와 같다. 활짝 핀 아름다운 장미가 되려면 감동이 있어야 한다. 감동은 독자들의 공감과 함께 내면화의 가치까지 포함하고 있어야 한다. 공감은 문학 작품이든 실용의 글이든 독자의 공감이 전제되어야 한다.

3. 수용受容: 독자가 글쓴이의 주장을 수용할 수 있어야 한다. 독자들은 수용할 수 없는 내용의 글을 읽지 않는다. 오히려 비난의 빌미만 제공할 뿐 아니라 글쓴이의 생각과 가치관까지도 평가 절하할 수 있다. 주어진 목적에 따라 글을 쓰면서 상대방이 수용할 수 있는 글을 전개하려면 당연히 확실한 근거로 표현해야 한다. 수용성은 결국 글에 대한 독자의 공감을 얻는 것이며, 동시에 글쓴이의 주장을 수용하는 데 필요한 핵심이다.

4. 타당성妥當性: 공감과 수용에는 타당성이 전제되어야 한다. 타당하지 못한 글은 주장이 약화될 뿐 아니라 잡문雜文에 지나지 않는 낙서落書에 그친다. 타당성이야말로 글쓴이의 주장을 가장 강화할 수 있는 방안이다. 이러한 타당성은 결국 합리적이고 객관적인 진술을 통해 구축될 수 있는 것이다.

5. 구조構造: 위와 같은 요건을 갖춘 내용을 표현하려면 일정한 구조를 가지고 있어야 한다. 그 구조란 것은 읽는 이로 하여금 체계적으로 인식할 수 있도록 하는 장치이다. 인식의 체계를 갖추도록 글을 쓴다면, 자연스레 글쓴이의 주장이 쉽게 전달될 수 있기 때문에 글은 가치

를 지닐 것이다. 글의 구조는 중요하다고 생각하기 때문에 참고할 만한 글을 여기에 인용한다.

우리가 사는 세상에서 점점 예측이 어려워지는 이유는 자연과 사회, 경제 분야의 현상들이 갈수록 복잡해지기 때문이다. 복잡함의 기원은 다음과 같이 세 가지_{세 가지 개념의 활용 법칙}로 생각해 볼 수 있다.

첫째, 현상에 관여하는 개체의 종류와 수가 많다는 점이다_{주장}. 소득 수준이 낮았던 과거 경제성장기와 비교할 때, 오늘날 한국 시장은 훨씬 복잡한 모습을 보여 준다. 구매력 향상과 함께 소비자의 다양한 욕구가 표출되고 있으며, 소득·연령·지역 등에 따라 다양한 소비자군이 분화되어 나타나고 있다. 오늘날의 공급자는 어떤 소비자의 기호에 맞는 제품을 공급하느냐를 결정하는 데 큰 노력을 기울여야 한다. 다양한 고객들의 기호를 맞추지 못한 기업들은 줄줄이 쇠퇴의 길로 들어서게 마련이다_{근거}.

자동차 산업의 예를 보자. 과거의 자동차 산업은 포디즘_{Fordism}이라 불리는 대량 생산 방식에 의해 획일화된 제품을 쏟아냈다. 소비자의 욕구 자체가 획일화되어 있었기 때문이다. 그러나 생활 수준의 향상으로 소비자의 욕구가 다양해지고 경쟁이 치열해지면서 단순한 대량 생산 방식은 더 이상 고객의 구매력을 자극할 수 없게 되었다. 이러한 환경에서 자동차 회사들이 살아남는 방법은 다양한 고객들의 욕구를 만족시키기 위해 생산 방식을 획기적으로 개선한 것뿐이다. 도요타를 필두로 다품종 대량 생산 체계인 매스 커스터마이제이션_{Mass Customization} 혁명이 일어났으며, 다양한 고객 만족은 생존의 키워드가 되었다. 이처럼 현상을 지배하는 개체들의 다양성이 새롭고 더욱 복잡한 다이내믹스를 만들어낸 것이다_{예시}.

둘째, 현상에 관여하는 개체들 각각의 행동을 지배하는 법칙을 잘 알지 못한다는 점이다_{주장}. 이 경우에 일어나는 어려움은 인류가 일식日蝕을 받아들여 온 태도에서 확인할 수 있다. 근대 이전의 사람들에게 일식은 지극히 예외적인 변고였고, 초자연적인 존재의 경고로 받아들여졌다. 조선 시대에도 일식이 일어나면 왕의 급작스러운 사망이나 역모의 징조로 여겨, 왕이 직접 머리를 풀고 소복 차림으로 구식의救蝕儀라는 제사를 지낼 정도였다. 금성이나 화성과 같은 행성의 운동은 거의 매일 밤 추적이 가능했던 데 반하여, 일식은 자주 일어나지도 않을뿐더러 일어나는 영역도 매우 좁아서 경험적인 규칙성을 찾기가 아주 어려웠기 때문이다. 그러나 만유인력의 법칙이 밝혀진 오늘날, 일식은 현재를 기준으로 수천 년 전후까지도 어렵지 않게 예측할 수 있는 현상이 되었다. 계산을 위해서는 컴퓨터를 이용하기는 해도 이제 일식은 두려움의 대상도, 복잡한 현상도 아닌 것이다.

그러나 사회 · 경제 현상에서 개체는 인간이다. 인간 개개인의 행동의 다이내믹스에는 만유인력의 법칙과 같은 일률적이고 명쾌한 법칙이 쉽게 발견되지는 않는다. 게다가 사회 분위기가 자유스러워지고 소득수준이 높아지면서 사회 구성원들이 분출해 내는 기호와 욕구, 소비성향은 더욱더 다양해지고 빠르게 변화하고 있다반박.

영화 산업 마케팅을 예로 들어보자. 전문가들은 영화 흥행의 가장 중요한 요소로 '시나리오'와 '배급 규모 및 시기'를 들고 있다. 하지만 최근 수년간의 흥행실적을 봐도 과연 어떤 시나리오가 관객에게 호소력이 있는지 명쾌한 흐름을 잡기가 어렵다예시.   …이하 생략…

<u>현상에 관여하는 개체들이 서로 다양한 영향을 주고받으며 적응해 나간다는 점이다</u>주장. 자연 생태계에는 눈에 보이지도 않는 박테리아부터 이름도 알기 힘든 동식물들까지 많은 생물들이 어우러져 살아가고 있다. 자연생태계가 복잡한 이유는 앞서 지적한 것처럼 생물들의 운동 패턴이 알기 어렵거나 그 종류와 수가 많아서만은 아니다. 이들은 서로가 서로에게 생명 유지에 필요한 영양분을 공급하면서 상호작용을 하고 있으며, 변화하는 환경에 적응하며 진화하기 때문에 복잡한 것이다. 그래서 기능별로 생산자, 1차 포식자, 2차 포식자, 3차 포식자, 분해자 등으로 수직적

인 포식 관계와 이들을 잇는 복잡한 먹이그물이 형성된다.근거.

　이러한 상호작용 구조가 있기 때문에 작은 구성요소의 변화가 생태계 전체에 종종 예기치 못한 엄청난 변화를 불러일으킨다. 일례로, 호주에 토끼가 서식하게 된 것은 1859년에 어느 작은 지역의 한 신사가 사냥감으로 열두 마리를 들여온 것이 계기가 되었다. 그런데 사육되던 토끼 몇 마리가 도망쳐 천적이 없는 환경에서 폭발적으로 번식하며 반세기도 안 돼 호주 전역이 수억 마리의 토끼로 몸살을 앓게 되었다. 호주 정부는 1950년대 다발성 점액종증이라는 토끼에게 치명적인 전염병을 의도적으로 퍼트림으로써 어느 정도 성과를 거뒀지만, 이마저 시간이 지나면서 토끼들이 면역성을 갖고 적용해 버려 허사로 돌아갔다.

- 윤영수 · 채승병, 「현상의 다이내믹스가
복잡해지는 이유는 무엇인가」, 『복잡계 개론』

윗글의 구조를 다음과 같이 정리할 수 있다.

ⅰ : **결론**혹은 문제 제기**과 글 쓸 방향** 제시

우리가 사는 세상에서 점점 예측이 어려워지는 이유는 자연과 사회, 경제 분야의 현상들이 갈수록 복잡해지기 때문이다. 복잡함의 기원은 다음과 같이 세 가지로 생각해 볼 수 있다.

ⅱ: **글 쓸 방향에 따른 주장** + 근거 + 예시

첫째, 현상에 관여하는 개체의 종류와 수가 많다는 점이다.

둘째, 현상에 관여하는 개체들 각각의 행동을 지배하는 법칙을 잘 알지 못한다는 점이다.

ⅲ: 복잡한 현상은 직접 접근하기 어렵기 때문에 최대한 단순화한 설정부터 탐구하는 것이 수순이다. …이하 생략…

윗글에서 보듯이 주장을 담은 글은 일정한 구조를 가진다. 가령, 머

리말 법칙과 세 가지 개념 활용 법칙 그리고 시각 법칙, 지식 법칙과 근거 법칙 등과 같은 다양한 법칙들이 활용되면서 글의 구조를 이룬다는 것이다.

다음은 위에서 언급한 글쓰기 기술의 조건과 관련_{수치 법칙}이 있는지를 보여 주는 글이다.

오늘날 대부분의 생물자원이 전 세계 축산업 발전을 위해 연소되고 있다. 해마다 수백만 에이커의 열대우림이 불타고 있고, 광대한 목초지가 까맣게 태워지고 있으며 넓은 면적의 사료 작물 농업 폐기물이 연소되고 있다. 이들은 모두 축산 단지를 보호하면서 수백만 톤의 이산화탄소를 대기 중에 방출하고 있다.

그러나 생물자원의 연소는 빙산의 일각에 불과하다. 상업적 소 사육은 또 다른 방식들로 지구 온난화를 부추기고 있기 때문이다. 고도로 기계화된 농업 부문은 엄청난 양의 화석 연료 에너지를 소비한다. 현재 미국에서 생산되는 곡물의 70%가 가축 사료용, 주로 소 사육용이며, 사료 생산을 위해 연소되는 에너지로 인해 상당한 양의 이산화탄소가 방출되고 있다.

오늘날 미국에서는 1파운드의 쇠고기를 생산하는 데 3.78리터의 가솔린이 소비되고 있다. 평균 4인 가족이 1년 동안 소비하는 쇠고기 수요를 감당하려면 983리터 이상의 화석 연료가 필요한 셈이다. 그 연료는 연소되면서 대기 중에 2.5톤의 이산화탄소를 방출하는데, 이것은 보통 차량이 정상적으로 6개월 동안 운행되면서 방출하는 이산화탄소와 맞먹는 양이다.

뿐만 아니라 소 사육용 작물 생산에는 아산화질소 및 다른 온실 효과 가스들을 방출하는 석유화학 비료가 사용된다. 지난 40년 동안 화학 비료 사용은 1950년의 140만 톤에서 1989년 1,430만 톤으로 급격히 증가했다. 비료와 다른 요인으로 방출되는 아산화질소는 현재 지구 온난화 현상의 6%를 차지하고 있다.

마지막으로 소는 강력한 온실 효과 가스인 메탄을 방출한다. 이탄泥炭 습지, 논, 매립지에서도 메탄이 방출되긴 하지만 지난 수십 년 동안 증가된 메탄 방출의 대부분은 소와 흰개미 수의 증가, 삼림과 초원의 방화에서 비롯되었다. 메탄 방출은 지구 온난화 현상의 18%를 차지하고 있다.

대기 중 메탄의 수치는 산업 시대 이전의 1만 년 동안 비교적 일정했다. 그러나 지난 300년 동안 대기 중 메탄 함유량은 거의 두 배로 증가했다. 메탄 분자는 이산화탄소 분자보다 25배나 더 많은 태양 열기를 잡아들일 수 있기 때문에 미국 국립 대기연구센터의 랠프 시서론 같은 과학자들은 향후 50년에는 메탄이 주요한 지구 온난화 가스가 될 것이라 예측한다. 과학자들은 매해 5억 톤의 메탄이 이미 대기 중에 방출되고 있다고 추산한다. <u>전 세계 13억 마리의 소들은 대략 6,000만 톤, 즉 대기 중에 방출되는 전체 메탄의 12%를 내뿜고 있다.</u>

– 제레미 러프킨, 「더워져만 가는 지구」, 『육식의 종말』

윗글의 주장은 축산물 발전으로 인해 생물자원의 과다한 소비와 이산화탄소 방출의 문제점을 지적하는 내용이다. 첫째 단락은 주장이라면 나머지 단락들은 근거에 해당하는 문장이다. 가령 다섯째 단락의 경우, 소 사육이 강력한 온실 효과 가스인 메탄을 발생시킨다는 점에서 지구 온난화를 가속화시킨다는 점을 비판하고 있다. 윗글은 글의 수용성, 타당성, 구조성을 갖춘 글이다.

이제까지 논의한 글쓰기 과정과 글쓰기 기술을 정리해 보면 다음과 같다.

글쓴이	방법(적용)	조건(전제)	읽는이
의도 혹은 주장	글쓰기 법칙 혹은 글쓰기 기술	타당성 수용성 구조성	공감

일상생활 속에서 말이 안 통한다는 이야기를 많이 한다. 왜 그럴까? 언젠가부터는 소통 부재라는 말이 사회의 문제가 될 만큼 심각한 상황이 되었다. 주고받은 대화 현장에서도 주장만 있고, 소통이 없는 상황이다. 더구나 글로써 서로를 이해할 수 있다는 것은 더욱 힘들다. 그래서 글쓴이의 의도를 드러내는 분명한 글쓰기 기술이 필요한 것이다.

작문 이론서들은 학술적인 개념과 설명을 제시하지만 실제로 한 편의 글을 쓰려고 할 때, 다소 추상적이고 방향성도 모호한 것 같다. 구체적인 글쓰기 방향을 제시하더라도 보편적인 경우보다는 특정한 하나의 예시 글을 보여줌으로써 일반적인 글쓰기의 방법으로 습득해 활용하기가 쉽지 않다. 가령 글감을 찾기 위해 생각 그물 만들기와 브레인스토밍, 개념 구조도 등과 같은 작문 이론을 제시하고 있으나 이 책에서 언급하는 글쓰기 기술이 없기 때문에 실질적인 도움은 못되는 것 같다. 주제를 찾고, 내용을 생성하고 내용 조직과 표현하기 등 일련의 작문 이론보다는 구체적인 글쓰기 기술이 필요할 것이다. 주어진 글을 요약하거나 이슈를 비교 분석하고자 하는 등의 의도나 목적이 분명한 경우에 활용할 수 있는 글쓰기 기술 10가지를 설명할 것이다.

글을 쓰는 의도를 대체로 10가지 정도라고 판단하여 정리했다. 이러한 글쓰기 기술에는 앞에서 언급한 글쓰기 법칙과 요소들이 반드시 활용됨을 상기하고 다음 글을 읽어야 한다.

한 편의 글을 어떻게 구성할 것인가가 결정되면, 10가지 활용 기술 가운데 선택해 글을 완결하는 것이 효율적이다. 글을 요약하는 의도라면, 근거 법칙과 기준점 법칙 등을 활용해 한 편의 글을 완성하면 된다. 즉 비빔밥을 먹는다고 가정하면 그릇에 각종의 나물 재료를 넣은 것과 같다고 보면 될 것이다.

1. 요약의 기술

많은 독자들은 책에서 핵심만 파악하길 바란다. 대개의 책들이 담고 있는 내용은 너무 긴 이야기라고 생각해서 다 읽기보다는 핵심만 이해하길 바란다. 그래서 결론 부분에 관심을 기울이는 이유이기도 하다. 그렇다면 글에서 요약하는 기술이 필요할 것이다. 요약이란 글의 줄거리를 이해할 수 있도록 체계적으로 정리하는 것이다. 즉 글 전체의 순서에 따라 짧고 강하게 정리하는 것이다.

앞의 글 전체 내용을 요약하는 방법에는 대개 첫째, 둘째, 셋째 등으로 나열하거나 아님, (1), (2), (3) 등과 같이 숫자로 요약하는 경우가 보편적이다. 때로는 우선, 두 번째는, 다음으로는 등과 같이 순서를 의미하는 진술도 가능하다.

다음은 서사적 글쓰기의 한 부분인 '평전評傳'의 내용을 요약하면 다음과 같다.

송욱이 한국문학사의 관심밖에 있었던 이유를 몇 가지 측면을 고려해 보았다.

첫째, 그의 문단 생활에서 보인 경기중, 서울대 출신 의식의 병소위 K·S병, 이호철의 명명과 함께 여타 작가들을 심심찮게 무시한 '저능아' 발언 등이 문단에서 소외의 이유가 된 것 같다. 심지어는 서울대학교 교수들이 연구는 하지 않고 바둑을 둔다고 불평을 했을 정도였고, 그리고 자신은 초하룻날에도 연구실에서 연구에 몰두했다. 단 율곡과 만해, 김환기 화백에 대해서는 존경의 뜻을 가지고 있었다.

둘째, 1960년대의 체계적인 연구와 이론적인 비평의 선구적 업적인 『詩學評傳』일조각, 1963에서 김소월을 '청소년 감상 수준의 시인'으로, 정지용과 김기림을 '사이비 모더니스트'로 규정하는 연구 태도 또한 학계와는 엄청난 거리를 가진 평가 때문에 이를 객관적인 연구 태도로 평가하지 않았다고 판단된다.

셋째, 『文學評傳』일조각, 1969에서 김소월을 한국신문학의 초창기를 장식했던 춘원의 작품을 비판하면서 '통속성'의 대표적 작가로, 1930년대 초현실주의자이면서 모더니즘의 선두주자인 이상의 대표작 『날개』를 '思春期의 習作' 정도로 평가한 것도 문학사가와 다른 점도 한 이유라 생각된다.

넷째, 서울대 인문대 초대 학장 시절1975. 3~1976. 2 중앙정보부에서 겪은 정신적인 고초1974. 5년 긴급조치와 관련하여와 노년에 노장사상에 경도되어 혼자 사색하였다. 그래서 생활 환경과 동떨어지게 되고, 이로 인해 학계와 문단에 관심을 두지 않았기 때문도 한 이유이리라 생각된다.

다섯째, 서울대 교수 시절에 혼자만의 시간과 공간으로 어울리지 못했던 그의 성격 탓을 들 수 있다. 1970년대 후반부터 그는 혼자 술주로 조니 워커나 마주앙, 안주는 노란 치즈였고, 조니 워커는 부인 인봉희 여사가 늘 삼선동 주변 상가에서 구해 놓았음. 부인 인봉희 여사와 삼남 송명열, 정명환 등을 자주 마셨다. 성격은 비타협적이었고 옹고집의 기질이었다. 그리고 매우 까다로운 인물이었다. 주변 인물 가운데 송욱에 대한 긍정적인 평가는 드물었다이문구, 누이 동생 송숙 등. 다만 몇몇 분들경기중학 동창인 서울대 사학과 민석홍 교수와 사회학과 이해영 교수과 특히 정명환 교수만이 송욱에 대해서 '백아와 종자기' 고사를 연상할 만큼 아주 우호적이었다.

– 박종석, 『송욱평전』의 〈머리말〉

윗글은 송욱의 문학적 삶과 문학 세계를 조망한 연구를 요약한 글이다.

하지만 이는 외형적인 형식일 뿐이다. 중요한 것은 내용적 측면을 어떻게 기술하는가가 중요하다. 윗글은 요약의 형식 못지않게 내용도 매우 충실하다고 생각한다. 그 기술 방법은 다음 글을 참고하면 좋을 것 같다.

1) 글의 핵심을 첫 문장에 쓰라.
2) 짧은 문장을 쓰라.
3) 많은 양의 글을 쓰지 말라.
4) 중심 내용이 무엇인지를 독자들이 알도록 쓰라.
5) 논리성을 갖추도록 쓰라.

다음 글에서 이를 확인해 보자.

세계가 에너지 전쟁의 시대에 직면했다. 우리나라는 세계 10위 에너지 소비국, 세계 7위 원유 수입국이며, 현재 97%에 이르는 해외 에너지 수입 의존도는 앞으로도 지속될 것으로 전망된다. 더욱이 지난해 발생한 일본 후쿠시마 원전사고와 기후변화협약은 새로운 저탄소 녹색성장을 위한 신재생에너지 개발의 중요성을 증대시키고 있다.

이런 현실에서 절대적 에너지 빈곤 국가인 한국은 어떻게 대처해야 할까. 정부는 탈석유화 시대를 대비한 다양한 에너지 정책을 시행하고 있다. 이 중 하나가 신재생에너지 자원 개발이다. 해양 신재생 에너지원은 조석, 조류, 파랑 및 해양온도차 등이 있지만 조석을 이용한 조력발전을 제외하고는 기술적 문제 때문에 상용화하기에 어려움이 있다.

우리나라의 서해안은 굴곡이 심한 리아스식 해안으로 수많은 만이 산재해 있고 조석 간만의 차가 커서 조력발전에 유리한 입지가 많다. 특히 가로림만은 세계적으로 조력발전을 건설하기에 가장 적합한 장소로 알려졌다. 가로림만 조력발전소 건설사업의 연간 예상 발전량은 9억 5,000만kWh로 우리나라 18만 가구에서 사용할 수 있는 전력량이다. 더욱이 2011년까지 국내 누적 보급된 신재생에너지 시설용량이 태양광 55만kW, 풍력 41만kW이지만 가로림만 조력발전소는 52만kW로 25년 동안 보급된 태양광과 비슷하고 풍력보다 많은 전력량이다.

그러나 현재 가로림만 조력발전소 건설이 몇 년째 표류 중이다. 협의가 지연되는 이면에는 지역 주민들의 찬반 갈등이 인허가 기관에 영향을 주고 있는 점도 무시할 수 없을 것이다. 발전소 건설과 같은 공공정책에는 다양한 길들이 존재할 수밖에 없다. 환경 훼손 등 부정적 측면과 지역경제 활성화를 기대하는 긍정적 측면의 갈등에서 어느 쪽이 맞고 어느 쪽이 틀리다는 이분법적 논쟁은 필요치 않다. 무조건적 갈등과 반목은 정책 실행을 지연시키고 사회적 비용만 증대시킨다는 것을 과거 사례를 통해 충분히 보아 왔다. 현재의 상황을 정확히 인식하고 건설적인 방향으로 논의를 이끌어 서로가 만족할 수 있는 해결 방안을 도출해야 한다.

− 강시환한국과학기술한림원, 「가로림만 조력발전소 건설 지연 끝내려면」,

《동아일보》, 2012년 5월 4일

윗글의 문서 정보는 1,023자이다. 요약하면 314자이다.

우리나라는 에너지 수입 의존도가 심각하게 높다. 이를 해결하기 위해서는 가로림만 조력발전소 건설을 해야 한다. 해양 신재생 에너지원은 기술적 문제 때문에 조력발전소만 가능하다. 더구나 우리나라의 서해안은 리아스식 해안으로 조력발전에 유리한 입지가 많다. 뿐만 아니라 세계적으로 조력발전을 건설하기에 가장 적합한 장소로 알려졌다. 조력발전의 건설로 9억 5,000만을 생산하여 우리나라 18만 가구에서 사용할 수 있다. 가로림만 조력발전소는 52만kW로 25년 동안 보급된 태양광과 비슷하고 풍력보다 많은 전력량이다. 따라서 가로림만 조력발전소는 건설해야 한다.

윗글은 특히 글의 핵심적인 부분을 첫 문장에 쓰고, 명확하게 읽히도록 짧게 썼으며, 또한 문서 정보는 3배 정도 줄였다. 그리고 논리성을 갖춘 손가락 법칙을 활용해 글의 중심 내용을 파악할 수 있도록 요약했다. 왜냐하면 내용의 이해와 전달력에 중점을 두었기 때문이다. 앞에서 '명제 – 주장 – 근거 – 사실 – 재주장'의 구조를 강조한 바 있다.

글 순서	손가락	전개 내용
명제	엄지	신재생 에너지(조력발전소)
주장	검지	가로림만 조력발전소 건설을 해야 한다.
근거	중지	1. 기술적 문제 때문에 조력발전소만 가능하다. 2. 우리나라의 서해안은 리아스식 해안으로 조력발전에 유리한 입지가 많다.
사실	약지	1. 세계적으로 조력발전을 건설하기에 가장 적합한 장소로 알려졌다. 2. 9억 5,000만을 생산하여 우리나라 18만 가구에서 사용할 수 있다. 3. 가로림만 조력발전소는 52만kW로 25년 동안 보급된 태양광과 비슷하고 풍력보다 많은 전력량이다.
재주장	새끼	따라서 가로림만 조력발전소는 건설해야 한다.

윗글에서처럼 하나의 화제를 요약하는 방법도 있지만 두 개의 화제를 비교 분석하여 요약하는 방법도 있다.

다음은 세금을 낮추고 높이는 방향에서 시장 자유와 정부 개입 중 어떤 선택을 할 것인가에 대해 두 경제 전문가A와 B의 견해를 듣고 요약한 글이다.

> A와 B의 견해를 정리하면 다음과 같다. 두 입장의 차이는 현실을 통시적通時的으로 파악하는가 아니면 공시적公示的으로 파악하는가에 따라 발생한다. 여기서 통시적이란 시간의 흐름을 고려해서 의미를 파악하는 것을 말한다. 반면 공시적이란 시간에 대한 고려보다는 현재 상황을 기준으로 의미를 파악하는 것을 말한다.
>
> 우선 A는 통시적인 측면에서 접근한다. 시간적 변화를 고려해서 한국의 상황을 파악하는 것이다. 과거로부터 성장해 온 짧은 역사를 고려하고, 동시에 앞으로 성장 둔화가 심화될 미래를 반영한다. 성장 과정 중에 있으므로 이에 맞는 정책이 필요하다는 입장이다.
>
> 반면에 B는 공시적인 측면에서 현재 한국의 상황을 파악한다. 현재를 기준으로 다른 나라와의 세금 및 복지 현황을 비교하는 것이다. 유럽의 발전된 복지사회를 궁극적인 지향점으로 상정하고, 거기에 이르는 방향으로 현대 한국의 방향성을 결정해야 한다는 입장이다.
>
>   – 채사장, 「한국의 상황」, 『시민의 교양』

윗글은 두 경제 전문가의 견해를 비교 · 대조하려는 의도를 보여주기 위해 요약한 것이다.

2. 비교 · 대조의 기술

비교와 대조의 글은 기준점criteria을 전제前提로 한다. 이는 두 대상 간의 공통점과 차이점을 찾기 위해 기준점이 필요하다. 그래서 무엇을 기준글 쓰는 목적으로 정할 것인가는 대단히 중요한 문제이다.

다음 글재인용을 참고해 보자.

> 나는 『홍길동전』을 읽고 『동명신화』와 비교해 보았다. 그랬더니 재미 있게도 두 이야기에 공통점이 많았다.
>
> 첫 번째 공통점은 홍길동과 주몽이 모두 비범한 재능을 지니고 있다는 것이다. 홍길동은 도술을 잘 부리고, 주몽은 활을 잘 쏘았다. 두 번째 공통점은 두 사람 모두 위험에 처하나 이를 극복하고 집을 떠난다는 것이다. 홍길동은 자객의 위험을, 주몽은 왕자들의 위협을 받아 위험에 처하지만, 이를 극복하고 집을 떠났다. 세 번째 공통점은 새로운 땅으로 가서 나라를 세운다는 것이다. 홍길동은 바다를 건너가 '율도국'을 세웠고, 주몽은 졸본으로 가서 '고구려'를 세웠다. 두 이야기의 지어진 시기가 다른데도 이런 공통점이 있다는 것이 무척 흥미로웠다.

윗글에서 두 작품을 비교하면서 제시한 기준점은 다음과 같다. ① 두 인물의 재능, ② 일생의 위기, ③ 이상의 지향 등과 같다. 이처럼 비교와 대조의 글쓰기에는 기준점이 필요한 것이다.

이해를 돕기 위해 다음 글을 인용하면 다음과 같다.

> 지난주 국가과학기술위원회 주최로 흥미 있는 토론회가 열렸다. '정부

와 민간 연구개발R&D 어떻게 조화시킬 것인가'라는 제목으로 열린 이 토론회에서는 우리나라의 정부 R&D 예산이 꼭 필요한 분야에 쓰이고 있는지, 정부가 대기업의 R&D를 지원하는 것이 타당한지, 또한 중소기업 육성은 어떻게 해야 하는지 등 시의적절時宜適切한 주제를 가지고 열띤 토론이 벌어졌다. 이 토론회는 최근 복지 예산이 동결되거나 오히려 줄어들지도 모른다는 위기감 속에 열렸기 때문에 더욱 관심을 끌었다. 이런 토론회를 통해 내년 혹은 그 이후 정부 R&D 예산 편성의 우선순위와 기본 방향이 결정되기 때문이다.

최근 세계 경제가 어려워지면서 당장 살기 어려운데 미래를 위한 투자인 과학기술 R&D 예산을 줄여 복지 예산을 늘려야 한다는 주장이 제기되고 있다. 실제로 재정적 어려움을 겪고 있는 많은 나라에서 과학기술 예산은 축소되고 있다. 우리나라도 필요한 복지 예산은 늘려가야 할 것이다. 그러나 우리 선조들은 아무리 어려운 기근饑饉이 닥쳐도 내년에 심을 곡식의 씨앗은 끝까지 남기려고 노력했다. 씨앗이 내일의 희망이기 때문이다. 현대사회에서 내일을 위한 씨앗은 바로 교육과 과학기술이다. 교육과 과학기술의 투자를 줄이는 것은 미래의 희망을 갉아먹는 일이 되기에 신중해야 한다.

– 오세정기초과학연구원장, 「지금 왜 기초과학인가」,

《동아일보》, 2012년 5월 4일

윗글을 정리하면 다음과 같다.

구분	내용	
기준점	국가 예산	
비교 대상	복지 예산	과학기술 예산
주장	과학기술 예산을 줄일 수 없다.	

일방적으로 과학기술 예산만 중요하다고 강조하는 것보다는 현재 가장 부각되고 있는 복지 예산과 비교함으로써 '과학기술 예산'의 중요성을 강조할 수 있다. 이처럼 기준점을 잡아 두 대상을 비교함으로써 주장을 강화할 수 있다.

앞에서도 언급했듯이, 한 편의 글은 여러 가지의 글쓰기 기술을 활용해야 좋은 글이 된다. 다음 역시 「성격 검사와 세대론의 공통점」이라는 흥미로운 주제를 비교하기 위해 기준점 법칙, 근거 법칙, 세 가지 개념 활용 법칙, 문제점 찾기 기술, 지식 법칙 등을 활용하고 있는 글이다.

레트로복고풍가 아무리 대세라지만 낡은 방법으로 미래를 알 수는 없겠지. 신년 운세보다 훨씬 현대적인 대체물이 필요하다. 엠비티아이MBTI나 애니어그램 검사를 받거나, 하다못해 혈액형별 성격을 탐구하는 것도 나쁘지 않겠다. …중략…

홍미로운 건 세대론이 성격유형검사와 흡사하다는 점이다. 세 가지 점에서 그렇다.

첫째, 세대 개념의 불명확성을 우려하는 사회학자가 많다. 가령 어떤 사람은 밀레니얼 세대를 '자기밖에 모르는 세대'로, 다른 사람은 '자기 성장에 더 집중하는 세대'라 말한다. 주장이 서로 충돌하는데도 큰 소리 없이 그냥 넘어간다. 세대의 경계가 달리 설정되어도 서로 논쟁하지 않는다. 또 밀레니얼 세대의 특성이라는 게 그들만의 특성일까. 난 예전보다 더 이기적이 되었고 내 성장에 더 집중하게 되었다. 그럼 나도 나이에 상관없이 밀레니얼 세대인 건가. 아무튼 적지 않은 사회학자들이 세대론을 조심스럽게 사용하라고 충고한다.

둘째, 아카데미의 염려에도 세대론은 대중의 지지를 받는다. 무엇보다 대중의 느낌에 부합하기 때문이다. 베이비붐 세대, 엑스X 세대, 밀레니얼 세대, 제트 세대로 이어지는 세대 연표를 보면 우리는 이렇게 느낀다. 어쩜 이건 딱 내 얘기야! 남을 이해하는 데도 도움이 되는 듯하다. '저 친구 왜 이렇게 이기적이야. 맞아, 밀레니얼 세대잖아.' 여기서도 심리적 트릭이 작동한다. 각 세대의 특성 규정이 '막연하고 일반적'이어서 '딱 내 얘기'나 '딱 네 얘기'처럼 보인다.

<u>셋째, 독일의 심리학자 하네스 차허가 말한 "세대 산업"의 위세도 중요하다.</u> 세대와 관련한 비즈니스예컨대 밀레니얼 세대를 다루는 경영기법 코스와 조언서, 워크숍, 코칭의 경제적 규모가 상당할 거다. 규모에서 비롯한 비즈니스의 위세는 학술적 염려와 과학적 비판의 칼을 무디게 만들 수 있다.

<u>성격유형검사와 세대론은 그 한계도 같다.</u> 상대를 사람 그 자체가 아니라 성격유형이나 세대와 같은 고정관념에 따라 예단할 수 있다. 언제나 나쁘진 않겠다. 너무 바쁘거나 골치 아프게 복잡할 땐 그런 효율적인 정보처리장치에 기대야 한다. 설사 그럴 수밖에 없더라도 그 한계를 잊지는 말자. 중요한 건 고정관념이 아니라 눈앞의 사람이다.

－ 전상진서강대 사회학과 교수, 「성격 검사와 세대론의 공통점」,
《한겨레》, 2022년 1월 20일

윗글을 정리하면 다음과 같다.

구분	내용	
비교 대상	성격 유형 검사	세대론
기준점	세대 개념의 불명확성, 대중의 지지, 세대 산업	
세 가지 개념	세대 개념의 불명확성, 대중의 지지, 세대 산업	
근거	윗글 참고	
지식	첫째, 둘째, 셋째	
문제점 찾기	성격유형검사와 세대론은 그 한계	

윗글에서 보듯이, 성격유형검사와 세대론과 같은 호기심과 흥미 있는 주제를 비교하려는 의도로 몇 가지 글쓰기 기술을 활용했다. 이 때문에 타당성妥當性, 설득력說得力과 상대방이 받아들이려는 수용성受容性 있는 글이 된다.

3. 비판의 기술

세상을 살다 보면 항상 긍정적일 수만은 없다. 어떤 경우에는 수용하기 어려운 일들이 많아 이를 비판하려면 상당한 준비와 노력이 필요하다. 그래서 내용을 조목조목 비판하는 글쓰기 기술이 필요하다.

> 지난달 초 일본에서 열린 '하코네 역전마라톤'은 한 편의 드라마와 같았다. 도쿄에서 출발해 하코네를 찍고 돌아오는 217.1km 코스를 10개 구간으로 나눠 이어 달리는 경기인데, 21개 대학이 맞붙었다.
>
> 9번째 구간을 끝낸 시점에서 1위 소카대는 2위 고마자와대에 3분 19초 앞서 있었다. 갈수록 격차가 벌어지고 있었기에 뒤집기 힘들어 보였다. 하지만 마지막 10번째 구간 23km 코스에서 고마자와대 선수는 역전우승을 했다. 인터넷에 '기적'이란 단어가 수두룩하게 등장했다. 그런데 선수보다 더 주목을 끈 것은 고마자와대 오야기 히로아키大八木弘明 감독의 응원 메시지였다. 그는 승합차를 타고 선수 옆을 따라가며 목이 쉬도록 응원했다.
>
> "출발 후 13.3km 지점에서 1분 57초 차이야. 달려. 역전할 수 있어."
> "1위 선수가 보인다, 보인다. 침착하게 달려. 15초 차이다. 남자라면 달려."

"1위 선수를 앞지르자 해냈다, 해냈어. 너는 남자다."

일본 언론들은 '너는 남자다'를 감독의 애정이 담긴 메시지로 묘사했다. 주위에 물어보니 성별의 의미가 아니라 '멋지고 훌륭한 사람'이라고 해석해야 한다고 했다. 하지만 기자는 위화감을 느낀다. 왜 멋진 사람을 남자라고 부를까. 이런 의식구조를 갖다 보니 일본에서 남녀 불평등이 고착화되는 것은 아닐까.

100년이 넘는 역사를 자랑하는 도쿄의과대는 2006년 입시부터 여성 수험생에게 20% 낮게 점수를 준 사실이 2018년 드러났다. 결혼하면 부부가 같은 성姓을 가져야 하는데, 열이면 열 부인이 남편의 성으로 바꾼다. 여성이 선거에 출마하면 여성조차도 그에게 표를 주지 않는다. 작년 10월 여성 국회의원양원제일 경우 중의원 또는 하원의원 기준 비율은 9.9%에 그친다. 프랑스 39.5%, 영국 33.9%, 미국 23.4%, 한국 19.0% 등에 비해 낮다.

모리 요시로森喜朗 전 도쿄올림픽조직위원장이 최근 "여성이 많은 이사회는 회의 진행에 시간이 걸린다."고 말한 것도 이런 사회 분위기와 무관치 않을 것이다. 문제가 커지자 두 차례 기자회견을 열고 "사죄한다"고 말했지만, 질의응답에선 '내 발언이 뭐가 문제냐'는 투가 느껴졌다. 오야기 감독이 뛰어난 선수에게 "너는 남자다"라고 외쳤다면, 모리 전 위원장은 '여성은 남편을 모시고, 집안일을 하라'고 말하는 것 같다.

사실 스포츠는 철저하게 남성 중심이었다. 첫 근대 올림픽이었던 1896년 아테네 올림픽에서 여자 선수는 '제로0'였다. 1900년 파리 올림픽에선 997명의 출전 선수 중 여성은 22명에 그쳤다. 근대 올림픽의 창시자 피에르 쿠베르탱은 "대중 앞에서 여자 경기를 보여 주는 것은 대회 품위를 떨어뜨린다.", "여성의 역할은 우승자에게 꽃다발을 걸어주는 것이다."라고 말했다.

하지만 여성 선수들은 끊임없이 도전했다. 여성 선수 비율은 1952년 헬싱키 올림픽에서 10%를 넘었고, 1976년 몬트리올 올림픽에서 20%를 넘었다. 마라톤 1984년, 유도 1992년, 축구 1996년, 역도 2000년, 레슬링 2004년, 복싱 2012년 등에도 여성이 출전할 수 있게 됐다. 2012년 런던 올림픽에선 처음으로 26개 모든 정식 종목에 여성이 출전했다.

올해 7월로 예정된 도쿄 올림픽은 여성 선수의 참가 비율을 50%까지 끌어올릴 계획이다. 유도, 탁구, 경영競泳, 트라이애슬론 등 종목에선 남녀 혼합 종목도 신설됐다. 한 팀에서 남녀 선수가 같이 뛰는 것만큼 남녀 평등을 잘 보여 주는 사례도 없을 것이다. 제도는 훌륭하게 갖췄다. 다만, 일본 국민들의 잠재의식과 일부 사회 지도자의 성 인식에서 100년 전 쿠베르탱이 보이는 것 같아 안타깝다.

– 박형준도쿄 특파원, 「쿠베르탱과 모리의 공통점」,
《동아일보》, 2021년 2월 2일

스포츠는 인간이 할 수 있는 즐거운 축제이자 선의의 경쟁을 보여 주는 경기이다. 글쓴이는 마라톤 경기를 통해 일본 사회에서의 남성 중심의 성 인식 문제를 비판하고 있다. 윗글은 지식의 활용과 근거 법칙, 수치의 법칙, 비교 법칙 등을 다양하게 활용하고 있다.

부조리不條理한 현실을 유심히 들여다보면 비판할 곳이 많다. 특히 타당한 근거와 과학적 지식을 동원한다면 독자들에게 공감을 얻을 수 있는 글을 쓸 수 있다. 다음 글을 통해 비판의 기술과 공감을 어떻게 얻는지 보자.

얼마 전 임산부 4명이 원인 미상의 폐렴으로 숨진 원인이 가습기 살균제 때문이라는 보건당국의 조사 결과가 발표돼 충격을 줬다. 맑은 공기를 마시기 위해 사용한 살균제가 역설적으로 산모와 태아의 숨통을 쥔 '위생의 역습'이었던 셈이다.

살균제로 청소한 가습기를 틀면 일부 살균성분이 함께 방출돼 인체에 흡수되는 건 당연한 일이다. 인체에 해를 끼칠 법도 한데 살균제는 정부 관리 품목이 포함돼 있지 않았다. 이 때문에 치명적인 영향에 대해 들여다보는 정부 기관이 없었다. 식품의약품안전청은 일이 터지고 나서야 "가습기 살균제가 사람에게 치명적일 수 있다는 점을 예상하지 못했다. 앞으로 잘 관리하겠다."고 밝혔다. 산모와 태아의 목숨을 대가로 치른 때 늦은 반성이었다.

청결에 대한 관심이 높아지면서 신종 위생용품이 늘고 있지만 정부 관리 능력이 그 속도를 따라가지 못하는 사례는 가습기 살균제뿐이 아니다. 공기청정기나 야채, 과일 세척기는 일부 제품이 오존을 공기 중에 방출해 인체에 해롭지만 아직 이렇다 할 오존 배출 허용 기준이 없다. 성균관대 의대 사회의학교실 정해관 교수는 "오존은 몸속의 나쁜 균뿐 아니라 살아 있는 모든 균을 죽인다."며 "오존을 마시면 폐 안에 있는 세포가 죽어 천식 환자나 노약자들에겐 치명적"이라고 경고했다.

이런 제품들이 몇 년간 아무 제재 없이 팔리다가 일부 소비자들이 불안을 호소하자 정부가 뒤늦게 나섰다.

－ 신광영, 「가습기 파문 얼마나 됐다고…」,
《동아일보》, 2011년 9월 10일

국민 건강과 관련된 상품을 관리해야 할 당국에 대한 비판적인 글이다. 건강과 관련된 경각심은 다른 무엇과 비교해도 그 가치를 대신할 수 없다. 그래서 독자들의 공감이 클 수밖에 없다.

다음은 김누리 교수가 주장하는 글이다. 주장하는 글과 반박하는 글을 비교할 수 있을 것이다. 기존 질서를 비판하고 자신의 의견을 주장하는 글은 나름대로 강한 인상을 줄 수 있는 글이 될 수 있다.

문재인 정부가 '대한민국 100년'을 강조할 때 내심 적잖은 기대를 품었다. '무언가 근본적인 변화를 기획하고 있구나.' 그러나 이제 새로운 백년이 시작된 지 몇 달이 지났지만 별다른 변화의 조짐이 보이지 않는다. 사실 내 기대는 바로 교육개혁이었다. '백년지대계'라는 교육의 새로운 청사진을 제시하는 것이야말로 새로운 백 년을 맞는 나라에서 감행할 만한 가장 근사한 사업이 아닌가.

게다가 지금 <u>교육개혁은 시대의 명령이다.</u> 교육의 근본적인 변화가 필요한 시대인 것이다. 지난 세기를 돌아보면 <u>사실 이 나라는 제대로 된 '교육'을 해본 적이 없다.</u> 한국의 교육은 비교육 정도가 아니라 아예 반교육에 가까웠다. 지난 100년 동안 존엄한 인간을 기르는 교육, 성숙한 민주주의자를 키우는 교육을 해본 적이 없다.

30년 일제 시대는 황국신민을 기르는 것을, 해방 후 40년 독재 시대는 반공투사 혹은 산업전사를 키우는 것을, 30년 민주 시대조차 '인적 자원'을 기르는 것을 교육의 목표로 삼았다. 일제의 제국주의 교육, 독재 정권의 국가주의 교육, 민주 정부의 신자유주의 교육으로 점철된 한국 교육 100년은 그대로 반교육의 역사였다.

지난 백 년의 교육에 일관된 것은 능력주의meritocracy 교육이다. 시대마다 지향하는 목표는 달랐지만 추구하는 방식은 같았다. 이제 능력주의 교육은 '존엄주의dignocracy' 교육으로 바뀌어야 한다. 존엄한 인간을 기르는 것을 교육의 목표로 삼아야 한다. 새로운 100년의 교육은 '수월성' 교육에서 '존엄성' 교육으로 패러다임을 전환해야 한다.

독일의 교육개혁은 1970년대 초 '경쟁교육은 야만이다.'라는 모토 아래 시작되었다. 그것이 새로운 독일을 만들었다. 경쟁 없는 교육이 성숙한 시민을 만들었고, 이들이 새로운 나라를 만들었다. 이것이 오늘의 독일이다.

한국에서 교육 문제는 단순한 '교육'의 문제가 아니다. 그것은 가장 심각한 사회 문제요, 정치 문제다. 교육을 통해 사회적 불평등이 심화되고,

사회적 정의가 유린되었으며, 학벌계급사회가 고착화되었기 때문이다. 살인적인 경쟁교육 때문에 아이들이 기형화되고, 우리의 삶이 황폐화되었다.

한국은 세계에서 가장 '경쟁'이 심한 나라다. 거기엔 역사적, 사회적 이유가 있다. 첫째는 정신사적인 이유이다. 일제 시대를 풍미하던 사회적 다위니즘 사상이 해방 후 미국식 시장자유주의 이데올로기와 결합하면서 세계 어디서도 볼 수 없는 '경쟁절대주의'가 탄생한 것이다. 경쟁은 자연의 법칙이고 시장의 원리이자 정의의 유일한 척도라는 이상한 논리가 지배하게 된 것이다. 둘째, 불평등 때문이다. 세계 최고 수준의 불평등은 세계 최고 강도의 경쟁을 초래했다. 불평등한 사회일수록 경쟁이 심한 법이다. 셋째는 전통적 지배질서establishment가 붕괴한 사회이기 때문이다. 식민지배와 한국전쟁을 거치면서 지극히 평등지향적인 사회가 생겨났지만, 이 평등의 들판에서 학벌이라는 괴물이 새로운 신분적 대체물이 됨에 따라 세계에서 유례가 없는 학벌계급사회가 탄생한 것이다.

한국은 '30-50 클럽'에 속한 7개국미국, 일본, 영국, 프랑스, 독일, 이탈리아, 한국 중에서 '제국주의의 과거'가 없는 유일한 나라다. 이것은 이 나라에 묘한 도덕적 기품을 부여한다. 한국은 포스트 코로나 시대에 새로운 영감과 희망을 줄 수 있는 나라다. 케이K-방역만이 아니라, 가장 자유롭고 평등한 사회로서 말이다. 만약 우리가 교육혁명을 통해 '경쟁 없는 교육'을 실현하고 학벌 계급 사회를 타파할 수만 있다면 대한민국은 가장 역동적인 나라, 가장 멋진 공동체로 부상할 수 있다. 교육혁명이 이 '고단한 나라'를 '고상한 나라'로 변화시킬 것이다.

무엇을 할 것인가. 이미 답은 나와 있다. 유럽의 대다수 나라들이 하는 대로 '정의로운 교육'을 실천하면 된다. 구체적으로는 4가지를 폐지해야 한다. 첫째, 대학 입시 폐지. 둘째, 대학 서열 폐지. 셋째, 대학 등록금 폐지. 넷째, 특권학교 폐지가 그것이다. 이것은 꿈이 아니다. 유럽에서는 상식이자 일상이다.

대한민국의 새 100년은 이렇게 새로운 교육으로 시작되어야 한다. 이제 야만적인 경쟁교육을 끝내야 한다. 아이들을 '죽음'으로, 가정을 '사막'으로, 사회를 '정글'로 몰아대선 안 된다. 우리도 행복할 권리가 있다.

－ 김누리중앙대 독어독문학과 교수의 글

윗글은 비판의 기술과 문제점 찾기의 기술 그리고 문제 해결의 기술을 볼 수 있다. 여기에는 당연히 비판과 주장에 대한 근거 법칙과 독자들이 쉽게 이해되는 내용의 전개를 보여 주는 접촉 법칙도 확인할 수 있는 글이다. 특히 비판의 기술을 활용하는 글에는 대체로 문제점 찾기 기술과 반박의 기술, 문제 해결의 기술 등이 함께 혼용되어 글이 전개되는 경우가 많다.

4. 반박의 기술

다른 사람의 의견을 합리적으로 반박할 수 있는 방법은 없을까? 주장하는 글의 근거가 부당不當할 때, 반박의 기술이 필요하다. 다음은 김누리 교수가 쓴 윗글에 대한 반박의 글이다.

김누리 교수의 교육에 대한 강연이 방송과 소셜네트워크서비스SNS를 통해 많이 회자되고 있다. 최근 《한겨레》에도 '대한민국 새 100년, 새로운 교육으로'라는 제목의 칼럼6월 8일 27면이 실렸다. 김누리 교수의 주장의 핵심은 다음과 같다. 극심한 경쟁이 본질인 한국 교육은 '반교육'적이다. 비판 교육을 특징으로 하고 경쟁적 입시가 없어 누구나 원하는 대학에 갈 수 있는 독일 교육이 반교육 극복을 위한 모델이며, 한국 대학교육을 서열 없는 국공립대학 네트워크로 재편하는 것이 대안이다. 이 글은 김누리 교수의 이런 주장이 가진 문제점 중 몇 가지에 대해 논하고자 한다.

먼저 독일에서 고등학교만 졸업하면 누구나 원하는 대학을 갈 수 있다는 것은 사실이 아니다. 독일은 직업교육 전통이 매우 강한 나라다. 초등학교 고학년 시기에 이미 학업 계열과 직업 계열로 분화가 이루어진다. 계열 결정 이후 변경은 극히 어려우며 직업 계열로 진학할 경우 전일제 학업은 중학교에서 사실상 끝나고 이후 과정은 직장에서 실습 교육 중심으로 이뤄진다. 대학 진학도 전문·기술대학만 가능하며 일반 대학교는 지원 자체가 제한된다. 고교 졸업만 하면 원하는 대학에 간다는 것은 어릴 때 학업계열로 진입한 3분의 1 정도의 소수에게만 해당하는 이야기다. 문제는 일찌감치 이뤄지는 계열 결정이 가족 배경에 따라 경쟁과 배제가 이루어지는 장이란 점이다. 강고한 계열화 교육 때문에 독일에서 세대 간 계급 지위 재생산 정도가 심하다는 점은 학계에서 단골로 다뤄지는 주제다. 무경쟁 교육과 입시는 다수의 학생을 대학 입시에서 배제하면서 귀결되는 독일 시스템의 특징일 뿐이다.

한국 교육이 근본적으로 극복되어야 할 '반교육'이라는 진단 역시 문제다. 교육의 역할은 다면적이며 평가 역시 다면적으로 이뤄져야 한다. 교육은 학생들에게 공정한 기회를 제공하고 학습을 통해 인지적 성장을 견인하며, 진로 준비와 사회적 소양 함양을 통해 어엿한 직업인 및 민주적 시민을 키워내야 한다. 이는 모두 중요한 가치들이지만 종종 서로 충돌하기도 한다. 연구에 따르면 한국은 독일보다 기회 공정성과 학업 발달에서 앞서 있다. 진로 준비성에서는 취약하다. 시민성 측면에서는 독일의 비판교육에 비해 불만족스러울 수 있다. 한국은 지난 수십 년간 역동적 민주주의와 사회경제적 혁신을 균형 있게 달성하면서 선진국으로 안착한 거의 유일한 국가다. 이것은 반교육에도 불구하고 이뤄낸 것이라기보다 한국 교육이 단점들에도 불구하고 나름 역할을 효과적으로 해오며 이뤄낸 성과라 보는 것이 타당하다.

끝으로 국공립대학 네트워크 구축은 대학교육의 근본적 재편이 아니라 국공립대학들의 경쟁력 강화 차원에서 논의되어야 한다. 한국의 국공립대학 비율은 20% 정도에 불과해 네트워크를 구축한다 해도 대다수 대학은 포함되지 않는다. 사립대들을 포괄하고자 할 때 소요될 입법적, 사회적, 경제적 비용은 가늠하기 어렵다. 이를 감당하려면 그만큼 강력한 사회적 합의의 동력이 필요한데 현재 한국 사회에 그런 합의가 존재한다고 보기 어렵다. 무엇보다 그런 네트워크를 구축해 냈다 해도 불평등이 타파된다는 보장은 없다. 가족·노동시장에서 불평등 완화 없이 교육 평준화만을 통해 이룰 수 있는 변화의 한계는 명확하다. 국공립대학 네트워크를 의미 있게 논의해 볼 만한 이유는 따로 있다. 필자의 연구에 따르면 사회 이동에 가장 높게 기여하는 것이 국공립대들이다. 저소득층이 많이 입학하면서도 졸업 뒤 고소득 진입률이 낮지 않기 때문이다. 이는 국공립대학의 경쟁력을 높일 때 세대 간 이동성이 활성화될 수 있을 가능성을 시사한다. 저렴하고 지방에 거점을 두면서도 이른바 명문대학들에 버금가는 경쟁력 있는 기관을 국공립대학 네트워크를 통해 실현할 수도 있다는 것이다. 국공립대학 네트워크는 가능성과 효과가 불확실한 급진적 비전이 아니라 한국 사회를 유의미하게 향상시킬 실질적 방안으로 논의되어야 한다.

독일 및 다른 나라 교육에 대한 높은 관심은 바람직하다. 다만 현실과 조건에 대한 올바른 이해가 없다면 생산적 논의를 오히려 저해할 수 있음 또한 명심해야 한다.

– 최성수연세대 사회학과 교수, 「김누리 교수 칼럼에 부쳐:

독일 교육에 대한 오해」,《한겨레》, 2020년 6월 23일

박종석의 글쓰기 기술(제4판)

조국 사태와 같은 입시 문제는 국민의 지대한 관심사이다. 그래서 교육을 논의하는 순간, 논쟁은 불이 붙는 경우가 많다. 윗글은 독일 교육과 정책이 한국의 교육 문제를 해결할 수 있다는 주장에 반박하는 글이다. 그래서 주장하는 글을 요약 정리하고, 이에 대한 근거 법칙을 적용해 반박하여 설득을 구하고 있다.

<u>신의 역할은 가끔 과학과 상충하기도 한다.</u> 역사적으로 보면 중세 기독교는 아리스토텔레스의 자연철학의 많은 부분을 금지시켰고, 지구가 자전과 공전을 한다는 코페르니쿠스의 지동설도 교회에서 박해를 받았다. 그렇지만 이 모든 갈등보다 더 깊고 큰 갈등은 다윈의 진화론에서 나왔다. 진화론은 생명체를 만들었다는 창조주 신의 역할을 정면으로 부인했기 때문이다.

<u>진화론을 비판하고 부정하는 입장은 하나가 아니다.</u> 독실한 교인 중에도 진화론을 받아들이는 사람이나 과학자도 많고, 종교와는 무관하게 진화론에 동의하지 않는 사람도 있다. 기독교계 내에서도 우주와 생명이 6,000년 전에 6일 동안에 만들어졌다고 보는 사람도 있고, 조야한 '창조과학'을 비판하면서 진화론이 복잡한 유기체를 설명할 수 없기 때문에 신의 설계를 도입해야 한다는 지적설계론의 흐름도 존재한다. 이와는 달리 인간을 포함한 모든 생명체는 진화의 산물이지만, 진화를 신이 생명을 창조하는 한 가지 방식으로 해석해야 한다는 진화적 유신론의 입장도 있다.

최근 교과서진화론개정추친회_{교진추}라는 종교단체가 고등학교 교과서에서 '시조새는 파충류와 조류의 중간이다'라는 기술과 '말馬의 진화' 부분을 삭제해 달라고 교육과학기술부에 요청했고, 이런 요청을 교과서를 출간한 출판사가 받아들인 것이 논란이 되고 있다. 세계적인 과학 저널 '네이처'는 6월 7일 자 칼럼에서 한 페이지를 할애해 한국 교과서에서 이

런 진화론의 증거들이 삭제된 사건을 다뤘다. 주변의 생명과학자들은 이번 사건 이후 외국에 있는 동료들에게서 '한국의 과학 수준이 이 정도밖에 안 되냐' 식의 조롱 조의 농담이 섞인 e메일을 받는다고 불만을 토로하기도 한다.

[반박] 이번 사건은 교과서에서 진화론을 삭제한 것도 아니고 창조론을 집어넣은 것도 아니다. 시조새나 말의 진화는 진화학자들 사이에서도 이견과 논란이 있는 부분이며, 이번 청원을 계기로 이런 논란이 있는 증거보다 더 확실한 증거를 사용하는 식으로 교재를 개정하면 된다. 더 큰 문제는 다른 곳에 있다. 네이처의 기사는 한국 생물학 교사 중 40%가 "과학계 전반이 진화를 의심한다"고 생각하며, 절반에 가까운 수가 "인간이 진화의 결과이다"라는 내용에 동의하지 못한다는 설문을 인용하고 있다. 이 비율은 기독교인의 비율을 훨씬 상회한다. 이는 우리 과학 교육의 진화론을 피상적이고 주입식으로만 가르친 결과라고 볼 수 있다. 진화는 역사적 사실이지만, 진화론의 세부 사항에 대해서는 학자들 사이에서 여러 이론, 논쟁, 이견이 존재한다. 이런 이견과 논쟁은 사실 모든 과학에서 볼 수 있는 것이며, 과학의 약점이 아니라 장점이고 과학의 발전을 추동하는 핵심적인 특성이다.

[반박 - 해결 방안] 이번 논란은 진화론의 교육은 물론 종교의 진정한 역할에 대한 우리의 현 위치를 다시 가늠해 볼 기회가 될 수 있다. 기독교인들은 진화론을 교정하겠다는 태도보다 영혼을 치유하는 종교의 본래적 역할을 위해 과학적 사실과 이론에 집착할 필요가 있는지를 다시 생각해 봐야 한다. 사실을 가장 잘 다루는 것은 과학이고, 이를 놓고 과학과 충돌했을 때 종교가 별로 얻는 것이 없었다는 점을 과거의 역사가 잘 보여 주고 있기 때문이다.

- 홍성욱, 「교과서에 실린 진화론 삭제 논란을 보며」,
《동아일보》, 2012년 6월 16일

인간의 보편적 지식에 대한 가치 판단 교육이 혼선을 준다면 공동체의 삶을 지향하는 사회까지 혼란을 불러일으켜, 불필요한 대립과 반목이 생겨 큰 문제가 발생한다. 최근 논란이 되고 있는 진화론과 창조론의 갈등이 근본적으로 해결되지는 않을지 몰라도 보편적인 인간 교육에 있어 균형감은 필요한 것이다. 따라서 진화론이든 창조론이든 학생들로 하여금 과학의 기본적인 지식은 습득하도록 하는 것이 바람직하다. 이처럼 사회에 지대한 영향을 끼치는 현안 문제에 대해 반박할 때, 어떤 글을 쓸 것인가의 한 예를 윗글에서 볼 수 있다. 반박을 통해 대안을 제시하는 것도 좋은 방법이다.

다음은 어떤 개념에 대한 설명이 갖는 문제점을 반박하는 글이다.

[주장] 2는 짝수이고 3은 홀수라는 것을 어떻게 아는가? 짝수는 2로 나누어 나머지가 0인 정수이며 홀수는 2로 나누어 나머지가 생기는 정수라는 것을 이미 배웠기 때문이다. 다른 개념들도 이와 같이 정의를 내릴 수 있다. 예를 들면 독신남은 결혼하지 않은 성인 남자로 정의할 수 있다.

홀수, 독신남과 같은 개념은 개념의 '정의적 특성defining feature'이라 할 수 있다. 즉 그 특성은 개념을 정의하기 위한 필요충분조건이라는 것은 어떤 정수를 2로 나누었을 때 나머지가 0이라는 특성이 짝수를 정의하는 데 반드시 필요한 특성이라는 것이다. 이러한 특성 없이는 짝수를 정의할 수 없다. 또한 어떤 정수가 2로 나누어질 수 있다는 것은 그 정수가 짝수라는 개념을 보증하는 데 충분하다. 따라서 어떤 정수가 2로 나누어 나머지가 0이라는 특성은 짝수를 정의하는 데 필요하고 충분한 특성이 된다. 필요충분조건이라는 것은 어떤 정수를 충분하다. …중략… 예를 들어 미망인은 전에 결혼한 적이 있으나 현재 남편이 죽은 여자라고 정의를 내릴 수 있다. 여기서 전에 결혼한 적이 있다는 것은 미망인을 정의하는 데 있어 필요조건이지 충분조건은 아니다. 왜냐하면 결혼하고 이혼한 여자도 있기 때문이다. 따라서 전에 결혼한 적이 있고 현재 남편이 죽은 여자라는 정의는 미망인을 정의하는 데 있어 필요충분조건이 될 수 있다. 또 다른 예를 들어 보면 한 쌍이라는 것은 언제나 두 개의 어떤 것을 포함하고 있고, 두 개의 어떤 것은 언제나 한 쌍이기 때문에 둘은 한 쌍을 나타내는 필요충분조건 혹은 특성이라 할 수 있다.

[반박] 필요충분조건이라는 관점으로 개념을 정의하는 것이 모든 개념에 적용되는 것은 아니다. 예를 들어 새의 필요충분조건들은 모두 나열해 보면 대부분의 새들이 날지만 모든 새들이 반드시 나는 것은 아니라는 것을 알게 될 것이다. 타조는 새지만 날지 않는 새이다. 이와 같은 어떤 개념들은 필요충분조건으로 설명할 수 없는 것도 있다. 그래서 심리학자들은 '특징적인 특성characteristic feature'이라는 두 번째 종류의 특성을 제시하였다근거 - 예시.

특징적 특성은 사물의 개념을 설명하는 전형적인 속성이지만 언제나 그 속성과 연합되는 것은 아니다. 예를 들어 날 수 있는 능력은 새의 정의적 특성이라기보다는 특징적 특성이다. 또한 수의 정의적 특성을 구성하는 것이 아니라 수학문제의 특징적 특성이다. …중략…

예를 들어 역사 시간에 학생들은 왕에 대한 두 가지 특성을 구별할 수 있어야 한다. 한 왕국의 지배자라는 것은 한 나라의 왕이라는 정의적 특성이다. 그러나 왕위를 물려받는다는 것은 특징적 특성이다. 일부 나라에서는 반란과 같은 다른 방법으로 왕이 되기도 하기 때문이다근거 - 예시.

어떤 개념들은 특징적 특성을 많이 가지고 있지만 특징적 특성을 거의 가지고 있지 않은 것도 있다. 예를 들어 참새는 새의 특징적 특성을 많이 가지고 있지만 타조는 새의 특징적 특성을 거의 가지고 있지 않다. 이와 마찬가지로 소는 전형적인 척추동물에 속하지만 박쥐와 고래는 그렇지 않다근거 - 예시.

－ 김정섭 외, 「제1장 설명」, 『교육심리학』

윗글은 머리말 쓰기로 독자의 호기심을 유도하고 있다. 그리고 윗글은 대상에 대한 개념을 주장 - 반박 그리고 예시의 구조를 보여 준다. 상대방의 주장을 반박한다는 것은 어렵기 때문에 분명한 근거를 제시하거나 학자의 견해를 들어 재반박하는 것도한 방법이다. 특히 반박의 기술을 활용할 때는 지식 법칙에 기대어야 논리성과 설득력이 있다.

5. 문제점 찾기의 기술

글의 내용이 흥미로워야 한다는 전제는 글쓰기에서 통용되는 것이다. 세상과 현실에서 수많은 사건을 분석하고, 미지의 세계를 관찰하여 문제점을 찾으려는 글쓴이의 노력을 글로 표현했다면, 독자들에게는 흥미로운 글이다. 물론 현실과 밀착되었거나 많은 사람과 관련되어 있을수록 관심과 흥미의 요소가 커진다.

한미 FTA로 인해 미국산 수입 소고기의 광우병 문제가 한국 사회를 뒤흔들었던 적이 있었다. 물론 그 내용이야 국민의 건강과 미래가 달린 문제이기 때문에 사회적 파장이 엄청났다. 이때 수입 소고기 문제를 다시 다룬다면 중언부언重言復言의 글이 되기 때문에 소고기와 관련된 또 다른 문제점을 찾아 글을 쓰는 것도 한 방법이다.

가령 햄버거에서 문제점을 찾아 글을 쓰는 것은 소고기 문제점의 새로운 접근이 가능한 글쓰기 기술이다. 창의적인 사고를 바탕으로 한 글쓰기 기술의 한 본보기라고 할 수 있다.

햄버거 문제를 통해 소고기의 문제점 찾기의 기술을 활용한 글을 확인해 보자.

> 미국 햄버거에 관한 이야기 - 햄버거의 기원과 성장 - 에는 현 세기의 가치와 감수성이 고스란히 반영되어 있다. 햄버거 문화의 일부가 됨으로써 미국인들과 전 세계 나머지 국가들의 사람들은 현재 1/4파운드가 훨씬 넘는 소고기를 구입하고 있다. 햄버거 하나를 구입할 때마다 소비자들은 미국의 세계관, 그 수행 원리, 비전, 목적을 덩달아 사들이는 셈이다. 이런 세계관은 단순히 참깨 롤빵 위에 기름에 튀긴 두 개의 페티를 얹는 것 이상의 의미가 담겨 있다. 가령 맥도널드가 모스크바에서 처음 문을 열었을 때는 미국의 생활 방식을 맛보려고 구름 떼같이 몰려든 인파로 인해 하마터면 폭등이 일어날 뻔했다. …중략…
> 1904년 세인트루이스 세계박람회에서 햄버거가 전국적인 관심을 얻게 되었다. 햄버거는 박람회 방문객들에게 선풍적인 인기를 끌었는데, 이는 단시간에 준비되고 걸어 다니면서 먹을 수 있으며 별다른 도구가 필요 없었기 때문이다. 이처럼 간단하고 빠르고 효율적이고 편리한 특성 때문에 순식간에 20세기 미국인 생활의 상징이 되었다.
>
> — 제레미 러프킨, 「햄버거와 고속도로 문화」, 『육식의 종말』

수입산 소고기 문제는 과학적 검증으로 접근할 수 있는 사회적 이슈였으나, 국민의 감정과 사회적 이익 그리고 정치적 이해관계를 앞세운 단체의 갈등 양상으로 번졌다. 이런 관점의 글은 소고기의 핵심 문제에 대한 재탕再湯의 우려가 있다. 만약 수입 소고기를 반대하는 입장이라면, 창의적 사고를 바탕으로 한 문제점 찾기가 필요하다.

가령 햄버거에 들어가는 소고기는 단순한 육류가 아니라 '미국의 세계관, 그 수행 원리, 비전, 목적을 덩달아' 사들이게 된다는 문제점을 부각하면서 소고기 수입 관련 의견과 생각을 표현한다면, 좀 더 설득력이 있을 것이다. 이처럼 새로운 관점을 독자들에게 보여 주기 때문에 호기심과 흥미를 줄 수 있는 글이 된다.

다음은 지구 환경 문제가 인간의 비극을 초래할 수 있다는 점을 고래 고기 섭취 문제와 관련해 문제점을 부각한 글이다.

> 한국, 미국을 비롯한 세계 곳곳에서 지난 100년간 온갖 오염 물질을 바다로 흘려보냈다. 그렇게 흘려보낸 오염 물질의 상당수는 바닷가 속 먹이 사슬의 끝에 있는 플랑크톤에 의해서 흡수된다. 그 플랑크톤은 다른 플랑크톤이나 작은 물고기의 먹잇감이 된다.
>
> 그 작은 물고기는 좀 더 큰 물고기의 먹잇감이 된다. 이런 바닷가 먹이 사슬의 맨 위에 바로 범고래와 같은 고래가 있다. 애초 플랑크톤이 흡수했던 오염 물질은 먹이 사슬이 진행될수록 더욱더 고농도로 쌓인다. 플랑크톤보다는 작은 물고기가, 작은 물고기보다는 큰 물고기가, 큰 물고기보다는 고래의 몸속에 더 많은 오염 물질이 쌓인다.
>
> 예를 들어, 우리가 바다로 배출된 오염 물질 중에는 PCB라는 이름으로 익숙한 폴리염화바이페닐이 있다. 과학자는 동물의 몸속에서 분해되지 않는 이 오열 물질이 고래의 몸속에 고농도로 쌓여 있는 사실을 확인했다. 그런데 이상한 일이다. 고래 중에서 새끼를 낳은 암컷 고래만 몸속에서 PCB 농도가 낮았다. 바로 새끼한테 준 젖 때문이었다.
>
> 고래의 몸속에 들어 있는 오염 물질 PCB가 밖으로 나가는 유일한 방법이 수유다. 젖을 통해서 어미 몸속에 있는 PCB가 새끼에게 옮겨지는 것이다. 그렇게 오염된 젖을 먹은 새끼 가운데 일부는 시름시름 앓다가 죽는다. 얼마나 끔찍한 일인가? 만약에 이런 고래 고기를 사람이 먹는다

면 어떨까? PCB 같은 오염 물질은 고래 고기를 먹은 사람의 몸속에 농축된다.

이웃 나라 일본에서 고래 고기는 여전히 고단백의 고급 음식으로 선호되고 있다. 몸이 허약해진 임산부의 원기 회복을 위해서 고래 고기를 먹는 경우도 많다. 그래 고기를 먹은 어머니가 아이를 낳고 나면 고래와 똑같은 일이 반복된다. 오염 물질 PCB 상당수가 수유를 통해서 아기에게 그대로 전해진다. 고래의 비극은 우리의 비극이다.

　　　　　　　　　　　　　 - 강양구, 「세상에서 가장 슬픈 고래 이야기」, 『과학의 품격』

다음 예는 문화재 약탈과 반환이라는 문제를 제기한 글이다.

함무라비 법전 비문은 바빌로니아에서 만들어져 6백 년간 보존되다가 엘람 왕국에 약탈당해 3천 년이 지난 뒤에 프랑스로 옮겨져 1백 년이 지났다. 세계에서 가장 일찍 약탈당한 문화재이면서 가장 먼 길을 유랑한 대표적인 문화재 중 하나이다. 그렇다면 함무라비 법전 비문은 누구의 문화재인가? 바빌로니아의 후예인 이라크의 문화재인가? 엘람 왕국의 후예인 이란의 문화재인가? 아니면 프랑스의 문화재인가?

1980년, 프랑스 수상 레이몽 바레가 석유 수입 문제를 협의하러 이라크에 방문했을 때, 사담 후세인 이라크 대통령은 회담 중에 돌연 의제에도 없던 함무라비 법전 비문을 들고 나왔다. 후세인은 이라크 민족주의와 과거 제국주의 시대의 비윤리적 약탈을 문제 삼으면서 함무라비 법전 비문의 반환을 요구했다. 하지만 프랑스는 아무런 언급도 하지 않았다. 프랑스로서는 이란에서 합법적으로 발굴해 온 함무라비 법전 비문을 내놓으라는 이라크의 요구가 가당치 않게 들렸던 것이다.

일반적으로 문화재는 그것을 창조한 민족의 소유이거나 최초로 발견된 영토의 국가에 소속된다. 특히 문화재의 이동 경위가 불분명한 고대의 문화재의 경우, 문화재가 존재하는 영토의 소유가 강조된다. 터키에서 발견된 그리스인들의 문화재는 터키의 문화재이다. 1980년대에 우리나라 서해안에서 발견된 신안 해저 유물이 중국에 귀속되지 않고 우리의 문화재가 된 것과 같은 이치이다. 과거에는 약탈에 의해 외국이 문화재를 합법적으로 획득하는 게 국제 사회의 관행이었지만, 이러한 전시문화재의 약탈 관행은 나폴레옹 이후 유럽에서는 폐지되고 약탈된 문화재는 반드시 반환해야 한다는 국제 사회 관행이 성립되었다.

- 김경임, 『클레오파트라의 바늘』

윗글에서 보듯이 문화재에 대한 문제점 찾기 기술을 볼 수 있는 글이다. 문제 제기 – 역사적 사례 – 현안 문제 도출 – 주장 순으로 문제점을 부각하는 글이다.

6. 문제 해결의 기술

현안 문제가 발생하면 해결책을 제시하는 방법 중 하나가 글쓰기를 통한 대안 제시의 방법이 있다. 물론 기존의 주장하는 글에서 문제점을 찾고 이를 해결하는 방법도 문제 해결의 기술이 필요한 글쓰기 방법이다. 특히 국민과 사회에 파장이 큰 문제일수록 해결책이 반드시 필요하다.

역대 대통령들은 본인 또는 친인척 비리로 모두 곤욕을 치렀다. 대통령을 둘러싼 각종 비리가 끊이지 않는 이유는 대통령의 권한이 너무 막강해서 각종 이권과 인사 청탁 등 로비가 청와대에 집중되기 때문이다. 실제로 청와대의 각 부처에 대한 영향력은 막대하다. 제왕적 대통령의 폐해를 줄이기 위해서는 대통령의 무소불위 권한을 제한해야 한다. 그동안 유력한 대안으로 내각책임제와 이원집정부제가 제시되었다. 내각책임제는 국회의원에 대한 불신이 커 아직 국민적 지지도가 낮고 이원집정부제는 내치, 외치 구분이 현실적으로 확실하지 않고 국민이 선출하지 않는 국무총리가 큰 권한을 갖는 것이 정당한 것인지 등 논란이 많다.

또한 둘 다 개헌이 되어야 하기 때문에 현실적으로 어려운 과제다. 개헌을 안 하고도 제왕적 대통령의 폐해를 막을 수 있는 방안은 대통령의 인사권을 제한하는 것이다. …중략…

청와대 인사권 독점의 폐해는 대단히 크다. 고위 공무원이나 공기업 임원들은 자기 기관장보다 청와대 로비에 더 신경을 쓴다. 장관의 영ㅎ이 설 리가 없다. 최근 각종 중요 정책 결정에서 청와대가 독주하는 것도 청와대 인사권과 연관이 크다. …중략…

대통령의 인사권은 제한되어야 한다. 즉, 대통령이 국정 수행에 필요한 핵심 보직만 직접 임명하고 기타 인사는 국무총리와 각 부 장관에게 맡겨야 한다. 각 부처 장관, 차관, 검찰총장, 국세청장 등 차관급 이상 청장과 중요 정부 산하 기관장, 한국토지주택공사 LH 사장 등 중요 공기업 사장, 기타 대통령의 정책 추진에 필요한 보직은 대통령이 직접 임명한다. 그러나 각 부처의 1급 이하 공무원의 승진, 전보 등 인사와 각 부처 산하 공공 기관의 인사, 감독 권한은 국무총리와 각 부 장관에게 맡겨야 한다. 청와대가 각 부처 공무원들의 능력을 장관보다 잘 알 리 없다.

각 부처의 국장 등 간부는 장관이 각자 능력을 잘 알기 때문에 적재적소의 인사를 할 수 있고 장관이 책임 행정을 할 수 있다. 최근 검사장 인사도 청와대가 주도적으로 했다고 한다. 검찰총장이 자기 부하 직원의 인사에 대해 대통령 비서관에게 물어보아야 하는 것이 합당한가? 검사들이 청와대 눈치를 볼 수밖에 없는 현실에서 공정한 수사, 살아 있는 권력에 대한 수사가 가능한가?

국가 공무원의 인사권은 대통령에게 있다는 것은 법적 임명권자가 대통령이라는 것이지 대통령이 모든 인사를 하라는 것은 아니다. 인사 혁신을 실효성 있게 하려면 제도 개선이 뒷받침되어야 한다. 첫째, 대통령이 직접 임명할 보직과 국무총리나 장관이 임명할 보직을 법률로 정한다. 국무총리나 장관이 임명할 보직에 대해서는 원칙적으로 청와대 사전 보고나 승인을 받지 않도록 하고 이를 위반하면 직권 남용으로 처벌하도록 해야 한다. 예외적으로 보고나 승인을 요구할 경우 구체적 사유를 적시해 서면으로 요구하도록 해야 한다.

둘째, 청와대의 인사 검증 담당 비서실을 폐지해야 한다. 현재 인사 대상자의 비위 사실 점검이라는 명분으로 청와대가 인사에 개입하는데 이 기능이 청와대에 있는 한 청와대의 권력 남용은 지속될 것이다. 이 기능은 국무총리실로 이관해야 한다. 공직자의 비위 사실 점검도 사전에 아무 통보가 없다가 인사 당시 '이 사람은 음주 등 문제가 있으니 안 된다'고 할 것이 아니라 사전에 '이 사람은 이런 문제가 있으므로 승진은 안 된다'고 미리 통보해 주어야 할 것이다.

청와대가 각 부처 국·실장 인사에 개입하지 않는다면 국정운영 효율성은 더 높아질 것이다. 대통령 이름으로 권한을 행사하던 비서관들의 권력 남용과 청와대 로비도 대폭 줄어 제왕적 대통령의 폐해도 크게 감소할 것이다. 반면 각 부처 장관들은 소신껏 책임 행정을 할 수 있을 것이다.

— 최종찬객원논설위원·전 건설교통부 장관, 「대통령 인사권, 제한해야」,
《동아일보》, 2020년 1월 21일

윗글은 한국의 정치 현실에서 대통령 중심제의 폐해를 찾고, 이를 해결할 수 있는 대안을 제시한 글이다.

다음은 에너지 부족 국가인 한국의 문제를 어떻게 해결할 것인가라는 해결책을 제시한 글이다. 앞에서 언급한 수치 법칙을 활용하는 것도 한 방법이다. 다음 글에서 이를 확인해 보자.

[문제 제기] 절대적 에너지 빈곤 국가인 한국은 어떻게 대처해야 할까. [문제 해결] 정부는 탈석유화 시대를 대비한 다양한 에너지 정책을 시행하고 있다. 이 중 하나가 신재생 에너지 자원 개발이다. (1) 해양 신재생 에너지원은 조석, 조류, 파랑 및 해양온도 차 등이 있지만 조석을 이용한 조력발전을 제외하고는 기술적 문제 때문에 상용화하기에 어려움이 있다.

(2) 우리나라의 서해안은 굴곡이 심한 리아스식 해안으로 수많은 만이 산재해 있고 조석 간만의 차가 커서 조력발전에 유리한 입지가 많다. (3) 특히 가로림만은 세계적으로 조력발전을 건설하기에 가장 적합한 장소로 알려졌다. (4) 가로림만 조력발전소 건설사업의 연간 예상 발전량은 9억 5,000만kWh로 우리나라 18만 가구에서 사용할 수 있는 전력량이다. 더욱이 2011년까지 국내 누적 보급된 신재생에너지 시설용량이 태양광 55만kW, 풍력 41만kW이지만 (5) 가로림만 조력발전소는 52만kW로 25년 동안 보급된 태양광과 비슷하고 풍력보다 많은 전력량이다.

– 앞 글에서

윗글은 문제 제기 – 문제 해결 순으로 정리했다. 가로림만 조력발전소 건설을 해야 한다는 주장에 따른 근거를 보여준 글이다. 이를 정리하면 다음과 같다.

박종석의 글쓰기 기술(제4판)

주장	가로림만 조력발전소 건설을 해야 한다.
설명(1)	해양 신재생 에너지원은 기술적 문제 때문에 조력발전소만 가능하다.
설명(2)	우리나라의 서해안은 리아스식 해안으로 조력발전에 유리한 입지가 많다.
설명(3)	세계적으로 조력발전을 건설하기에 가장 적합한 장소로 알려졌다.
설명(4)	9억 5,000만kWh로 우리나라 18만 가구에서 사용할 수 있는 전력량이다.
설명(5)	가로림만 조력발전소는 52만kW로 25년 동안 보급된 태양광과 비슷하고 풍력보다 많은 전력량이다.

7. 전달의 기술

글을 통해서 자신의 생각과 의견 그리고 사상 등을 특정 독자들에게 전달하고자 할 때, 어떻게 하면 명확하게 전달할 수 있을까? 글쓴이가 주장하는 대로 혹은 독자가 궁금해하는 내용을 명료하게 전달해 이해시키는 글이 전달의 효과가 크다. 궁금증이 생긴 것에 대해 참고 문헌을 통해 요약 정리해 전달하는 경우와 가치가 있는 이야기를 전달하는 경우의 글쓰기 기술이 있다.

인생에서 가장 존경하고 가르침을 받을 수 있는 존재인 '멘토'를 알고 지낸다는 것은 행복한 일이다. 이 이상적인 사람을 우리는 우러러보고 노력해서 닮으려고 한다. 미국 심리학자이자 사회 학습 이론의 창시자로, 세계 심리학계에 막대한 영향력을 끼치는 석학碩學으로 꼽히는 반두라Albert Bandura, 1925~2021는 어떤 사람을 모델로 하여 스스로 변해 가는 것을 모델링Modeling이라고 했다. 누구를 모델링으로 삼느냐에 따라 한 사람의 인생이 달라질 수도 있다.[33] 모델링의 효과가 무엇일까에 대

---

33. 이종선, 「나만의 멘토를 만들어라」, 『따뜻한 카리스마』, 갤리온, 2011, 179쪽.

한 궁금증을 참고 문헌의 글을 찾아 정리하는 것도 한 방법이다.

모델링의 중요성을 특정 독자에게 전달하고자 한다면, 다음과 같은 글은 의미가 있을 것이다.

이 모델링에는 효과가 있다고 한다. <u>직접 시행착오試行錯誤의 과정을 겪지 않고 관찰하는 것만으로도 효과가 있다고 한다.</u> 운동선수의 경우 훌륭한 선수의 테크닉만으로 자기 자신을 교정할 수 있다고 한다. 더구나 관찰하기보다는 행동으로 직접 실험을 하면서 교정할 때 더 효과가 있음은 물론이다.

<u>어떤 행동을 억제하는 억제 효과와 억제되어 있던 행동을 활성화시키는 탈억제 효과이다.</u> 우리 회사의 어떤 강사를 매우 닮고 싶어 하던 한 사무직원은 어느 날부터 다이어트를 시작하여 식욕을 억제하는가 하면, 소심하던 성격과 작은 목소리를 매우 빠른 시간 안에 수정하였다. 그것은 그 어떤 외부의 압력이나 요구가 아닌 그의 모델링의 의지 때문이었다. 모델링을 통하여 어떤 행동을 억제할 수도, 활성화할 수도 있다.

<u>프로이트 심리학에 등장하는 동일시同一視이다.</u> 흉내를 내거나 모델을 따라 하게 될 때 기대되는 반응 촉진 효과다. 심리학자들이 만들어 낸 이 개념에 대해서는 여러 가지의 해석이 있다고 한다. 타인이나 어떤 그룹과 밀접한 관계를 맺음으로써 타인의 목적이나 가치를 자기의 것으로 받아들여 그것이 마치 자기의 가치나 목적인 것처럼 여기는 것이 그중의 하나이다. 흔히 연예인의 팬들이 자신이 좋아하는 연예인과 함께 울고 함께 기뻐하고 심지어 그를 위해 극단적인 행동을 보이기도 하는데, 이를 긍정적으로 활용한다면 그 배우는 누군가에게 매우 훌륭한 모델링 대상이 될 수 있는 셈이다.

- 이종선, 「나만의 멘토를 만들어라」, 『따뜻한 카리스마』

윗글을 독자들에게 간단 명료하게 전달하기 위해 주술 근접 법칙과 세 가지 개념 활용 법칙, 접촉 법칙, 요약 기술 등을 활용하면 전달의 효과를 극대화할 수 있다.

　이 모델링에는 세 가지 효과가 있다고 한다.
　첫째, 관찰 학습의 효과이다. 직접 시행착오의 과정을 겪지 않고 관찰하는 것만으로도 효과가 있다고 한다. 운동선수의 경우 훌륭한 선수의 테크닉만으로 자기 자신을 교정할 수 있다고 한다. 더구나 관찰하기보다는 행동으로 직접 실험을 하면서 교정할 때 더 효과가 있음은 물론이다.
　둘째, 어떤 행동을 억제하는 억제 효과와 억제되어 있던 행동을 활성화시키는 탈억제 효과이다. 우리 회사의 어떤 강사를 매우 닮고 싶어 하던 한 사무직원은 어느 날부터 다이어트를 시작하여 식욕을 억제하는가 하면, 소심하던 성격과 작은 목소리를 매우 빠른 시간 안에 수정하였다. 그것은 그 어떤 외부의 압력이나 요구가 아닌 그의 모델링의 의지 때문이었다. 모델링을 통하여 어떤 행동을 억제할 수도, 활성화할 수도 있다.
　셋째, 프로이트 심리학에 등장하는 동일시同一視이다. 흉내를 내거나 모델을 따라 하게 될 때 기대되는 반응촉진 효과다. 심리학자들이 만들어 낸 이 개념에 대해서는 여러 가지의 해석이 있다고 한다. 타인이나 어떤 그룹과 밀접한 관계를 맺음으로써 타인의 목적이나 가치를 자기의 것으로 받아들여 그것이 마치 자기의 가치나 목적인 것처럼 여기는 것이 그중의 하나이다. 흔히 연예인의 팬들이 자신의 좋아하는 연예인과 함께 울고 함께 기뻐하고 심지어 그를 위해 극단적인 행동을 보이기도 하는데, 이를 긍정적으로 활용한다면 그 배우는 누군가에게 매우 훌륭한 모델링 대상이 될 수 있는 셈이다.

　모델링의 효과가 어떤 것이 있는지 구체적으로 설명함으로써, 전달의 기술을 보여 준 글이다. 전달하려는 의도의 글쓰기에서는 논리성, 수용성, 체계성, 공감 등을 확인할 수 있다.

소설가 조정래는 프랑스 소설가 빅토르 마리 위고Victor-Marie Hugo, 1802~1885처럼 되고 싶다고 했다. 이유는 빅토르 위고는 모든 비인간적인 것에 저항하며, 삶을 옹호하는 작가였기 때문이다라고 밝혔다. 윗글에서 프로이드가 언급한 일종의 동일시 효과라고 할 수 있다.[34]

특히 전달의 기술은 독자들의 관심사 혹은 현안 문제를 전문가로부터 경청한 내용이나 세미나에 참여하여 얻은 심도 있는 내용을 요약 정리해 전달하는 데에 효과적인 글쓰기 기술이다.

> [서울=뉴스핌] 김민지 기자 = 김덕례 주택산업연구원 주택연구실장이 25일 오후 서울 여의도 글래드호텔에서 열린 2022 뉴스핌 건설 부동산 포럼 '새정부 건설 부동산 정책에 바란다.' 포럼에서 새정부 주택 공급 및 재건축 활성화 방안 분석을 주제로 발표하고 있다.
>
> 김 실장은 "정책의 잦은 변경으로 인한 부작용을 막을 필요가 있어 국토부의 '국가건축위원회'처럼 고유의 권한을 인정해야 한다."며 "정책 실명제를 도입하고 사후 정책 효과 평가를 통해 무분별한 입법을 경계해야 한다."고 했다. 김 실장은 새 정부의 250만 가구 주택공급 확대 필요성과 이를 위해 대통령 산하 직속 기관을 설치해 정책 일관성을 높여야 한다고 언급했다.
>
> 이어 "미래 세대를 위해 주거 도시 전략을 충분히 숙의하면 국민의 신뢰를 회복할 수 있다."며 "주택계획을 수립하는 과정에서 그동안 소홀했던 인간과 주택의 관계에 대한 근원적 질문을 통해 우리 사회가 당면한 주택문제를 다시 진단하자."고 제안했다.

---

34. 조정래, 「가장 존경하는 작가는?」, 『황홀한 글감옥』, 시사인 북, 2009, 106쪽.

우리나라의 부동산 시장은 경제협력개발기구OECD 평균과 비교해 부족한 수준이라고 김 실장은 진단했다. 인구 1,000명당 주택 수는 2019년 기준 OECD462가구 대비 우리나라는 411.6가구로 훨씬 적다는 것이다. 김 실장은 "우리나라의 2019년 수치는 2011년 OECD 평균438가구보다도 적다."며 "우리에게 적정한 재고량 목표를 설정할 필요가 있다는 의미"라고 언급했다.

다만 OECD 평균을 충족하려면 전국적으로 약 261만 가구의 추가 공급이 필요하다는 게 김 실장의 설명이다. 여기에 노후주택을 고려하면 590만 가구가 필요하다는 것이다. 수도권 320만 가구, 서울 127만 가구가 더 지어져야 한다. 김 실장은 "최저 주거 기준 미달 주택을 품질 제고와 좋은 집 선호 등 질적 향상 필요성을 고려하면 더 많은 공급이 필요하다."고 강조했다.

서울 도심에서는 정비사업 의존율이 높은 만큼 1기 신도시 재정비가 대안이 될 수 있다고 김 실장은 분석했다. 그는 "그동안 1기 신도시의 서울 주택수요 분산 효과가 낮았지만 용적률을 평균 230%로 높이면 약 6만 가구를 추가 공급할 수 있고, 대형평형을 줄이면 약 1만 가구를 추가 공급할 수 있다."며 "신규 건설에 소요되는 보상·갈등 비용과 교통 시설 등에 들어가는 재원 없이 7만 호 이상을 공급할 수 있다는 의미"라고 언급했다. 이는 서울의 1년 공급물량 8만 가구에 달하고, 3기 신도시와 대규모 택지 13곳37만 3,000가구의 19%에 해당된다.

김 실장은 민간과 공공의 역할 분담과 균형도 강조했다. 그는 "공공택지 확보를 고려해 공공이 감당할 수 있는 공급 비중을 설정하고, 민간이 담당하기 어려운 공익적 부분을 담당해야 한다."며 "정부는 주택산업 기반을 마련하고 주택 건설 현장 문제를 점검하는 등 공공성을 확대하고 공급 생태계를 조성해야 할 것"이라고 언급했다.

민간에 대해서는 "합리적으로 개발 이익을 환수하고 적정 손실보상 제도를 마련해 사익과 공익을 조화하고, 원가 절감을 위한 노력이 동시에 필요하다."며 "이를 위해 각종 인허가 기간을 줄이고 심의를 간결화하고 통합해야 한다."고 덧붙였다.

– [건설부동산포럼] 김덕례 실장 "도시계획 연계 주택공급…
대통령 직속 위원회 필요."2022년 05월 25일

윗글은 부동산 정책 전문가의 강연을 듣고, 이를 요약 정리해 독자들에게 전달하고 있다. 한국 사회의 심각한 문제 중 하나는 부동산 정책이다. 문재인 정부 시절 급등한 부동산 문제를 해결할 수 있는 방안을 제시한 전문가의 의견을 독자들에게 전달하는 글을 쓸 때, 단순한 인용보다는 객관적인 정보를 재해석해 쉽게 전달할 필요가 있다.

8. 정리의 기술

토론장이나 회의장에서 나온 이야기들을 정리할 때, 녹음 장치만큼 정확한 내용을 담을 수는 없다. 현장에서 듣고 또한 녹취한 내용을 정리한다면 더욱더 정확성을 확보할 수 있을 것이다. 그런데, 어떤 내용을 정리할 것인가가 문제이다. 내용을 누락漏落하거나 훼손毀損하지 않는 선에서 핵심 정리를 해야 한다. 마찬가지로 어떤 목적으로 주어진 글을 요약 정리하는 것도 또한 정리의 기술이 필요하다.

어쩌면 우리들이 세상의 급격한 변화와 정보량을 수용하지 못하기 때문에 행동하고 판단하는 어려움을 겪는지도 모른다. 그래서 다양하고 복잡한 정보 시대를 살아가는 우리들은 간명하게 정리해 습득하는 것이 또한 중요하다.

상대를 쉽게 이해시킬 수 있는 방법 중에 유용한 글쓰기 기술은 구체적 수치를 이용하는 것이다. 수치는 상대에게 빠른 이해를 전제前提로 할 수 있기 때문이다.

전국 택시업계 노사 2만 명이 20일 서울시청 앞 광장에서 시위를 벌일 예정이다. 택시 노사는 공동으로 택시 산업 생존을 위한 대책으로 택시 요금 현실화, 택시연료 다양화, 공급 과잉 택시 감차 보상, 택시 대중교통 편입 등 5개 항을 정부에 요구하고 있다.

전례 없는 대규모의 시위도 그렇지만 마땅한 해결책이 마련되지 않을 경우 택시 문제는 대선 정국까지 계속 이슈화될 조짐이 보인다.

현재 전국 택시는 25만 대, 종사자는 30만 명이며 하루 평균 이용객은 1,300만 명이다. 연간 약 50조 원의 부가가치를 창출하는 여객운송 부분이다. 1990년대 중반까지 호황을 누렸던 택시 산업은 이제 사양 산업으로 침체에 허덕이고 있다. 자가용과 대리운전 등이 증가하면서 택시 수요가 계속 줄어드는데도 새로운 택시 수용 창출을 위한 노력 없이 당국의 선심성 택시 증차가 계속돼 왔다.

전국적으로 20%인 약 5만 대 택시가 공급 과잉으로 추정된다. 택시 운행원가의 약 30%에 이르는 액화석유가스LPG는 10년 새 2.8배, 최근 3년간 28%나 올랐다. 차량가격은 20%, 인건비도 약 10% 올랐다. 대부분 지역에서 택시요금은 3년째 동결됐다. 승객은 줄고 비용은 계속 오르자 벌이가 시원찮은 빈 택시가 넘쳐나고 있다. 외향은 번듯해 보이지만 속으로는 곪아 가고 있는 것이다. 1인 1차제가 보편화된 현실에서 법인택시 운전사 대부분은 15시간 이상 운전해야 사납금을 채우고 한 푼이라도 더 가져갈 수 있다. 이처럼 열악한 운전사의 근로 현실에서 친절 서비스는 기대하기 어렵다. 시민들이 택시를 보다 안심하고 안전하게 이용할 수 있도록 택시 산업 안정화 대책을 마련해야 한다.

우선 택시 산업의 비용 절감 대책 차원에서 저비용·친환경의 다양한 택시 연료를 도입할 필요가 있다. 미국이나 일본, 영국 등 선진국들은 LPG 외에 압축천연가스CNG, 클린디젤경유, 전기차, 하이브리드카 등 연료소비효율이 높은 다양한 친환경 연료와 차량을 택시에 활용하고 있으며 정부가 부분적으로 지원하고 있다. 1980년대 중반 가격 자율화 이후 가격 담합 등 독과점의 폐해를 안고 있는 LPG 전용 택시 문제는 시급히 개선할 필요가 있다.

택시요금 현실화 문제는 투명한 경영 원가 분석의 제도화를 전제로 정례적인 요금 조정을 통해 원가 보상이 이루어지게 해야 한다. 공급 과잉 택시 문제는 지역에 따라서 시급한 곳이 있으나 개인택시 면허 정년제를 도입, 택시 운행관리 강화를 통한 불법 택시 퇴출, 한시적인 지역별 공급 중단 등의 제도적 뒷받침이 없을 경우 예산만 낭비하고 효과를 거두기 어려울 것이다. 합승 택시, 등교 서비스, 농어촌 지역 택시 쿠폰제 등 과감한 운행 방식 개선을 통해 수요를 창출하는 방안을 고려해야 한다.

노사가 요구하고 있는 택시의 대중교통 포함 문제는 당위성의 논의의 차원을 떠나 구체적인 실익 판단이 필요한 정책 문제다. 외국에 비해 3~5배 높은 분담률, 10%대가 넘는 출퇴근 시 이용률, 심야시간대 유일한 이용 수단인 점을 감안하면 대중교통 영역에서 택시를 빼놓을 수 없다. 그러나 택시 업종에 고유한 전액 관리제, 사납금제 등 근로 여건이나 감차 구조조정 등 정부 지원은 당국의 의지 문제이지 대중교통 수단에 포함된다고 해서 해결된다는 보장이 없다. 오히려 대중교통의 획일적인 규제의 틀에 갇혀 택시 다양한 요금과 서비스 창출에 걸림돌이 될 수도 있다.

'버스처럼'이 아닌 택시 산업 고유의 차별화된 공공성 확보와 당면 문제 해결을 위해서는 '택시 산업 활성화 특별법' 제정이 대중 교통정책 기조의 혼란을 최소화하면서 택시 문제를 해결하는 게 좀 더 바람직할 것이다.

– 강상욱한국교통연구원, 「택시 산업 안정화 대책 시급하다」,

《동아일보》, 2012년 6월 16일

윗글은 요약의 기술과 수치의 법칙을 활용해 정리해 보면 다음과 같다.

　　전국 택시 업계는 택시 산업 생존을 위해 택시 요금 현실화, 택시 연료 다양화, 공급 과잉 택시 감차 보상, 택시 대중교통 편입 등 5개 항을 정부에 요구하고 있다 주장.

　　자가용과 대리운전 등이 증가하면서 택시 산업은 사양 산업임에도 불구하고 당국의 선심성 택시 증차가 계속돼 왔다. 전국적으로 20%인 약 5만 대 택시가 공급 과잉으로 추정된다. 그래서 공급 과잉 택시 감차 보상이 필요하다 문제 제기 – 요구 사항.

　　택시 운행 원가의 약 30%에 이르는 액화석유가스LPG는 10년 새 2.8배, 최근 3년간 28%나 올랐다. 차량 가격은 20%, 인건비도 약 10% 올랐다. 대부분 지역에서 택시 요금은 3년째 동결됐다. 그래서 요금 인상은 현실화해야 한다 문제 제기 – 요구 사항.

　　우선 택시 산업의 비용 절감 대책 차원에서 저비용 친환경의 다양한 택시 연료를 도입할 필요가 있다. 미국이나 일본, 영국 등 선진국들은 LPG 외에 압축천연가스CNG, 클린디젤경유, 전기차, 하이브리드카 등 연료 소비 효율이 높은 다양한 친환경 연료와 차량을 택시에 활용하고 있으며 정부가 부분적으로 지원하고 있다 문제 제기 – 요구 사항.

　　택시 요금 현실화 문제는 투명한 경영 원가 분석의 제도화를 전제로 합승 택시, 등교 서비스, 농어촌 지역 택시 쿠폰제·등 과감한 운행 방식 개선을 통해 수요를 창출하는 방안을 고려해야 한다 요구 사항.

　　노사가 요구하고 있는 택시의 대중교통 포함 문제는 당위성의 논의의 차원을 떠나 구체적인 실익 판단이 필요한 정책 문제다. 대중교통의 획일적인 규제의 틀에 갇혀 택시 다양한 요금과 서비스 창출에 걸림돌이 될 수도 있다 요구 사항.

'버스처럼'이 아닌 택시 산업 고유의 차별화된 공공성 확보와 당면 문제 해결을 위해서는 '택시 산업 활성화 특별법' 제정이 대중 교통정책 기조의 혼란을 최소화하면서 택시 문제를 해결하는 게 좀 더 바람직할 것이다.주장

윗글은 문제점을 지적하고 이를 해결할 방안을 중심으로 주장 – 근거의 순서로 정리한 글이다. 그리고 글쓴이의 의도와 주장을 강화하는 구체적인 수치법칙을 활용하고 있다.

9. 설득의 기술

결국 글은 상대방을 설득하는 것이다. 공감共感은 물론이고 어떤 행동의 변화까지를 얻는 것이 더 궁극적인 목적이다. 공감을 얻는 방법 가운데 하나는 현재의 위기의 상황이나 문제점을 정확하게 제기하면서 해결책이나 방향을 제시하는 것이 설득력을 얻을 수 있다. 독자의 사고와 행동을 변화시킬 수 있는 글의 힘을 볼 수 있는 글쓰기 기술이다.

미국에는 반도체 산업으로 유명한 도시가 있었어요. 그곳은 실리콘 밸리라고 할 정도였지요. 그런데 이제 그 도시에는 반도체를 생산하는 공장이 다 사라졌어요. 그 공장들은 주로 한국, 싱가포르, 홍콩, 대만이나 중국으로 옮겨 갔답니다. 단순히 인건비가 싸기 때문이었을까요?
미국과 유럽의 전자 회사들이 본격적으로 공장을 아시아로 옮기기 시

작한 것은 1970~1980년대예요. 미국 반도체 공장에서 노동자들이 암으로 죽는 일이 계속 생겼기 때문입니다. 공장이 옮겨 갔듯이 백혈병 같은 반도체 산업 관련 직업병도 한국과 대만으로 옮겨 갔습니다. 중국 선전 시에 있는 애플사의 하청 생산업체 폭스콘 공장에서는 2010년 이후 스무 살 전후의 노동자 열세 명이 백혈병에 걸렸고, 그 가운데 다섯 명은 숨졌다고 합니다. 일을 시작한 지 넉 달 만에 목숨을 잃은 경우도 있었어요. <u>반도체 산업은 깨끗하기는커녕 사람의 목숨을 앗아 갈 수도 있는 위험한 일인 것 같습니다.</u>

굴뚝 없는 청정 산업인 줄로만 알았던 반도체 산업이 이렇게 많은 위험 물질을 쓰고 있다니요! 우리가 편리한 디지털 시대에 살려면 이런 희생은 어쩔 수 없는 걸까요? 가난한 나라로 반도체 공장을 옮기는 것이 과연 대안일까요? 어떻게 하면 이런 가슴 아픈 죽음들을 막을 수 있을까요?

먼저 위험한 물질을 쓰고 있다는 것을 사회와 노동자들에게 알려야 합니다. 안전 교육도 철저히 해서 위험 물질을 조심스럽게 다루도록 해야 해요. 위험 물질을 대체할 좀 더 안전한 물질을 개발하는 연구도 더 많이 해야 해요. 그리고 '클린 룸'이 반도체만을 위하는 것이 아니라 그곳에서 일하는 노동자들을 위하는 곳이 될 수 있도록 투자를 많이 해야겠지요.

무엇보다 우리가 아무렇지도 않게 쓰고 버리는 전자 제품들에 대해서도 생각해 보아야 해요.

- 가치를 꿈꾸는 과학교사 모임, 「모두가 행복한 디지털 세상」,
『과학, 리플레이』

반도체가 국가의 운명을 좌우한다는 시대다. 윗글은 반도체 생산에 따른 문제점과 해결 방안을 제시하는 데 있어, 독자들에게 높임법과 의

문형으로 공감을 불러일으켜 행동의 변화를 요구하는 글이다.

다음 글에서도 확인할 수 있다.

　　현재 자녀가 있다면, 혹은 장차 자녀가 생긴다면 어떤 사람이 되기를 바라는가? 여기 8가지 선택지가 있다. 창의적인 사람, 따뜻한 사람, 적극적인 사람, 정의로운 사람, 성격이 원만한 사람, 다재다능한 사람, 열심히 노력하는 사람, 의지가 강한 사람. 이 항목은 한국교육개발원이 매년 국민을 대상으로 실시하는 교육여론 조사의 설문 중 하나다. 이 질문이 시작된 것은 1994년 성인 2,000명을 대상으로 한 '한국인의 교육 의식 조사 연구'에서다. 당시 응답자 중 자녀가 있는 1,138명은 열심히 노력하는 사람41.3%을 압도적으로 많이 꼽았다. 아마도 이들이 주로 산업화, 압축 성장 시기를 지내면서 노력의 결과물을 지켜본 세대여서가 아닐까 싶다.

　　2014년 같은 질문을 받은 성인 2,000명은 어떤 자녀를 원했을까? 8가지 모두 소중한 가치라서 나부터도 한 가지를 고르기가 쉽지 않았기에 결과를 흥미롭게 들여다봤다. 20년 전보다 훨씬 교육열이 드세지고, 경쟁이 치열해진 만큼 다재다능 또는 열심히 노력하는 자녀를 원할 것이라는 예단을 갖고 말이다.

　　결과는 예상을 빗나갔다. 따뜻한 사람을 원한다는 응답이 16.3%로 가장 많았다. 20년 전 겨우 4.6%로 꼴찌였는데 말이다. 1994년 7.2%에 불과하던 정의로운 사람도 13.0%로 늘어났다. 열심히 노력하는 사람13.8%은 2위로 꼽히긴 했지만, 20년 전과 비교하면 비율이 훨씬 줄었다.

　　수년째 교육 담당 기자를 하면서 지켜본 현장, 주변의 평범한 부모들을 떠올려 보니 언뜻 납득이 안 가는 결과였다. "에이, 이건 좀 내숭 아냐"라는 말이 절로 나왔다. 20년 전과 비교하면 자녀가 한 살이라도 더 어릴 때부터, 한 가지라도 더 많이, 남들보다 더 긴 시간 공부하길 바라는 부모가 늘어난 것이 엄연한 현실이다. 다들 교육 때문에 허리가 휜다고 아우성치면서 생뚱맞게 따듯한 자녀를 원한다니…….

다시 설문으로 돌아오면 '가정에서 자녀를 지도할 때 가장 역점을 두어야 할 부분'을 묻는 항목도 있다. 이번에는 학교 공부, 사회성, 예의범절, 취미 특기, 정서적 감수성, 도덕성, 폭넓은 경험 중 하나를 고르면 된다.

결과를 보면 1994년에는 사회성이 32.7%로 가장 많았지만 2014년에는 17.9%로 눈에 띄게 줄었다. 반면 2014년에는 예의범절28.2%이 최고로 꼽혔다. 이 부분에 이르니 '이런 가치들이 점차 사라져서 역설적으로 이런 아이들을 더 원하게 된 건 아닐까' 하는 데 생각이 미쳤다. 정작 어른들이 예의와 온기와 정의에 목마른가 보다 하는 생각 말이다.

<u>문득 몇 년째 초등학교 1학년 담임을 맡고 있는 동생 친구의 이야기가 떠올랐다.</u> 신입생 중에는 종종 수업 중에 옷에 실례를 하는 아이들이 있다고 한다. 처음 이런 일을 겪었을 때 더러워진 아이의 옷을 벗겨 빨고 아이를 잘 씻긴 뒤 급한 대로 자기의 점퍼를 바지처럼 둘러 입혀 집에 보냈다고 한다. 다음 날 아이가 손에 들고 온 것은 빨기는커녕 검은 비닐봉지에 꾸깃꾸깃 쑤셔 담은 교사의 점퍼였다고 한다. 처음엔 놀랐지만 몇 년째 이런 일을 겪자 이제는 그러려니 한다고 했다. 멋모르고 이 비닐봉지를 들고 온 아이가 장차 예의범절을 갖춘 따뜻한 사람이 될 수 있을지 걱정이 앞선다.

고리타분한 말이지만, 어린이는 어른의 거울이라고 한다. 아이들에게 무언가를 원한다면 먼저 부모가, 또 어른이 그런 덕목을 실천하고 보여 주어야 한다. 그래서 올해 나는 따뜻한 어른, 예의범절을 갖춘 엄마가 되겠다는 새해 목표를 세웠다. 여러분도 한 가지씩 원하는 덕목을 골라 보길 권한다.

– 김희균 기자, 「어떤 아이를 원하시나요?」,《동아일보》, 2015년 1월 9일

윗글은 이 시대가 무엇을 원하는지를 학부모인 동생 친구의 이야기

와 구체적인 수치 자료를 인용해 독자들을 설득하고 있다.

다음은 현재 국가 전체, 인류 전체에 득실得失이 되는 원전 문제에 대응하는 기고문이다.

> 해가 동쪽에서 뜨는가? 과학적 관점에서의 대답은 '아니다'이다. 해는 매일 동쪽에서 뜨는 것 같지만 지구가 한 바퀴 돌아 우리들이 해를 다시 보는 것에 불과할 뿐 실제로 해가 동쪽에서 뜨는 일은 없다. 이것이 바로 코페르니쿠스가 주장한 지동설의 요체이다.
>
> 우리 주변에는 이와 같이 객관적 진실에 어긋남에도 주관적 판단을 진실인 것으로 착각하는 사례가 종종 있다. 대표적인 것이 원자력에 대한 오해와 진실이다. 작년 6월 명동성당에서 일본의 모리즈미 다카시森住卓 다큐 작가의 초청 강연회가 열렸다. 강연 제목은 '핵 재앙으로 침몰되는 지구'였고, 부제는 '후쿠시마에서 한국까지 죽음의 핵을 말한다'였다. 강연 내용은 주로 히로시마와 나가사키의 원폭 피해, 열강들의 원폭·수폭 실험 현장 주변의 방사능 오염 상황을 소개하는 것이었다. 그리고 피해 참상을 사진과 동영상으로 리얼하게 보여 주었다.
>
> 그는 군사적 목적으로 이용된 파괴적 핵폭발의 위력을 평화적 목적의 원전과 동일시함으로써 원전 폐지의 논거를 이끌어 냈다. 그의 견해는 논리적 비약이 뒤따른 허황된 것이지만 대다수 청중들은 큰 충격을 받은 듯했다.
>
> — 함철훈서울대 원자핵공학과 연구교수, 「한국 원전 세계 무대 진출 위해
> 방사능 누출 위험 과장 말아야」,《동아일보》, 2012년 6월 21일

과학 분야뿐만 아니라, 설득의 기술이 필요한 시대이다. 지나치게 왜소해진 국내의 예술 문화인 정책에 대해 공감을 이끌어 내려고 한 글이다.

"박수근이 누구지?"

"백남준……? 아, 그 TV 뚝딱거리던 사람? 그이가 여기 살았다고?"

4일 오전 서울 종로구 창신동. 거리를 지나는 사람 10여 명에게 두 가지 질문을 던졌다. "이곳이 박수근 화백 작업실 터 맞나요?" "백남준 씨가 어릴 때 이 동네에 살았다던데요?"

머리 희끗한 중년 이상 행인만 붙들었지만 누구도 몰랐다. 문 걸어 잠근 길가 국밥집 간판 뒤편에서 박수근 화백1914~1965은 생애 마지막 10여 년을 머물며 숱한 대표작을 그려냈다. 국밥집 문 발치께 붙은 작은 표지판이 빗자루로 반쯤 가려져 있었다. 교회와 단층 가옥이 다닥다닥 들어찬 비탈진 땅에는 한국이 낳은 천재 아티스트 백남준 1932~2006의 어린 시절이 묻혀 있다.

근현대 한국 예술을 대표하는 두 거장이 머물렀던 공간에 새로운 예술문화 거리를 조성한다는 소식본보 8일 자 보도은 사실 새삼스럽다. 당연히 존재해야 했던 것을 뒤늦게 재구성하려는 마당이건만 취재는 수월하지 않았다. 한 발 한 발 더듬어 찾아낸 관계자들은 하나같이 계획 추진 사실과 타당성을 인정하면서도 "행정적 논의 절차를 마치기 전에 일반에 알려지면 곤란할 듯하다"고 했다.

뭐가 곤란한 걸까. 조심스러움의 첫 번째 대상은 거리 조성의 본질적 의미보다 이 계획의 발의를 누가 하고, 시행 주도권을 누가 쥐느냐에 주목하는 행정 당국의 분위기였다. 두 번째는 해당 지역 부동산 재산권을 가진 이들과의 마찰이었다.

하지만 이런 조심스러움은 공간계획의 취지를 역으로 왜곡하는 소극적 태도로 읽혔다. 거주민의 생활편의 또는 부동산 재산권을 배려한 도시개발 계획과 지역 예술문화의 역사적 가치를 고양하는 공간재생 프로젝트는 별개 사안이 아니다. 응당 양면을 균형 있게 고려하며 추진할 일 앞에서 머뭇머뭇 눈치싸움이 벌어지고 있었다.

문화예술을 포함한 어떤 분야에서든 커다란 족적을 남긴 인물의 생활

공간을 보존해 여행자의 순례지로 삼은 사례는 세계 곳곳에서 찾아볼 수 있다. 그런 명소를 보유한 거리는 북적이는 방문객으로 늘 활기를 띤다. 소중한 인물의 흔적이 남겨진 공간을 우리는 지금까지 어떻게 관리했나. 지난해 건축계는 거목 김수근의 옛 집무 공간이 부동산 매매 과정에서 속절없이 사라지는 일을 겪었다.

박수근과 백남준의 자취를 되새기는 문화 예술 거리 프로젝트는 이 나라 문화정책이 지향하는 가치관을 증명하는 의미 깊은 발걸음이 될 수 있다. 몇 해 뒤 창신동 거리에서 "박수근, 백남준이 누구지?"라는 반문을 다시 듣지 않게 되길, 간절히 소망한다.

- 손택균 기자, 「창신동 예술 문화 거리 쉬쉬할 일인가」,
《동아일보》, 2015년 1월 9일

특히 공감은 문화 예술 분야에서 필요한 점을 고려해 보면, 윗글은 독자들에게 어떤 행동을 요구하고 있다.

10. 설명의 기술

과학이나 기술은 이론이나 원리를 설명하는 것이 보통이다. 이러한 내용의 글들은 일상에서 가장 많이 읽히는 글이기도 하다. 설명의 방법에는 인과, 정의, 지정 등과 같은 방법론이 있다.[35] 특히 어떤 주제와 내

---

35. 김봉군은 설명의 기법을 지정, 묘사적 설명, 서사적 설명, 예시, 비교와 대조, 분류와 구분, 정의, 분석 등으로 설명하고 있다. 여기서는 묘사적 설명 – 설명의 효과를 높이기 위해 사물에 대한 정보, 지식의 전달이 목적이라면, 일반적 묘사는 대상의 속성을 암시하려는 의도로 대상에 대한 감각적 묘사와 구별됨을 설명하고 있다("문장기술론: 제3장 설명의 기법", 삼영사, 2005, 153~154쪽).

용의 글을 설명하고자 할 때, 설명하는 글이 정확한지를 판단할 수 있는 구체적인 방법을 고민해야 한다. 가령 자신이 쓴 글이 맞춤법에 맞게 쓴 글인지를 판단하려면, 〈한글맞춤법〉을 알아야 한다.

여러 명이 모인 곳에 눈에 띄는 사람들이 여러 명이었다. 특히 눈에 들어오는 사람 가운데 한 명은 붉은 모자, 또 한 명은 까까머리였다. 그런데 여자는 셋<u>뿐</u>이었다. 여자 세 명은 약속한 <u>대로</u> 숲으로 향했다. 숲속의 집이 큰<u>지</u> 작은<u>지</u> 모르겠다며 투덜거리며 걸어가고 있다.

윗글에서 표시 부분의 단어는 띄어 쓸 때와 붙여 쓸 때가 있다. 띄어 쓸 때는 의존명사이지만 붙여 쓸 때 접미사이다. 왜 그런가에 대한 설명이 필요한 부분이다. 한글맞춤법의 〈제42항 의존 명사는 띄어 쓴다〉는 규정에 따라 설명이 필요하다.

<u>의존 명사는 의미적 독립성은 없으나 다른 단어 뒤에 의존하여 명사적 기능을 담당함으로써, 하나의 단어로 다루어진다.</u> 독립성이 없기 때문에, 앞 단어에 붙여 쓰느냐 띄어 쓰느냐 하는 문제가 논의 대상이 되었지만, 문장의 각 단어는 띄어 쓴다는 원칙에 따라 띄어 쓰는 것이 원칙이다. 동일한 형태가 경우에 따라 다르게 쓰이는 예를 들어 보면 다음과 같다.
'들'이 '남자들', '학생들'처럼 하나의 단어에 결합하여 복수를 나타내는 경우는 접미사로 다루어 붙여 쓰지만, '쌀, 보리, 콩, 조, 기장 들을 오곡五穀이라 한다'와 같이, 두 개 이상의 사물을 열거하는 구조에서 '그런 따위'란 뜻을 나타내는 경우는 의존 명사이므로 띄어 쓴다. "ㅂ, ㄷ, ㄱ 등은 파열음이다."처럼 쓰이는 '등'도 마찬가지이다.
그리고 '뿐'이 체언 뒤에 붙어서 한정의 뜻을 나타내는 경우는 접미사

로 다루어 붙여 쓰지만, "웃을 뿐이다"와 같이, 용언의 관형사형 '- 을' 뒤에서 '따름'이란 뜻을 나타내는 경우는 의존 명사이므로 띄어 쓴다. '대로'가 '약속대로, 법대로'처럼 체언 뒤에 붙어서 '그와 같이'란 뜻을 나타내는 경우는 조사이므로 붙여 쓰지만, '아는 대로 말한다. 혹은 약속한 대로 이행한다.'와 같이, 관형사형 뒤에서 '그와 같이'란 뜻을 나타내는 경우는 의존 명사이므로 띄어 쓴다. 또 "집이 큰지 작은지 모르겠다."처럼 쓰이는 '- 지'는 어미의 일부이므로 붙여 쓰지만, "그가 떠난 지 보름이 지났다."와 같이 용언의 관형사형 뒤에서 경과한 시간을 나타내는 경우는 의존 명사이므로 띄어 쓴다.

- 「국어어문규정집」

글을 쓸 때, 맞춤법 규정을 따라야 한다.

특히 글은 글자 한 자, 쉼표 하나에도 그 의미가 달라진다는 점을 생각하면서 글을 써야 한다. 그런 면에서 몇 가지 예를 추가하면 다음과 같다.

1. 조사의 쓰임(1)

[예] 자연 대 인간 - 대립 / 자연과 인간 - 공동체 지향

　　너만 사랑한다 - 절대적 가치 / 너도 사랑한다 - 공동의 가치

2. 조사+서술절의 쓰임(2)

[예] 이광수가 / 소설이 더 유명하다 - 이광수의 시, 소설, 수필 중에서 소설이 유명

　　이광수의 / 소설이 더 유명하다 - 다른 작가의 소설보다는 이광수의 소설이 유명

3. 쉼표의 쓰임(1)

[예1] 슬픈 사연을 간직한, 경주 불국사의 무영탑

→ 경주가 간직한 것인지… 무영탑이 간직한 것인지…

바로 뒤에 말을 꾸미지 않는다. 쉼표 때문에… **무영탑**을 꾸민다.

[예2] 성질 급한, 철수의 **누이동생**이 화를 내었다.

→ 철수인가 누이동생인가? 쉼표 때문에… **누이동생**

→ 성질 급한 <u>철수</u>의 <u>누이동생</u>이 화를 내었다.

4. 쉼표의 쓰임(2)

[예1] 갑돌이가 울면서, 떠나는 갑순이를 배웅했다.

→ 갑돌이가 운다.

[예2] 갑돌이가, 울면서 떠나는 갑순이를 배웅했다.

→ 갑순이가 운다.

5. 높임법

[예1] 퇴계는 조선시대의 뛰어난 성리학자였다.

→ 국사 교과서, 라디오 방송, 객관성 입증

[예2] 퇴계는 조선시대의 뛰어난 성리학자<u>시</u>었다.

→ 개인적인 관계에서 각별한 친밀감으로, 혹은 후손이기에…

다음 글은 설명의 명료성을 보여 준다.

<u>근대 서구의 과학철학을 꿰뚫은 유명한 명제가 있다. 바로 "본질은 필요 이상으로 부풀려서는 안 된다."는 것이다.</u>

이는 14세기 영국의 프란체스코 수도회의 수도사였던 오컴 지방의 윌리엄William of Ockham이 남긴 말로서, '오컴의 면도날 Occam's razor'이라고 불린다. 여러 가지 다양한 변종이 있는 이 명제는 현상을 설명하는 데 있어서 가장 간명한 이론이 가장 바람직한 것이라는 이야기이다. 즉 "단순한 것이 아름다운 것이다." 그의 시대에는 과학이 하나의 학문으로서 정립되지 않았지만, 신이 창조한 세계에는 단순하면서도 아름다운 오묘한 질

서가 숨어 있다는 믿음이 확고했다. 그러한 신의 뜻을 헤아려 가는 인간에게 이 '오컴의 면도날'은 하나의 명쾌한 지침으로 계승되었으며, 곧 인과적 결정론과 방법론적 환원주의의 중요한 바탕이 되었다.

이를테면 프톨레마이오스의 천동설天動說은 당시까지 알려진 여러 천문현상을 아주 정교하게 저술했고, 설명의 정밀도 또한 매우 높은 이론이었다. 코페르니쿠스가 제시한 지동설地動說은 예측의 정밀도 면에서는 천동설의 상대가 되지 못했다. 그러나 지동설은 바로 이 "간단함의 아름다움"을 갖추고 있었다. 천동설은 당시 속속 드러나던 새로운 관측 사실들을 설명하기 위해 여러 개의 주전원epicycle을 도입해서 매우 복잡했다. 반면에 지동설은 천구의 중심에 태양이 놓여 있다는 꺼림칙한 사실을 받아들인다면 모든 천체는 훨씬 적은 수의 원운동을 함으로도 그럴듯한 설명이 가능했다. 코페르니쿠스의 이론에 사람들이 호응할 수 있었던 점은 바로 이러한 간단한 질서에 대한 믿음이었다.

이후 갈릴레이, 케플러로 이어지며 행성이 타원궤도를 그린다는 가정을 도입하자 지동설의 승리는 확고해졌고, 종교의 터부에서 벗어나 자연계를 관통하는 보다 간단하면서도 근본적인 법칙의 존재를 일깨웠다. 이로써 서양 과학에서 더 이상 간단해질 수 없는 본질의 밑바닥을 닿기 위한 경주가 시작되었다.

– 윤영수 · 채승병, 위의 책

'오컴의 면도날'처럼 '단순한 것이 아름다운 것이다.'라는 명언만큼 설명의 기술을 대체할 말은 없다. 글쓰기 기술에서 이 말은 설명적 글쓰기의 본질인 것이다.

위에서는 글을 쓰는 의도의 기술을 나누어서 설명했다. 그런데 한 편의 글을 쓰다 보면 자연스럽게 여러 가지 의도를 가지고 쓸 수도 있다. 그래서 글을 쓰는 의도를 바탕으로 하되, 보조적 의도를 활용하는 것도 한 방법이다. 다음 글을 통해 이를 고민해 보자.

지난 4일 뉴질랜드에서 '인공지능AI 정치인 파커Parker'가 등장했다. 파커는 현재 정치인에 대한 신뢰 하락, 허위 정보 확산 문제를 해결한다며 '민주주의의 새로운 절친'이 될 것이라고 비전을 제시했다. 파커 개발자인 닉 게릿센은 "국민은 입법 과정과 그 결과에 대해 충분한 정보를 제공받을 권리가 있다."며 "AI는 완벽하지 않지만 일반 정치인보다 믿을 만하다."고 주장했다. 파커는 특정 정당 노선을 무조건 따르지 않고, 사실에 근거해 기후변화 등과 같은 복잡한 문제의 해결책을 마련할 수 있다는 게 최대 장점이라는 설명이다. 특히 AI 기술이 하루하루 발전하고 있어 다양한 데이터로 학습한 파커의 문제 해결 능력도 계속 업그레이드될 것이라고 개발사 측은 주장했다.

물론 일종의 챗봇 형태인 파커가 실제 선거에 출마하는 것은 현실적으로 어려운 일이다. 해킹, 딥페이크 등 위험도 제기된다. 이러한 한계에도 불구하고 'AI 정치인 실험'에 대한 관심은 전 세계적으로 높다. 2021년 스페인 IE대학의 '혁신 거버넌스 센터'는 의회 의원을 AI로 대체하는 것에 대한 의향을 묻는 설문조사를 실시했다. 전 세계 11개국 2,769명이 참여한 가운데 유럽에선 전체 응답자 중 51%가 찬성 의견을 냈다. 찬성 비율이 높은 유럽 국가들을 살펴보면 스페인66%, 이탈리아59% 등이었다. 영국에선 반대 의견이 69%에 달할 정도로 국가마다 편차가 있었지만 유럽에서 'AI 대체' 찬성 의견이 평균 50%를 넘었다는 점에서 주요 외신들은 주목했다. 오스카 존슨 혁신거버넌스센터 디렉터는 CNBC 인터뷰에서 "정치적 양극화 심화 등이 관련 있을 것"이라며 "'과연 얼마나 많은 사람들이 자국 의회 의원을 알고, 이들과 관계를 맺고 있고, 이들이 무엇을 하는지를 알고 있을까'를 고려하면 놀라운 결과가 아니다."고 말했다. 이 설문이 진행된 시기는 AI가 지금처럼 대중에게 널리 알려지기 이전이었다.

오픈AI가 2022년 말 챗GPT를 공개하면서 전 세계에 'AI 열풍'이 불기 시작했다는 점을 고려하면 일반인이 인식하는 AI 수준은 이전보다 높아졌을 가능성이 있다.

'AI 정치인' 주창론자들은 그 장점에 대해 편견 없는 공정한 의사결정, 효율성 개선 등을 제시한다. AI 정치인은 감정에 휩쓸리지 않고, 불미스러운 사건에 연루되지도 않으며 24시간 일할 수 있다는 주장이다. 물론 한 국가의 운명을 좌우하는 정치 영역을 '기계'에 맡기는 것에 대해선 거부감이 강할 수 있다. 인간은 윤리적 · 도덕적 문제를 고민하고 판단할 수 있는 능력이 있지만 AI는 그렇지 못하기 때문이다.

하지만 현실 정치가 중재, 갈등 조정 기능을 상실하고 정쟁에만 매몰돼 국민들에게 희망을 주지 못한다면 'AI 정치인 실험'이 필요하다는 여론은 커질 수밖에 없을 것이다. 이미 'AI 은행원'이 등장하는 등 AI 시대를 맞아 효율이 떨어지는 업무의 경우 AI로 빠르게 대체되는 것이 오늘날의 엄중한 현실이다.

한국 국회의원 정수는 300명이다. 개개인이 독립된 헌법기관으로, 법을 만들고 정부 예산안을 심의하고 국정을 감시하는 막강한 권한을 갖고 있다. 하지만 여야를 막론하고 소신, 다양성을 찾아보기는 어렵다. 170석의 거대 정당 더불어민주당의 경우 당대표 출마를 선언한 김OO 전 의원이 "지금 민주당에는 토론은 언감생심, 1인의 지시에 일렬종대로 돌격하는 전체주의의 유령이 떠돌고 있다."고 주장했을 정도다.

출산율 감소로 한국 인구는 줄어들고 있다. 국가소멸론까지 나오는 상황에서 국민을 대표하는 국회의원들이 '일하는 국회'를 보여주지 못한다면 한국에서 AI 정치인 등장은 머지않아 보인다.

—장용승 디지털테크 부장, 「AI 정치인 실험」, 《매일경제》, 2024년 7월 19일.

윗글은 현실 정치인의 문제점을 찾아 비판하면서 대안을 제시하려는 의도가 있지만, 사실은 현실 정치인을 냉혹하게 비판하는 의도가 우선이다. 이 의도에 따라 현실 정치인의 문제점을 찾고 그리고 비판과 동시에 대안을 모색해야 한다는 의도가 있는 글이다. 그렇다면 글쓴이의 기본적인 의도는 비판의 기술이며, 보조적 의도는 문제점 찾기 기술과 문제 해결의 기술이라고 할 수 있다. 결국 자신의 의도대로 글을 효과적으로 쓰기 위해서는 이러한 경계를 어떻게 구분 짓고 활용할 것인가를 고민해야 한다. 물론 이는 글쓴이의 몫이다.

한 편의 글을 쓰는 데 있어 글쓰기 활용 기술을 10가지로 정리했으며, 이 글쓰기 활용 법칙은 글의 부분적인 면이 강했다면, 글쓰기 의도의 기술은 글 전체의 구조나 뼈대를 잡는 데 필요하다.

다음은 하나의 개념을 설명하면서, 상위 개념인 '인지 왜곡'을 '몇 가지 유형'으로 구분하여글쓰기 활용의 기술, 요약의 의도글쓰기 의도의 기술로 전개된 설명적 글쓰기글 전개 방식의 기술를 보여준 글이다.

인지 왜곡이란, 잘못된 생각을 단정적으로 판단해 상대방에게 부정적인 감정을 갖게 되고, 그 감정을 실제 행동에 반영해 자신과 타인 모두의 불행을 초래하는 현상이다. 인지 왜곡의 유형 몇 가지를 소개하면 다음과 같다.

하나, 충분한 증거가 없는데도 특정 결론을 내리는 임의적 추론이다. 객관적인 증거를 고려하지 않고 상대방의 생각을 아는 것처럼 판단하는 '독심술 사고'와 증거도 없이 나쁜 일이 일어날 것이라고 믿는 '부정적 예측'이 있다.

둘, 전체적인 맥락을 파악하지 않고 미세한 부정적인 장면을 확대해 결론을 내리는 '선택적 추상'이다.

셋, 과잉 일반화이다. 한두 번의 미미한 경험이나 사건에 근거해 결론을 도출하고, 관련 없는 상황에서도 광범위하게 적용하는 현상을 뜻한다. …중략…

넷, 과장과 축소이다. 어떤 사건의 중요성이나 정도를 심하게 왜곡해 평가하는 현상을 말한다. …중략…

다섯, 개인화이다. 인과적 관계가 있다는 증거도 없는데도 어떤 사건을 자신과 연결 짓는 현상을 말한다. …중략…

여섯, 이분적 사고이다. 극단적 사고라고 부르기도 하는데, 중간이 없고 '모 아니면 도'라는 식으로 평가하는 경향이다.

…중략…

이 모든 게 이성이 깨어 있지 않고 자존감이 낮기 때문이다. 이런 사람들은 자신만 깨어 있지 않은 데 그치지 않고 남들도 깨어 있지 못하게 강요한다.

－백상경제연구원 편, 「시대적 사명감, 자존감」, 『퇴근길 인문학 수업』

다만 어떤 글들은 글쓰기 법칙이나 기술을 적용할 때, 지나치게 그 경계를 그어 오해를 살 수 있는 글도 있을 수 있다. 그러나 이는 글쓰기의 전략을 단순화하고, 명료하게 설명하기 위해 적용한 의도였다. 이는 글을 쓸 때 유용하다는 평가를 기대한 것이니 오해가 없었으면 하는 바람이다.

제2부

글 전개 방식의 기술

글의 정의는 어려우나 쓰는 이들의 영역으로 보아, 전문적인 작가와 일반적인 글작가로 분류해 볼 수 있다. 전문적인 작가들을 문학 작가로 한정하고, 그 외의 글 쓰는 이들을 글작가 혹은 글쓴이로 규정하고 논의할 것이다. 작가들의 글쓰기는 대체로 문학적인 글쓰기라고 본다면, 대개의 글 쓰는 이들은 문학적인 글보다는 자신의 목적에 맞게 글을 쓰는 경우가 대부분이다.

문학의 갈래를 서정, 서사, 극, 교술로 나누듯이 일반적인 글의 종류도 네 영역으로 대별大別할 수 있다. 글 쓰는 목적에 따라 글을 전개하는 기술이 필요하다. 이유는 글 쓰는 목적을 극대화할 수 있기 때문이다. 즉 글의 목적을 극대화하는 방법이 바로 글 전개 방식의 기술이다. 글 전개 방식의 기술에는 물론 천차만별千差萬別이지만, 대체로 4가지 정도로 압축된다. 즉 설명적인 기술, 논증적인 기술, 묘사적인 기술, 서사적인 기술 등이다. 주관적 관점의 글쓰기는 묘사와 서사이지만 객관적 관점의 글쓰기는 설명과 논증의 방식이다. 그래서 글의 내용과 성격에 따라 글의 방법을 선택할 필요가 있다.

서정수는 단락을 펼치는 방법으로 서사법이야기법, 기술법객관적 묘사법, 설명법, 논술법문제 해결 등으로 나누었고,[36] 김봉군은 글의 기술 양식을 설명, 논증, 묘사, 서사 등으로 정리했다.[37] 그리고 최웅 외 작가들은 설명과 논증을 논리적인 글쓰기로, 묘사와 서사는 아름다운 글쓰기로 정리했다.[38] 이익섭은 글의 전개 방식으로 설명, 논증, 묘사, 서사 등으로 정리했다.[39]

　어떤 물상物像: 물체의 생김새나 상태을 소개하거나 그 물상에 대한 정보를 기술할 경우는 무엇보다도 객관적이며 체계적인 방법으로 글을 전개해야 한다. 즉 설명적인 글쓰기 기술이 필요하다. 김봉군은 설명의 의도에 따라 과학적 의도예 : 저 이의 눈동자는 검은 빛이다.와 예술적 의도예 : 저이의 눈동자는 아름답다.로 나누었다.[40] 논쟁적인 글을 쓸 경우에는 무엇보다도 논쟁의 원인原因: 어떤 사물이나 현상을 일으키거나 변화시키는 근본이 된 일이나 사건과 그 결과의 관계를 증명하는 글을 전개해야 한다. 즉 논증적인 글쓰기 기술이 필요하다. 결과의 예측이 원인에서 비롯될 수도 있으나, 결과는 논쟁을 가정적으로 전제할 경우가 있다는 점을 고려해 글을 전개해야 한다.

　어떤 물상物像에 대해 생생하게 묘사해 그 물상을 생동감 있게 표현하는 글을 쓸 경우에는 묘사적인 기술이 필요하다. 그리고 어떤 사건을 중심으로 상세하게 혹은 합리적인 추론을 할 수 있도록 글을 전개할 필요가 있을 때, 서사적인 글쓰기 전개 방식이 필요하다.

　다만 한 편의 글을 쓰는 동안 어느 한쪽에만 국한하여 글을 완결 짓

36. 서정수, 「글쓰기의 기본 이론과 서사문. 기술문 쓰기」, 정음문화사, 1998, 67~74쪽.
37. 김봉군, 「문장기술론」, 삼영사, 2005.
38. 최웅 외, 「작문」, 청문각, 1995.
39. 이익섭, 「작문」, 학연사, 1995.
40. 김봉군, 「제1장 설명」, 「문장기술론」, 삼영사, 2005, 146쪽.

기는 어렵다. 설명적인 글에서도 특정 단락에서는 묘사와 논증 그리고 서사 등의 글이 필요할 수 있다는 것이다. 대상으로부터 혹은 자기 자신으로부터 시작되는 생각과 느낌, 지식, 사상까지를 적절하게 조합하여 표현할 때, 글의 완결성이 돋보이게 된다.

일상생활에서 필요한 의사소통에서 글말로 표현하는 글쓰기의 전개 방식은 설명과 논증이라고 할 수 있다. 이에 비해서 묘사와 서사는 문학적인 글쓰기에 필요한 표현 방식이다. 한 편의 문학을 창작한다고 할 때, 설명과 논증보다는 글쓴이의 개성이 돋보이는 묘사와 서사가 더 유용하기 때문이다.

이 장에서는 글을 목적에 따라 효과적으로 전개하는 방식을 나누어 구체적으로 설명하겠다.

제1강 설명문說明文과 물상物像

설명적인 글쓰기는 어떤 대상의 정보를 소개하거나 관찰의 결과를 정리할 경우 객관적으로 기술할 때 유용하다. 구체적인 대상 혹은 추상적인 그 무엇을 물상物像: 물체의 생김새나 상태으로 정의해 논의를 진행할 생각이다.

설명적인 글쓰기는 물상에 대한 객관적이며, 물상에 대한 정확한 정보와 특징 등을 체계적으로 기술하는 특징이 있다. 즉 물상의 특징, 정확한 정보, 객관성, 체계적인 속성 등을 설명할 때, 설명적인 글쓰기는 효과적이다.

단적으로 말해서 설명문은 대상을 알고 싶어 하는 이에게 쉽게 풀이한 글이다. "소주제문과 보충문 사이에, '즉 풀어서 말하면, 다시 말하면, 다른 말로 하면, 예를 들면, 이를테면' 등의 접속 어구를 넣거나 아니면 그런 말이 들어 있다고 생각하고 단락을 전개[41]하는 것이다. 또 '구체적으로 말하면, 부언附言하자면, 상세하게 설명하자면……' 등의 접속 어구도 마찬가지이다.

설명문의 가장 흔한 것은 제품 설명서이다. 이는 상품에 대한 제원諸元과 사용법이 설명되어 있어 소비자들이 쉽게 사용할 수 있게끔 글

---

41. 이상경 외, 「단락쓰기」, 『글쓰기 여행』, 역락, 2005, 61쪽.

로 써 놓았다. 그리고 백과사전, 교과서, 관광 안내서, 여행 정보 등등과 같이 가장 널리 쓰이는 글쓰기 방법이다. 그리고 어떤 상황이나 사건에 대해 감정과 판단 그리고 의견 등도 설명할 수 있다.

가령 공자는 왜 춘추 시대에 큰 나라 축에도 끼지 못하던 고죽국 출신의 백이와 숙제에 필이 꽂혔을까?라는 물음에 '그들의 고귀한 삶이야말로 춘추전국시대 혼란을 끝낼 수 있는 가치를 실현한 역정歷程이라고 보았기 때문이다.'는 근거로 답을 할 수 있다. 그리고 그 구체적인 이유를 다음과 같이 설명할 수 있다.

> 백이와 숙제는 고죽국의 왕자로 형과 동생 사이다. 아버지가 둘째에게 애정이 많자 두 사람은 차례대로 왕위를 포기하고 나라를 떠났다. 훗날 주나라 무왕이 은나라 주왕을 무너뜨리려고 하자 불의한 일이라고 반대했지만 뜻을 이루지 못했다. 이후 그들은 주나라 땅에서 나는 곡물은 먹지 않겠다고 결심한 뒤 수양산에 들어가 고사리를 먹으며 연명하다가 굶어 죽은 것으로 알려진다.
>
> 이로써 이들은 훗날 충신열사의 대표적인 인물로 존중받았고, 백이와 숙제, 고죽국, 수양산, 고사리는 동아시아 문학사에서 즐겨 등장하는 소재가 되었다.
>
> — 신정근, 「지난 일을 오늘로 끌고 오지 마라」,
> 『마흔, 논어를 읽어야 할 시간』

실제 생활에서는 사건과 상황을 비롯해 다양한 내용을 전달하기 위해 설명할 기회가 많다. 뭘 잘못했는지 설명해 보라든지, 어떻게 되었는지 설명해 보라 등과 같이 우리들의 생활이 설명 속에 산다고 해도 과언過言이 아니다. 심지어는 왜 늦었는지 설명해 보라 등과 같은 물음에 답하는 형식의 설명적인 글쓰기는 일상생활이라 할 수 있다.

우리들은 영화 관람을 위해 롯데 백화점에서 만났다. 그런데 철수만 늦게 왔다. 왜 늦었는지 철수에게 물었다. 철수는 시내 중심가인 삼산동을 산의 교통이 복잡해서 늦었다고 했다.

철수가 늦은 이유를 설명한 글이다. 주로 사건에 관한 중요한 정보를 다루는 일종의 서사적 설명인 셈이다. 그리고 시내에서 차량이 막힌 풍경을 묘사하면 묘사적 설명이 된다. 이처럼 설명문은 독자가 쉽게 이해되도록 구체적인 이유를 제시해야 한다. 설명문을 쓸 때는 다음과 같은 방법을 참고할 수 있다.

1. 정의를 활용하라

설명의 방법 중에서 가장 기본적인 방법이 정의다.[42] 글의 전개에서 중요한 개념을 정의하면 독자에게 설명하고자 하는 바를 집중하게 할 수 있다. 그래서 글쓴이는 자신의 주장과 의견을 표현하고자 할 때, 특

---

42. 정의의 간단한 예는 '사람은 이성적 동물이다.'라는 명제에서 피정의항 '사람은 무엇이냐?'라는 물음에 대한 정의항으로 '이성적=종차'이고, '동물이다=유개념'이 필요하다. 그런데, '경제학자는 경제학을 전공한 학자다.'라는 정의는 피정의항의 술어(관념)가 정의항에서 반복되는 잘못을 범하고 있다. '경제학자는 인간이 재화를 획득, 이용하는 과정에서 일어나는 여러 현상을 대상으로 생산, 교환, 분배의 통일적 여러 관계를 발견하여 생산력에 대응한 생산 관계의 발전 법칙을 구하는, 사회 과학의 한 분야를 연구하는 사람이다.'고 할 때 올바른 정의가 된다.(김봉군, 앞의 책, 180쪽.)

정 개념을 정의하고 글을 전개하는 특징이 있다.

다음 글은 이러한 내용을 확인할 수 있는 글쓰기의 보기이다.

최근 인천국제공항공사에서 협력업체 소속 비정규직으로 일하던 약 1,900명의 보안 검색 요원을 정규직으로 직고용하기로 한 결정을 두고 '공정'이 다시 한번 우리 사회의 화두로 떠오르고 있다. 야당인 미래통합당과 이번 결정에 반대하는 국민들은 이번 결정이 '공정'한 경쟁을 거치지 않은 채 기존 비정규직을 정규직으로 전환한 것으로 "노력하지 않은 자들의 무임승차"라고 비판하며 '불공정'에 해당한다고 주장한다. 실제로 지난 6월 23일 청와대 국민 청원 사이트에 올라온 "공기업 비정규직의 정규화 그만해 주십시오"라는 청원은 이번 결정이 인천국제공항공사에 취직하기 위해 "스펙을 쌓고 공부하는 취준생들"의 "자리를 뺏는" 것으로 "평등이 아니라 역차별"이라고 주장한다.

또한 "인국공항청원경찰 1,900명 전원의 완전 경쟁 채용을 청원합니다."라는 제목으로 6월 30일에 올라온 국민 청원은 "1,100여 명에 달하는 인원들이 간단한 인성 검사와 면접만을 통해 인천국제공항공사의 정직원"이 되는 것은 "불공정한 특혜 채용으로 결코 정의롭지 않다"고 주장한다. 반면 청와대와 정부는 이번 결정이 "나쁜 일자리를 좋은 일자리로 만들고 사회적 불평등을 개선하기 위해 시작된" 공공부문 비정규직의 정규직화의 연장선상에서 이루어진 결정으로 "불공정 문제와는 거리가 멀다"고 주장한다.

이러한 논란을 보며 우리 사회가 '공정' 개념을 이해하는 방식이 롤스의 분배적 패러다임에만 의존하고 있는 것은 아닌지 우려가 든다. 잘 알려진 바와 같이 롤스는 그의 저서 〈정의론〉에서 다음과 같은 세 가지 정의의 원칙을 제시한다. 첫째는 '최대한의 자유 평등 원칙'으로 정치적 자유, 결사의 자유, 사상의 자유 등 기본적 권리와 기회가 모든 시민들에게 평등하게 배분되어야 한다는 원칙이다. 둘째는 '차등의 원칙'으로 기본적 권리와 기회가 모든 시민들에게 평등하게 배분되어야 하지만 사회의 열악한 위치에 있는 '최소 수혜자들'에게 '최대 이익'을 보장하려는 목적을 위해 불평등하게 배분될 수 있다는 원칙이다. 셋째는 '기회균등의 원칙'으로 모든 사람에게 직책 및 직위에 대한 공정한 기회균등이 보장되어야 한다는 원칙이다.

많은 청년들이 이번 비정규직 정규직화를 "인국공 사태"로 부르며 분노하는 이유는 아마도 이번 일이 롤스가 제시하는 세 가지 정의의 원칙 가운데 '기회 균등의 원칙'과 '차등의 원칙'을 위반하고 있다고 느끼기 때문이 아닌가 싶다. 우선 이들이 볼 때 인천국제공항공사 정규직 취직 기회가 다른 '취준생'들에게는 주어지지 않고 기존에 비정규직으로 일하던 보안 검색 요원들에게만 주어진다는 사실은 일종의 '특혜'로 '기회균등의 원칙' 위반이다. 더 나아가 이러한 '특혜'가 주어질 경우에도 사회의 '최소 수혜자들'에게 우선적으로 주어져야 하는데 이들이 볼 때 기존에 보안 검색 요원으로 일하던 사람들은 비정규직이긴 하지만 이미 연봉 3,800만 원을 받는 직장에 취직한 사람들로 아직 직장에 취직하지 못한 '취준생' '공시족'들과 비교할 때 '최소 수혜자들'로 간주하기 어렵다는 것이다. 이들은 만약 정규직 취직 '특혜'가 주어진다면 기존 비정규직이 아니라 아직 직장에 취직하지 못한 사회의 '최소 수혜자들'인 취준생들에게 우선적으로 주어지는 것이 '차등의 원칙'에 부합한다고 생각하는 것 같다. 이러한 청년들의 분노에 전적으로 공감하면서도 동시에 우리 사회가 '공정'에 대한 분배적 패러다임을 넘어서야 하는 것은 아닌지 생각해 본다.

미국의 유명한 페미니스트 정치철학자인 아이리스 영은 그의 저서 〈차이의 정치와 정의〉에서 롤스의 분배적 정의 패러다임을 비판하며 '공정' 개념을 단순히 재화와 기회를 어떻게 공정하게 나눌 것인가의 문제가 아니라 억압과 착취, 차별을 초래하는 제도 개선의 문제로 접근할 것을 제안한다. 영에 의하면 분배의 공정성에 초점을 맞춘 롤스의 정의 패러다임은 사회 내에 존재하는 다양한 구조적 억압과 지배의 문제를 간과한다. 그뿐만 아니라 이러한 분배적 패러다임으로 공정의 문제에 접근할 경우 대학 입시의 기회 균형 전형과 공무원 임용 인종별 최소인원 할당 등과 같이 기존 사회 제도의 구조적 불평등 문제를 해결하기 위한 '적극적 소수자 배려 정책affirmative action'은 항상 '기회의 균등' 관점에서의 불공정과 역차별 문제에 직면할 수밖에 없다.

이러한 이유로 영은 현대사회의 '공정'과 '정의' 개념이 단순히 분배의 공정성 문제뿐 아니라 착취, 주변화, 소수자 무력화, 문화 제국주의, 폭력 등 사회의 구조적 억압과 제도적 차별을 해소하는 데 더욱 초점을 맞춰야 한다고 주장한다. 이러한 영의 관점에서 본다면 이번 인천국제공항공사의 보안 검색 요원 정규직화는 '기회의 균등'이라는 측면에서는 '불공정'일 수 있지만 차별적인 비정규직 제도의 개선이라는 측면에서는 '공정'하고 '정의'로운 것으로 볼 수 있다. 이번 일을 계기로 한국 사회가 '기회의 균등' 차원에서의 공정성뿐만 아니라 억압과 차별적 제도의 개선이라는 측면에서의 공정성을 함께 고민해 볼 수 있었으면 하는 바람이다.

— 김범수서울대 자유전공학부 교수, 「'공정'이란 무엇인가」,
《한겨레》, 2020년 7월 14일

소위 청춘을 걸고 죽도록 '열공'하는 한국 청년들에게 취업에 대한 불공정의 문제로 사회적 파장이 컸던 비정규직의 정규직화 사건에 대한 문제를 '정의'의 개념을 인용지식 법칙해 설명한 글이다. 특히 국민 감정을 자극하는 국방, 주택에 이어 불공정 취업은 큰 사회적 파장을 일으켰기 때문에 이를 타당성과 합리성에 근거해 비판하고자 할 때, 설명적 정의를 활용한 글이다.

2. 개념을 확장하라

설명은 일정한 사물 곧 과제課題를 쉽게 풀어서 그것이 '무엇'인가를 알게 하는 것으로서, 논리적으로는 'S는 P이다' 식으로 진술되는 기술 양식이다.[43] 우선 설명의 대상이 되는 '무엇'에 대한 호기심을 자극하는 방법은 일상적이면서도 의문시되는 것이 적절하다. 그리고 기본적인 개념을 확장하면서 설명하는 것이 독자들에게 호기심을 자극하면서 쉽게 공감을 얻을 수 있다. 다음 글재인용에서 확인해 보자.

> 2는 짝수이고 3은 홀수라는 것을 어떻게 아는가? 짝수는 2로 나누어 나머지가 0인 정수이며 홀수는 2로 나누어 나머지가 생기는 정수라는 것을 이미 배웠기 때문이다. 다른 개념들도 이와 같이 정의를 내릴 수 있다. 예를 들면 독신남은 결혼하지 않은 성인 남자로 정의할 수 있다.
> 홀수, 독신남과 같은 개념은 개념의 정의적 특성defining feature이라 할 수 있다. 즉 그 특성은 개념을 정의하기 위한 필요충분조건이라는 것은 어떤 정수를 2로 나누었을 때 나머지가 0이라는 특성이 짝수를 정의하는 데 반드시 필요한 특성이라는 것이다. 이러한 특성 없이는 짝수를 정의할 수 없다. 또한 어떤 정수가 2로 나누어질 수 있다는 것은 그 정수가 짝수라는 개념을 보증하는 데 충분하다. 따라서 어떤 정수가 2로 나누어 나머지가 0이라는 특성은 짝수를 정의하는 데 필요하고 충분한 특성이 된다. 필요충분조건이라는 것은 어떤 정수를 충분하다. 중략 예를 들어 미망인은 전에 결혼한 적이 있으나 현재 남편이 죽은 여자라고 정의를 내릴 수 있다. 여기서 전에 결혼한 적이 있다는 것은 미망인을 정의하는 데 있

---

43. 김봉군, 「제1장 설명」, 『문장기술론』, 삼영사, 2005, 146쪽.

어 필요조건이지 충분조건은 아니다. 왜냐하면 결혼하고 이혼한 여자도
있기 때문이다. 따라서 전에 결혼한 적이 있고 현재 남편이 죽은 여자라
는 정의는 미망인을 정의하는 데 있어 필요충분조건이 될 수 있다. 또 다
른 예를 들어 보면 한 쌍이라는 것은 언제나 두 개의 어떤 것을 포함하고
있고, 두 개의 어떤 것은 언제나 한 쌍이기 때문에 둘은 한 쌍을 나타내는
필요충분조건 혹은 특성이라 할 수 있다.

- 김정섭 외, 『교육심리학』

위와 같은 글은 독자에게 쉬운 이해와 함께 새로운 대상에 대한 확
장적인 지식을 설명하는 데 유익한 글쓰기 기술임을 알 수 있다. 특히
윗글과 같은 설명적인 글에서는 논증적인 글쓰기 기술을 활용해 설득
력을 높일 수 있다.

3. 구분과 분류를 생각하라

사물에 대한 관찰을 통해 글의 의미를 전달할 수도 있다. 이때 사물
을 상위 개념에서 분류해 그 특징을 구분해서 의미를 명확하게 할 수
있다. 물론 구분과 분류는 구체적인 대상일 수도 있고, 추상적 체계일
수도 있다. 하나의 기준점을 세워 대상을 상위 개념에서 하위 개념으로
나누는 구분이라 하고, 대상의 동일한 특징을 상위 개념으로 묶는 것을
분류라고 한다. 다음은 하나의 대상을 상위 개념에서 하위 개념으로 나
누어지는 구분을 볼 수 있는 글이다.

(가)

길섶을 지나면서 쉽게 만나 볼 수 있는 소나무에는 크게 보아 세 가지, 즉 세 사촌이 있다. 소나무에 가까이 가서 솔잎을 한번 자세히 들여다보자.

소나무는 이파리가 두 개씩 묶어 나는 것이 대부분인데, 이것이 우리나라의 재래종 소나무 육송陸松이다. 연년세세年年歲歲 우리와 같이 살아온 그 소나무이다. 자리를 잘 잡은 놈은 길길이 자라 낙락장송落落長松이 되지만, 그렇지 못한 것은 땅딸보 왜송矮松으로 남는다. 그러나 낙락장송이나 왜송이나 다 똑같은 종種이다.

이와 달리 잎이 짧고 뻣뻣하여 거칠어 보이는 것이 있는데, 그 나무의 잎을 따 보면 잎이 세 개씩 묶여 나 있다. 이 소나무는 리기다소나무로 북아메리카가 원산지이며, 병충해에 강하다고 하여 일부러 들여와 심은 것이다.

마지막으로 우리를 기다리는 소나무가 있으니, 이파리가 유달리 푸르러 보이고 잎이 통통하고 긴 잣나무이다. 잎을 잘 관찰하여 보니 한 통에 잎이 다섯 개나 모여 있지 않은가? 오 형제가 한 묶음 속에 가지런히 들어 있어서 다른 말로 오엽송五葉松이라고도 부른다. 소나무면 다 같은 소나무인 줄 알았는데 잎부터 이렇게 다르니 이것이 자연의 비밀이 아니고 뭐란 말인가!

- 권오길, 「사람과 소나무」

(나)

우리 문화의 생성에 영향을 끼친 고유 사상 중에서 가장 대표적인 사상은 유교 · 불교 · 도교와 같은 동양 사상과 음양오행陰陽五行이나 무교巫敎의식 같은 고대 사상을 들 수 있다. 이 중 유교는 중국 철학의 주류를 이루었고, 우리나라를 비롯한 동아시아의 문화 형성에 큰 영향을 끼쳤는데 그 정신은, 먼저 자신을 수양한 후 남을 다스린다는 수기치인修己治人

에 있다. 이를 위한 정신적 바탕은 인仁과 의義요, 이것이 겉으로 나타나는 데 필요하다고 여겼던 것이, 예악禮樂이었다.

- 최종민, 「국악의 이해를 위한 들머리」, 『국악의 새로운 숨결』

㈎는 구체적 대상인 나무라는 상위 개념에서 소나무의 종류를 구분하여 쓴 글이다. ㈏는 우리 문화의 고유 사상이라는 추상적 개념을 구분해 그 특징을 정리한 글이다.

다음은 분류의 예이다.

열대 지방과 같이 공중 습지가 많고 숲이 우거진 곳에서는 나무 겉이나 바위 면에 붙어서 자라는 난이 많다. 굵은 뿌리에 발달한 특수 조직에 공중에서 흡수한 수분을 저장하여 활용한다. 우리나라에서 자라는 풍란, 나도풍란 등도 이에 속하며, 이런 종류를 착생란着生蘭이라고 한다. 우리나라 중부 지방에서 흔히 볼 수 있는 타래난초, 온대난초 및 개불알꽃 등은 땅에 뿌리를 박고 자라기 때문에 지생란地生蘭이라고 한다. 그러나 무엽란無葉蘭과 천마天麻 같은 종류는 엽록체葉綠體가 없으므로 자기가 필요한 양분을 자신이 만들지 못하여 다른 식물체에 기생한다. 따라서 기생란寄生蘭이라고 한다.

-《동아 세계 대백과》에서

윗글은 난을 상위 개념인 착생란, 지생란, 기생란으로 분류하고, 이에 해당하는 각각의 하위 개념인 다양한 난초를 구분해 설명하고 있다.

박종석의 글쓰기 기술(제4판)

4. 비교 · 대조의 시각을 가져라

일상적인 물음에 답을 할 때, 반대나 비슷한 경우를 설정하여 설명하는 것이 필요하다. 대상을 비교, 대조하면 그 특징을 이해하기 쉽기 때문이다.

헤브라이즘 hevraism과 헬레니즘 hellenism: 영국의 비평가 매슈 아놀드가 『문화와 무질서』라는 책에서 서양 문화의 근본적인 두 전통을 대칭적으로 비교한 이래 문학 비평 내지 문화 비평의 중요 개념으로 설정되어 있다.

헤브라이즘은 구약 성서에 나타난 유태인의 인생관을 근간으로 하여 발전된 기독교 사상의 전통을 말하는 것으로, 우주의 절대적 존재를 도덕적 존재로 보고, 개인의 내적 자아가 그 절대자의 뜻에 합당한 도덕적 존재가 되도록 부단히 노력해야 한다고 믿는 것이다. 짧게 말하면, 그것은 양심의 세련을 강조하는 경향이다.

헬레니즘은 사람의 이성에 의한 합리적 생활에 중점을 두고, 일반적으로 인생에 대하여 자신을 가지는 경향으로서 고대 그리스 시대에 성했고, 르네상스 시대에 부활된 것이다.

그 두 큰 줄기는 각각 서로 적절히 조화를 이루어야만 인류 문화를 건전하게 만들 수 있다. 헤브라이즘은 도덕률만 강요할 경우 융통성 없는 인간 속박의 그물이 될 수 있고, 헬레니즘은 이지적 능력만 조장할 경우 양심이 마비된 무질서한 방종을 낳게 된다.

아놀드의 말을 인용하자면, 헬레니즘은 의식의 자발성을 근간으로 삼고, 헤브라이즘은 양심의 엄격함을 근간으로 삼고 있는데, 그 둘의 결합은 쉽지 않지만 바람직한 것이다.

아놀드의 사상을 확대 해석하면, 결국 양심과 이성의 상보적 관계를 말한 것이 된다. 위대한 문학, 즉 고전은 양심의 합리성, 이성의 윤리성을 형상화한 것이라고 볼 수 있다.

- 이상섭, 「문학비평용어사전」

윗글은 서양 문화의 전통_{상위 개념}을 헤브라이즘과 헬레니즘_{하위 개념}으로 구분해 그 특징을 설명했다.

5. 인과의 방법을 활용하라

사람의 인식 과정은 논리성에 근거한다. 그래서 어떤 결과에 대한 원인을 알고 싶어 한다. 인과성에 따라 글을 전개하면 설득력이 있다. 다음 글은 이러한 예를 보여 준다.

나폴레옹 군대가 막강한 프러시아 군대를 어떻게 이겼는가? 예를 들어 프러시아군과 프랑스군이 세 군데에서 대치하고 있다고 하자. 능력이 모자라는 장군 같으면 세 군데 대치하고 있는 병사들에게 모든 전투에서 꼭 이겨야 한다고 훈화만 반복할 것이다. 그러나 그렇게 되겠는가? 나폴레옹 장군은 새로운 발상을 하여 세 군데에서 대치하고 있는 군대를 겉으로는 나누어 분산 배치하는 척하면서, 실제로는 밤에 이동하여 한 군데로 집중 공격을 하곤 하였다. 따라서 전투가 일어나는 곳에서는 프랑스군의 전투력이 항상 강하게 마련이었다. 이렇게 해서 이긴 군대는 다시 밤을 새우고 말을 달려서 본래의 위치로 돌아와 있곤 하였다. 나폴레옹 장군은 전투력이 취약한 군대를 한곳으로 송곳같이 모아서 승리를 거

<u>두곤 하였던 것이다.</u>

- 이면우, 「송곳이론」, 『신사고 이론 20』

나폴레옹이 전쟁에서 이긴 결과는, '송곳처럼 한곳으로 집중하라'는 것에 있다. 이는 어떻게 이기는가라는 원인에 대한 결과이다.

구분과 분류를 활용하면서도 인과의 방법으로 글을 전개할 수도 있다.

<u>시장에서의 가격이 수요와 공급의 관계에 따라 결정된다는 것은 대체로 받아들여지는 상식이다.</u> 수요가 공급보다 많으면 가격이 상승하고 반대로 수요가 공급보다 적으면 가격이 하락한다.

<u>수요와 공급 중에서 오늘날 더 문제가 되는 것은 수요다.</u> 기계화된 공장에서 대량으로 저렴하게 생산되는 상품이 넘쳐나는 시대다. 공급은 이미 전 세계적으로 충분하다. 문제는 이를 어떻게 소비할 것인가이다. 모든 국가가 남아도는 상품을 어떻게 소비할지 고민한다. <u>수요가 증가하는 사회는 성장하고, 수요의 증가 없이 공급이 과다한 사회에는 침체가 발생한다.</u>

예를 들어 보자. 아메리카노의 수요와 공급이 균형을 맞추고 있는 사회가 있다. 이 사회는 아메리카노를 50개의 업체에서 생산하고 50명의 사람이 소비한다. 그런데 어떤 이유에서인지 사회의 소비가 100으로 폭증했다. 그렇다면 공급은 어떻게 될까?

기존 생산들은 신이 날 것이다. 가격을 올려도 수요를 충족할 수가 없다. 이윤이 늘어난다. 카페에서 이를 지켜보던 다른 사람들이 높은 이익을 가져다주는 카페 사업에 뛰어든다. 자본이 아메리카노 시장에 투자되고, 사람들이 고용된다. 카페 인테리어, 카페 가구, 원두 수입 업체가 돈을 번다. 이 과정은 공급이 100에 이르러 총수요에 가까워질 때까지 계속될 것이다. 즉 수요의 증가는 물가가 상승하는 인플레이션과 함께 시장의 성장을 가져온다.

<u>수요의 발생 원인은 다양하다. 그중에서 가장 단순하고 근본적인 원인은 인구다.</u> 생각해 보면 당연하다. 모든 소비는 결국 인간이 하는 것이니까. 문제는 선진국뿐만 아니라 한국도 인구 감소에 직면해 있다는 것이다. 어쩔 수 없이 우리는 디플레이션과 함께 시장의 축소와 조정을 겪게 될 것이다.

– 채사장,「수요, 공급과 인구」,『시민의 교양』

수요와 공급을 구분해 수요가 소비에 미치는 원인과 결과를 설명하는 글이다. 이처럼 한 편의 글에서 어떻게 글을 전개할 것인지에 따라 다양한 글쓰기 기술을 활용할 필요가 있음을 다시 한번 확인할 수 있는 글이다.

6. 최대한 쉬운 용어를 선택하라

다음은 개미의 의사 소통 도구를 언어라는 용어를 활용해 설명한 글이다.

<u>개미의 언어는 기본적으로 후각에 의존한 화학 언어이다.</u> 그러나 청각과 촉각도 그들의 의사소통에 중요한 역할을 담당한다. 최근 20여 년간 개미 학자들의 연구로 상당히 많은 종의 개미들이 소리를 내어 의사를 전달한다는 사실이 밝혀졌다. 소리를 이용하여 의사를 전달하는 곤충으

로는 귀뚜라미, 베짱이, 매미 등을 생각할 수 있는데, 개미도 우리들의 귀
로는 거의 들을 수 없는 종류의 미세한 소리를 내어 의사소통을 한다.

- 최재천, 「개미와 말한다」

언어라면 으레 우리들이 사용하는 언어라고 생각한다. 우리들이 사
용하는 언어와 달리 곤충들이 언어를 사용한다는 사실은 매우 흥미롭
다. 윗글은 곤충 세계에 대한 이야기를 쉽게 설명하고 있다. 글쓰기 기
술에서도 언급했듯이 주술 근접 법칙, 머리말 주장, 접촉 법칙까지 활
용한 글이다.

어떤 상황이나 사건을 설명할 때, 일상 생활에서의 경험 그리고 일
화 등을 활용하는 것이 독자들에게 쉽게 설명하는 경우이다.

7. 일상적인 비유를 찾아라

어려운 이론을 설명할 때, 일상에서 일어나는 경험을 활용하는 설
명의 방법이다.

　　살다 보면 되는 일도 있고 안 되는 일도 있다지만, 곰곰이 따져 보면
안 되는 일이 더 많다. 슈퍼마켓에서 줄을 서면 꼭 다른 줄이 먼저 줄어
들고, 중요한 미팅 날엔 옷에 커피를 쏟거나, 버스를 놓쳐 지각하기 일쑤
다. 소풍날이면 어김없이 봄비가 내리고, 수능시험을 보는 날마다 한파가
몰아친다. "하필이면 그때……" 혹은 "일이 안 되려니까……" 같은 말들
을 우리는 얼마나 자주 사용하는가! 그럴 때마다 생각나는 법칙이 있으

니 이름하여 '머피의 법칙Murphy' law.' 수많은 구체적인 항목들로 이루어진 머피의 법칙을 한마디로 요약하자면 잘될 수도 있고 잘못될 수도 있는 일은 반드시 잘못된다. 세상이 우리에게 얼마나 가혹한지 정리해 놓은 이 법칙은 불행하게도 중요한 순간엔 어김없이 들어맞는다.

- 정재승, 「머피의 법칙」, 『과학 콘스트』

윗글은 하나의 개념으로 글의 내용을 집약해 주변에서 일어나는 일을 설명하고 있다.

8. 양면성(兩面性)을 생각하라

사물은 기본적으로 양면성을 가지고 있다. 그렇기 때문에 대상을 설명할 때는 항상 그 반대의 경우를 고려할 필요가 있다. 어느 한 면이 사실과 진리라 하더라도 그 양면성은 존재하기 때문에 설명할 때 이를 염두에 두어야 한다. 물론 글쓴이의 편향 의식으로 잘못된 정보를 설명할 경우 심각한 문제가 발생할 수도 있기 때문이다.

<u>머피의 법칙을 반박할 때 그들이 즐겨 사용하는 용어는 '선택적 기억 selective memory'이라는 것이다.</u> 우리들의 일상은 갖가지 사건과 경험들로 가득 채워져 있지만, 대부분 스쳐 지나가는 경험으로 일일이 기억의 형태로 머릿속에 남진 않는다. 그러나 공교롭게도 일이 잘 안 풀릴 경우나 아주 재수 없다고 느끼는 일들은 아주 또렷하게 기억에 남는다. 결국 시간이 지나고 나면 머릿속엔 재수가 없었던 기억들이 상대적으로 많아진

다는 것이다. 소풍 때마다 비가 오고 수능시험 날이면 어김없이 추위가 기승을 부리는 것도 이상한 일이 아니다. 봄비가 한창인 4월 무렵에 소풍 날을 잡고, 안 추우면 이상한 12월 중순에 수능시험 날짜를 정해 놓고 비가 안 오고 날씨가 따뜻하기를 바라는 심보는 또 뭔가!

― 정재승,「머피의 법칙」

물음에 대한 답을 찾을 때 그 양면성에 주목할 필요가 있다. 그러면 독자들을 쉽게 설득시킬 수 있다.

9. 의문형으로 시작하라

독자들의 궁금증을 풀어주는 설명적 글쓰기에서 흥미를 끌 수 있도록 의문형으로 시작하면 전달력이 빠르다.

독자들 중에 공자와 맹자를 모르는 사람은 없을 것이다. 공자의 본명은 공구이고, 맹자의 본명은 맹가이다. 그들을 성 뒤에 '자子' 자를 붙여 부르는 것은 그들의 높은 학문과 덕을 기리자는 뜻이다.

중국 역사를 통틀어도 성 뒤에 '자' 자를 붙여 존숭하는 인물은 위에서 언급한 공자·맹자 외에는 노자, 장자, 순자, 묵자, 한비자 등 극소수이다. 그것도 대부분이 중국 고대 전국시대 인물들이다. 중국 역사에서는 남송 때 주희를 마지막으로 더 이상 성 뒤에 자를 부여 존숭하는 인물이 나오지 않았다.

<u>우리나라 인물 중에도 성 뒤에 '자' 자를 붙여 존숭하는 인물이 있다. 여러 명이 아니고 딱 한 명이다. 그가 누구일까?</u>

퇴계 이황이나 율곡 이이를 댈 분이 많을 것이다. 이 두 선현先賢은 현대 자본주의 사회의 전능자인 화폐에까지 실릴 정도로 우리나라 유학계를 대표하는 인물들이 아닌가. 그러나 그들도 성 뒤에 '자' 자를 붙여 존숭하는 인물은 아니다.

이황을 '이부자李夫子'라고 부른 중국의 사상가가 있기는 했다. 1926년 북경 상덕여자대학尚德女子大學에서는 증축 기금을 마련하기 위한 사업의 일환으로 이황의 「성학십도聖學十圖」를 목판으로 복각하여 병풍을 만들어 반포했는데 이 자리에서 청나라 말기 변법자강 운동을 주창한 개혁 사상가였던 양계초梁啓超가 "아득하셔라 이부자시여!"라고 이황을 극찬했다. 즉 이황을 공자나 맹자 같은 성인의 반열에 올려놓은 것이다. 하지만 이는 중국에서의 일이고 우리나라에서는 이황이나 이이를 '이자李子'나 '이부자李夫子'라고 높여 부르지는 않는다. 기껏해야 이름 대신에 퇴계나 율곡이라는 호를 부르는 것으로 높임을 대신할 뿐이다. 이황과 이이를 제외한다면 누구일까? 송도 기생 황진이와 나눈 연담으로 더 이름난 화담 서경덕일까? 그도 아니면 조선 후기 실학의 집대성자인 위대한 실학자 다산 정약용일까? 서경덕, 정약용도 아니다.

그럼 도대체 '-자'라고 높여 부르는 우리나라 유학자는 누구일까? 바로 우암 송시열이다. 오직 송시열만을 '송자宋子'라고 높여 부르며, 그의 글을 모은 문집을 「송자대전宋子大典」이라 일컫는다.

문제는 바로 여기에서 출발한다. 송시열을 송자라고 높여 부른다는 사실에 고개를 끄덕여 수긍하는 사람보다는 고개를 좌우로 흔들며 의아해하는 사람이 더 많을 것이다. 이는 다시 말해 송시열에 대한 극존칭이 민족적인 공감대를 얻지 못하고 있음을 의미한다. 그가 죽은 지 너무 오래되어서가 아니다. 그를 송자라고 높였던 당대부터 송자라는 그의 극존칭은 민족적인 공감대를 얻지 못했다.

송시열은 효종, 현종 두 조정의 스승으로, 「조선왕조실록」에 유일하게 그 이름이 3천 번 이상 등장하는 인물인 동시에 만 82세의 노구에 숙종

이 내린 사약을 받아 마시고 인생을 비참하게 마친 유학자이자 정치가이다. 그야말로 조선 시대를 통틀어 비견할 만한 상대를 찾기 어려운 풍운의 사나이가 바로 송시열인 것이다. 그럼에도 불구하고 송시열은 현대에 들어 이황이나 이이는 물론 서경덕이나 정약용보다 그 인지도가 훨씬 낮다. <u>그 이유가 무엇일까?</u> 우리가 민족의 위대한 조상을 너무 몰랐던 것일까?

조선 시대에도 일반 백성들은 그를 송자라고 부르지 않았다. 그를 송자라고 떠받든 것은 노론이라는 한 당파뿐이었다. 지역적으로는 노론의 본거지인 기호 지방에서만 그를 송자라고 떠받들었다.

그의 반대 당파인 남인들 사이에서 그의 이름은 '개 이름'에 지나지 않았다. 이는 나의 과장이 아니라 실제로 얼마 전까지만 해도 남인들의 본거지였던 영남 지방에서는 자기 집에서 기르는 개의 이름을 '시열'이라고 불렀다. 지금도 영남 지방의 어느 마을, 어느 집에서는 그 이유도 모르는 채로 예전에 그랬던 것처럼 자신의 개를 '시열'이라고 부르고 있을지도 모른다. 이는 우리나라의 유일한 성현인 송자가 적어도 영남 지방에서는 송자는커녕 사람 취급도 받지 못했음을 뜻한다.

– 이덕일, 「당쟁으로 보는 조선역사」

글의 중간중간에 궁금증을 유발하는 자문자답自問自答 형식의 문장으로 독자들의 흥미를 끌고 있는 글이다.

10. 경험을 바탕으로 써라

요즘 소비자들의 가장 중요한 특징은 그 어느 때보다 자기 자신에 집중하고 있다는 점이다. 온전한 나의 이야기를 듣고 싶은 그들은 '나중시대'를 살아가고 있다.[44] 이러한 '나중시대'의 독특한 경험은 글쓰기에 유용한 단서가 된다. 경험의 전달만큼 독자들에게 흥미를 주는 것도 드물다. 이주헌의 유럽 미술관 관람기와 한비야의 오지 체험, 손흥민 아버지 손정웅의 축구 이야기 등은 설명적인 글쓰기의 좋은 소재가 된다.

> <u>필자가 파나마에서 연구하던 시절의 일이다.</u> 남미 열대림에 광범위하게 분포하는 아스텍개미의 몇몇 종들은 큰 나뭇가지에 어른 키만큼이나 길게 매달린 집을 지어 산다. 그런데 이 개미들은 매우 사나워서, 사람이 그 나무 주변에 잠시만 머뭇거려도 어느새 수십 마리나 되는 일개미들이 달려들어 온몸을 물어뜯는다. 이렇게 일개미들이 신속하게 모여들 수 있는 것은 화학 경보라 할 수 있는 페로몬으로 의사를 전달하기 때문이다.
> – 최재천, 「개미와 말한다」

윗글은 보통 사람들이 가기 힘든 공간에서 경험을 바탕으로 적었기 때문에 흥미를 끌기에 충분하다.

설명적 글쓰기는 가장 널리 활용하는 글쓰기 전개 방식이다. 이 기술은 상대방을 이해하는 역량, 논리적이고 체계적인 사고 역량, 합리적 의사 소통 역량 등이 필요한 글쓰기 기술이다.

---

44. 김난도 외, 「나를 찾아가는 시간」, 『트렌드 코리아 2022』, 미래의 창, 2022, 77쪽.

제2강 논증문論證文과 전제前提

　논증論證이란 논리적인 증명을 함축슴蓄한 논증적인 글쓰기이다. 구체적으로 접근하면, 논論하되 이치理致 혹은 이론理論에 맞게 증명한다는 의미이다.[45] 글쓴이 자신이 대상 혹은 주제로 삼은 것에 대해 이치理致 혹은 이론理論에 맞게 증명한다는 의미이다. 논증의 방법은 "어떤 결론을 뒷받침하는 일련의 근거나 증거들을 제시하는 것을 의미"[46]한다. 논증은 어떤 대상에 대한 글쓴이의 견해 사이에서 더 나은 결론에 도달하려는 지적 사고를 드러내는 일이다. 그렇기 때문에 논증을 통해서 사고력 확장과 대상에 대한 탐구심과 관찰력이 필요하다. 이런 일련의 노력 가운데 필요한 것은 결론에 도달할 수 있는 근거의 타당성妥當性이다. 논증은 객관적 타당성이 있는 근거나 예시를 제시하여 글쓴이의 주장을 상대방이 수용할 수 있도록 전개하는 글쓰기 기술이다.

　논증은 명제에서 시작한다. 명제란 글쓴이의 주장신면. 판단. 지식. 의견 등

45.　논증에 대한 기본 개념을 정리하면 다음과 같다.
　　* 논: 자기의 의견을 서술하여 주장하는 글에 나타난다.
　　* 이치/이론: 사물의 정당한 조리(條理). 또는 도리에 맞는 취지. / 사물의 이치나 지식 따위를 해명하기 위하여 논리적으로 정연하게 일반화한 명제의 체계.
　　* 증명: 어떤 사항이나 판단 따위에 대하여 그것이 진실인지 아닌지 증거를 들어서 밝힘.
46.　앤서니 웨스턴 / 이보경 옮김, 「논증의 목적」, 앞의 책, 13쪽.

등을 간략하게 진술한 언어 표현을 말한다. 명제는 객관적 사실을 주장할 때는 사실 명제를, 어떤 결과에 도달하기 위해 내세우는 정책 명제 그리고 가치 판단이 필요할 때는 가치 명제를 활용한다.

고법高法에서 살인죄로 사형 선고를 받은 피고인被告人이 대법원에서 무죄로 판결이 났다. 그 이유는 '죽은 사람'이 없다는 것이다. 살해자와 살해 당시의 정황과 살인에 쓰인 증거물이 확보되었는데, 정작 죽은 사람을 찾을 수 없다는 것이다. 어쩌면 피해자는 아무도 알지 못하는 곳으로 잠적했을 수도 있기 때문이다. 그래서 법원에서는 가장 확실한 증거를 요구한 것이다. 또 얼마 전 성폭행범으로 36년 동안 복역한 목사에게 무죄가 선고되었다. 그 이유는 자신의 무죄를 주장할 수 있는 결정적인 근거를 찾았기 때문이다.

이 두 사건에서처럼 증거근거는 자신의 주장을 뒷받침하는 가장 강력한 무기인 것을 알 수 있다. 물론 이 증거는 객관성客觀性과 타당성妥當性이 확보되어야 한다.

논증에 대해서는 특히, '논증論證의 정교화精巧化'[47]를 필요로 한다. 그 정교화 과정에 필요한 것을 ① 주장을 확정하라, ② 주장을 담을 그릇을 마련하라, ③ 주장과 관계에서 논거를 선택하라, ④ 논거를 발전시켜라, ⑤ 예상 반론에 대해 선제 답변을 하라 등과 같이 제시하고 있다. 이는 논증에서 다루어지는 공통분모들이라 할 수 있다.

앤서니 웨스턴은 『논증의 기술』에서 일반적인 규칙 7가지를 제시하고 있다. 이 단원에서는 실생활에서 찾은 예를 들고, 여기에 몇 가지를 덧붙여 정리할 것이다.

---

47. 이광모 외, 「논증과 글쓰기」, 형설출판사, 2006, 161쪽.

1. 전제와 결론을 구별하라

논증적인 글쓰기는 사회 구성원인 우리의 일상생활에서도 필요한 글쓰기 방법이다. 일상에서 겪는 갈등을 논리적이고 합리적인 주장의 글을 통해 해결할 수 있기 때문이다.

옥동울산광역시 소재 법원 청사를 옮겨야 한다. 왜냐하면 교통량이 복잡하기 때문이다.

윗글은 하나의 정책 명제를 주장과 그에 따른 근거로 구성한 문장이다. 글쓰기 기술 가운데 글의 머리말에 주장을 앞세우라고 한 바가 있다.

2. 신뢰할 수 있는 전제에서 시작하라

행정 기관을 옮겨야 한다는 주장은 정책 명제이다. 특정 집단의 이익보다는 공익을 우선시해야 한다는 원칙이 있다. 그래서 주장을 관철할 수 있는 신뢰도 있는 전제가 필요한 것이다. 다음 글을 통해 논증적인 글쓰기에서 신뢰할 수 있는 전제에 대해 생각해 보자.

옥동울산광역시 소재 법원 청사를 옮겨야 한다. 왜냐하면 교통량이 복잡하기 때문이다. 아파트가 많아서 아침 출근 시간에 골목마다 나오는 차량이 많아 짜증이 날 때가 많았다. 학원가의 밀집도가 전국 순위에 있고, 또한 법원이 있기 때문에 일일 유동 인구가 많아 또한 복잡하다. 옥동 아파트에 30년 가까이 살았고 현대자동차에 근무하는 김철수 씨도 같은 이야기를 하고 있었다.

법원 직원은 교통량과 관계가 있을 수 있으나 이해 당사자이기 때문에 법원 직원의 인터뷰는 신뢰도가 떨어지는 의견이고, 학원 원장 입장은 이해 당사자이기 때문에 상주 인구가 많아서 오히려 이득을 취할 수 있는 입장이다. 그러나 현대자동차에 근무하는 학부모의 경우, 법원 청사와 인구 밀집도와는 상관관계가 있다. 그래서 윗글을 학부모가 썼다면 신뢰도가 높다고 할 수 있다. 주민들과 함께 물리적, 심리적 불편함까지 언급한다면 당국의 조치가 있을 것이다.

3. 근거의 한계를 받아들여라

법원 청사 이동에 따른 문제점은 반드시 있게 마련이다. 이에 대한 대안이 없다면 이를 최소화하는 방안을 제시하면서 자기주장의 한계를 수용할 필요가 있다.

주장: 옥동울산광역시 소재 법원 청사를 옮겨야 한다.
근거: ① 인구밀도가 높아서 생활이 불편하다.
　　　② 상주인구가 많다. 그리고 교통이 혼잡하다.
　　　③ 과밀 학급으로 교육 환경이 열악하다.

윗글의 경우 주장에 대한 근거가 하나씩 무너질 수 있다. 가령 첫째, 인구밀도가 높아서 생활이 불편하다는 근거는 객관적 자료 제시가 힘들기 때문에 타당성이 없다. 둘째, 법원 청사를 옮겨서는 안 된다. 왜냐하면 현재 건물이 공동화되고, 상권이 무너지기 때문이다. 공동화 현상과 상권에 대한 반박 논리를 세워야만 법원 청사를 옮겨야 한다는 주장을 펼 수 있다. 다음과 같은 논리를 세울 수 있다.

> 공동화 현상과 상권 때문에 법원 청사를 옮겨서는 안 된다는 것은 어불성설이다. 옮기려고 하는 법원 청사는 현재 위치에서 멀지 않다. 가까운 위치에 있기 때문에 사무실이 공동화되거나 식당 같은 상권이 사라진다고 볼 수 없다.

윗글에 대한 반박 논리를 세우지 못할 수도 있다. 그럴 경우 다른 근거를 제시해야 한다는 점에서 근거의 한계를 받아들여야 한다. 그러면 새롭게 타당성과 객관성을 유지할 수 있는 근거가 필요하다.

4. 논증의 조건을 생각하라

논증이란 이유가 제시된 주장[48]을 말한다. 이를 좀 더 부언하자면, 결론을 뒷받침할 수 있는 전제를 가지고 어떤 주장을 펴는 것[49]을 말한

---

48. 최훈, 「논증 이해하고 분석하기」, 『논리는 나의 힘』, 세종서적, 2003, 161쪽.
　　박종석, 「논술의 정의」, 『정상으로 통하는 논술』, 글누림, 2008, 14~18쪽.
49. 탁석산, 「논증이란 무엇인가」, 『오류를 알면 논리가 보인다』, 책세상, 2003, 22쪽.

다. 이를 이해하기 쉽도록 정리하면 다음과 같다.

전제premise (1)

전제premise (2) ⇒ 이유 제시/뒷받침 문장

전제premise (3)

……………………………

※ 결론conclusion, 주장

논증의 방식은 대개 연역적 방식과 귀납적 방식으로 나눈다. 이러한 형식만 갖추었다고 해서 자신의 주장이 설득력을 갖는 것은 아니다. 자신의 주장이 설득력을 가지려면 전제의 타당성[50]이 있어야 한다. 그래야만 논증이 올바르고 주장의 설득력을 가지게 된다.

최훈은 논증의 평가 기준을 ① 전제들이 받아들일 만한가? ② 전제들이 결론과 관련성이 있는가? ③ 전제들이 결론의 강한 증거가 되기에 충분한가를 제시했다.[51] 그리고 탁석산은 좋은 논증의 조건을 대며 T. Edward Damer의 「잘못된 추론 공격하기」의 논의를 가지고 ① 관련성 – 전제와 결론의 관련성 여부 ② 전제의 참 ③ 전제의 충분한 근거를 들었다. 즉 "전제와 결론이 관련성이 있어야 할 뿐 아니라 전제가 참이어야 하고 또 전제는 결론의 충분한 근거"가 되어야 좋은 논증이 되는 것이다.

---

50. 논리학에서는 전제의 참, 거짓을 따지지는 않는다. 참일 수도 있고 거짓일 수도 있으므로, 둘 다 가능하다고 생각한다. 다만 전제가 참일 경우 결론이 거짓이 될 리 없다고만 주장하는 것이다. 여기에 툴민(Toulmin)의 논증법(한상철, 「쟁점과 자료의 결합 방식으로서의 논증의 구조」, 「토론」, 커뮤니케이션북스, 2006, 78쪽)이 설득력을 얻고 있다. 논증의 방법이 달라지면 논술의 개념도 달리 정의할 수도 있을 것이다.

51. 최훈, 「좋은 논증을 가려내는 방법」, 앞의 책, 224~225쪽.

이러한 논증은 논술의 기초라 할 만큼 중요한 것이다.[52] 논증의 타당성valid argument과 부당성invalid argument은 자신의 주장에 대한 상대방을 설득하는 데 중요한 근간根幹이 된다.

(가)

한때 수그러들었던 영어공용화론이 최근 다시 머리를 들었다. 내가 보기에는 영어를 국가 차원에서 '제2국어'로 삼자는 말 자체가 논박할 가치도 없는 망상일 뿐이다. 그러나 최근 실시한 여론 조사 결과를 그대로 믿는다면, 대학생 상당수가 이 '영어공용화론'을 지지한다고 한다. 따라서 말할 가치도 없는 문제지만, 몇 가지 원칙론적인 이야기를 해야 할 것 같다.

(나)

현대의 자유 민주 사회에서는 언어도 이념, 종교, 대중문화 같은 정신적 사회 현상들과 마찬가지로 일종의 시장성을 가지지 않을 수 없다. 즉 언어는 그 원산지또는 사용 지역인 특정 국가가 국제 사회에서 차지하는 사회·경제적 위치에 따라 상품적 가치가 저절로 매겨진다. 한반도에 대한 영어권의 제반 영향이 많아짐에 따라 국내에서 영어 공부 열풍이 일어난 것과 같이, 앞으로 가령 중국어권의 비중이 부각된다면 어릴 때에 '천자문'부터 글을 배우는, 옛 풍습이 부활할는지도 모른다. 즉 이런 경향은 순수하게 시장 논리에 속하는 것이므로 국가가 영어나 중국어를 '공용화'할 하등의 필요성도 없다. 국가가 특정 종교에 특혜를 주는 것과 마찬가지로, 특정 외국어를 공식화하는 것은 자유 시장과 민주주의 원칙을 전면 부정하는 행정일 뿐이다.

---

52. 탁석산은 기초논리학 → 논리 구조의 이해 → 글쓰기(논술)로 진행되어야 한다고 한다.

(다)

영어공용화론자들은 영어 구사력이 바로 국력이라고 주장함으로써 국민의 애국심을 이용하려고 한다. 그러나 사실 언어란 영어 구사 수준과 관계없이 오히려 한 나라의 국력 향상과 정비례하여 세계적으로 유포되는 것이 원칙이다. 일본은 영어를 제2국어로 삼지 않았지만, 일본어는 이미 구미인들이 가장 선호하는 외국어 가운데 하나가 되었다.

아직 환상처럼 느껴질 테지만, 멀리 내다본다면 앞으로 한글의 세계화도 비현실적인 것만은 아니다. 그리고 일반인들의 영어 구사력이 나라의 대외 경쟁력에 과연 그만한 영향을 미치는지 의문스럽다. 대외 접촉을 업무로 하는 사람이면 어차피 영어나 다른 필요한 외국어를 잘 배울 것이고, 현장 근로자들까지 높으신 영어권 손님을 자주 대접하지는 않을 것이다. 영어의 공용화는 엄청난 예산 낭비일체 공문의 영역 등를 의미하는데 이 자금을 차라리 교육에 투자하여 사립대학 예산의 학생 등록금 의존율을 낮출 수 있다면 국력 신장과 나라의 미래에 좀 더 보탬이 될 것 같다.

(라)

영어공용화론자들은 보통 한국의 '선진화'와 '영어화'를 동일시하려고 한다. 서구의 비영어권 국가 주민들이 영어 구사력 분야에서 표준적으로 한국인들을 어느 정도 능가한다는 것은 부정할 수 없는 사실이다. 그러나 이 점에서 영어공용론자들은 원인과 결과를 혼동한다. 유럽인들의 영어 실력은 높은 경제적 수준과 여가 문화의 발전에 따른 심화된 외국어 교육의 산물이지, 경제적 발전의 원인이나 원동력은 전혀 아니었다. 서구의 복지국가에서처럼 여기에서도 교사가 국비로 현지 어학연수를 정기적으로 다녀올 수 있고 한 반의 학생 수가 15~20명에 불과하면, 영어의 공용화 없이도 졸업자의 외국어 실력은 당연히 지금보다 나을 것이다.

오히려 서구 국가들은 대부분 영어의 실제적인 확산을 고려하여 프랑스처럼 국가적인 차원에서 자국 언어와 문화를 보호하는 정책을 적극적으로 쓸 뿐이지 '영어공용화'를 꿈꾸지는 않는다. 오히려 내 경험과 유럽을 다녀온 사람들의 말을 들어보면, 그들은 자국어에 대한 자부심이 대단하여 영어를 할 줄 알면서도 대답은 자국어로 하는 경우마저 허다하다.

(마)

결론적으로 이야기해서 국민이 각자 경제적인 차원에서 결정해야 할 외국어 습득 문제까지 국가가 정책으로 결정한다면, 이는 '선진화'가 아니라 중세적인 부역 제도를 국민에게 강요하는 것에 지나지 않는다. 즉 사대주의적인 충성심으로 가득 찬 '조공국'이 '종주국' 언어 구사를 일체의 '신민'들에게 의무화하는 꼴이다. 종주국으로서야 기분 좋은 일일 수도 있겠지만, 부담을 하나 더 안게 된 '백성'들로서는 무거운 노역으로 보일 것이다.

                        – 박노자, 「영어공용화론의 망상」, 『당신들의 대한민국』

윗글은 러시아 출신의 귀화인 박노자[53]의 글이다. 외국인의 눈으로 본 한국의 영어 교육의 문제점을 지적한 글이다.

(나) 단락의 경우를 보면, 몇 개의 전제로 구성되어 있음을 알 수 있

---

53. 한국인으로 귀화하기 전까지 '블라디미르 티호노프'라는 이름을 갖고 있던 그는 러시아 상트페테르부르크에서 태어났다. 그곳에서 상트페테르부르크 국립대학교 동방학부 한국사학과를 졸업했으며, 이후 모스크바 국립대학교에서 「5세기 말부터 562년까지의 가야의 여러 초기 국가의 역사」라는 논문으로 아시아 및 아프리카 학부 박사 학위를 받았다. 모스크바 국립대학교, 러시아 국립 인문대학교 강사를 거쳤으며 경희대학교 러시아어과 전임 강사를 역임했다. 현재 노르웨이 오슬로 국립대학 한국학 부교수로 재직 중이며 활발한 연구 및 강의 활동과 함께 국내 매체 기고를 통해 한국에 대한 변함없는 애정을 과시하고 있다(박노자, 『당신들의 대한민국』, 〈저자 소개란〉, 한겨레신문사, 2001).

다. 전제와 결론을 가지고 ㈏ 단락을 분석하면 다음과 같다.

① 현대는 자유 민주 사회이다.
② 자유 민주 사회는 시장성이 지배한다.
③ 언어도 이념, 종교, 대중문화와 같은 정신적 사회 현상이다.
....

※ **결론**주장+전제
④ 사회 현상언어도 시장성의 지배를 받는다.
⑤ 특정 국가의 언어는 그 국가의 사회 경제적 위치에 따라 상품성처럼 가치가 매겨진다.
⑥ 현재 한반도에는 영어권의 영향이 커졌다.
⑦ 따라서 영어 공용화는 시장의 논리이다.
....

※ **결론**주장 국가가 영어를 '제2국어'로 삼자는 논리는 타당성이 없다.

윗글은 일곱 개의 전제에 하나의 주장으로 볼 수 있다. 전제의 수가 많고 적음보다는 주장과 얼마나 관련성이 있느냐가 중요하다. ①~④까지가 하나의 전제로 보아야 한다. 물론 ①~③까지 하나의 전제이고 ④는 결론에 해당한다. 그리고 ⑤, ⑥, ⑦도 각각 하나의 전제로 보고 결론을 이끌어 낼 수 있다. 관련성이 없는 전제는 당연히 글의 일관성 혹은 긴밀성에서 멀기 때문에 좋은 문장으로 볼 수 없다.

전체를 다섯 단락으로 나눌 때, 각 단락의 주제본론의 3개 단락의 경우 3개의 전제는 결론으로 모아지는데, 이때 본론은 세 개의 콘셉트로 구성되어 있다.

특히 논증은 논술과도 직접적인 관계가 있다. 왜냐하면 논술에서 주어진 문제에 대해 글쓴이의 견해주장를 근거로 제시해야 하기 때문이다. 근거의 뒷받침은 곧 논증의 핵심이다. 논증에서 반드시 짚고 갈 것이 바로 반박 논리이다. 반박 논리를 재반박할 수 있을 때, 견고한 논증의 글이 되는 것이다.

5. 예상되는 반박 논리를 생각하라

다음 글은 「영어공용화론의 망상」과 비교해 볼 수 있다. 반박의 근거로 타당성이 있는지 살펴보자.

네덜란드는 영어를 일상적으로 사용할 수 있는 상용 인구가 87%나 된다는 통계가 나와 있다. 네덜란드와 북유럽처럼 국가 전체의 영어상용화가 가능할 정도의 능력을 가진 나라는 세계에서 가장 세계화된 국가로 꼽힌다. 아시아에서도 세계 최고 수준의 국가경쟁력을 가진 나라는 영어 경쟁력을 갖춘 싱가포르와 홍콩이다.

우리나라 현실은 어떠한가. 우리나라도 그들과 마찬가지로 세계화 모범 국가가 되기를 원한다. 이명박 정부가 '성숙한 세계국가'를 국정 목표로 선정했고 집권 이래 이를 실현하기 위해 녹색 성장, 국가 경쟁력 강화, 국가 브랜드 제고, 자원 외교, 서비스 산업 선진화, 영어 공교육 강화, 글로벌 청년 리더 육성 등 국가적인 세계화 과제에 총력을 기울이고 있다. 그러나 수많은 세계화 사업을 동시에 추진하는 탓에 세계화 노력이 전체적으로 산만해 보인다. 사업 주체가 여러 위원회와 정부 부처로 분산된 점도 문제다. 자원외교, 녹색성장, 국가경쟁력, 국가 브랜드 등 일부 사업은 국무총리나 대통령자문위원회가 범정부 차원에서 추진하는 반면 행정부 전체의 지원이 필요한 서비스산업 선진화와 영어 능력 강화는 주무부터 중심으로 진행한다.

정부는 지금부터라도 주력사업을 선정하고 이를 핵심 동력으로 삼아 세계화를 유기적으로 추진하는 것이 바람직하다. 우선순위를 두어야 할 세계화 능력은 세계화 선진국가가 공통적으로 보유한 영어경쟁력이다. 영어경쟁력은 인적자원의 세계화 수준을 결정하는 가장 중요한 척도이다. 인력의 세계화가 중요한 이유는 선진국이 이미 제도와 정책 분야보다는 인적자원 분야에서 미래의 국가경쟁력을 찾았기 때문이다. 영어경쟁력은 또한 다른 분야의 세계화를 견인하는 전제조건이다. 영어 인력이 없는 글로벌 서비스산업을 상상할 수 있는가.

이명박 정부는 정권인수위 시절부터 획기적인 영어교육의 개혁을 들고 나왔다. 영어교육의 강화를 통해 국제경쟁력을 높이고 국가 브랜드 가치를 제고하겠다는 강한 의지는 새 정부의 긍정적인 자세라고 볼 수 있다. 그러나 영어공교육 강화만으로 영어 문제를 해결하겠다는 인식은 바로잡아야 한다. 공교육 강화만으로는 일반 시민과 공무원의 영어능력을 향상시킬 수 없으며 영어공교육 자체도 학교의 노력만으로는 성공하기 어렵다. 정부가 나서서 학생이 교실 밖에서도 영어를 습득할 수 있는 영어생활 환경을 만들어줘야 한다.

문제 해결의 시발점은 영어 문제를 교육정책이 아닌 국가경쟁력 정책으로 접근하는 방안이다. 국가경쟁력 시각에서 보면 현재 우리나라에 필요한 영어 정책은 특정 지역이나 영역에서 영어를 일상적으로 사용할 수 있는 환경을 조성하는 영어상용화 정책이다. 영어상용지역이 존재하면 우수한 외국인 인재와 기업의 유치가 가능하고 내국인도 해외 연수를 가지 않고도 국내에서 영어상용 교육을 받을 수 있다. 정부가 처음부터 국가 전체의 영어상용화 사업을 추진할 필요는 없다. 현재의 지방자치단체, 학교, 민간기업이 활발하게 추진하는 기관 단위의 영어상용화 사업을 지원하는 방안으로 시작할 수 있다. 특히 경제자유구역의 영어상용화 사업을 추진하는 지방정부는 중앙정부의 도움을 필요로 한다. 지방정부는 부동산개발 수익금으로 경제자유구역을 개발하므로 공익사업인 영어상용화 사업에 선제적인 투자를 할 여력이 없다. 영어상용화 역사가 짧아 영어상용화에 대한 전문지식과 전문가가 부족한 점도 지자체가 이 사업을 하는 데 어려움을 겪는 요인이다.

이명박 정부는 어려운 국내외 환경 속에서도 과감한 세계화 개혁을 추진하고 있다. 이명박 대통령이 집권하기 전의 10년은 우리나라가 글로벌 스탠더드에 상대적으로 소홀했던 내부지향적인 시대였으므로 새로운 시대를 열고자 하는 이명박 정부로선 국정 기조를 세계화로 전환하려는 정책은 너무나 당연한 일이다. 우리에게 세계화 이외의 대안이 있는 것도 아니다. 경제위기의 반작용으로 자유 무역 시스템이 무너진다면 무역 의존도가 높은 한국으로선 치명적 손실을 보는 것이 자명하다. 우리나라는 국익을 위해서라도 자유 무역을 스스로 실천해야 하고, 주요 20개국 G20 등 국제회의에서 자유 무역의 대변자가 되어야 한다.

그러나 세계화 전략은 다시 생각해 봐야 한다. <u>세계화의 핵심은 인적 자원의 세계화이며 이를 실현하기 위해서는 영어상용화가 불가피하다.</u> 아무리 좋은 제도를 만들어도 활용할 사람이 없으면 무슨 소용이 있겠는가.

– 모종린_{연세대} 교수, 「영어상용화를 세계화 능력으로」

윗글은 영어상용화로 국가경쟁력을 키워야 한다는 주장으로 앞의 논리를 반박하는 글로는 타당성과 객관성을 담보하고 있기에 반박의 글로 충분한 것으로 보인다.

6. 근거의 강도를 높여라

글쓰기에서 다른 영역도 당연한 이야기이지만, 특히 논증적인 글에서는 설득력을 요구한다. 논증적인 글쓰기에서 귀납법과 연역법의 논리는 가장 기초적인 활용 방법이다.

다음은 논증적인 글을 쓰는 데 참고할 만한 글이다.

> 귀납법으로 얻은 결론이 가진 확증의 정도를 '귀납적 강도'라고 부른다. 그리고 결론이 참일 개연성蓋然性 또는 가능성이 높을 때 '귀납적 강도가 높다'라고 한다. 물론 귀납의 강도가 높을수록 설득력 있는 논증이 된다.
>
> 따라서 귀납법을 사용하는 경우에는 언제나 귀납의 강도가 높게끔 해야 하는데, 귀납의 강도는 '조사된 사례가 많을수록', '반대 사례가 적을수록', '일반화할 수 있을수록' 높다. 여기서 일반화란 논증의 결론이 일반적으로 널리 인정되는 것을 말한다. 가령 결론이 자연 과학 법칙처럼 이미 인정된 일반적 법칙들에서 이끌어져 나올 수 있는 경우이다. 예를 들어 '사과는 위에서 아래로 떨어진다. 돌멩이도 위에서 아래로 떨어진다. 책도 위에서 아래로 떨어진다. …… 그러므로 모든 물체는 위에서 아래로 떨어진다'라는 귀납논증에서 결론인 '모든 물체는 위에서 아래로 떨어진다'는 뉴턴의 만유인력 법칙에서 연역될 수 있다. 따라서 조사된 사례의 수와 관계없이 귀납적 강도가 가장 높다.
>
> — 김용규, 「베이컨을 좋아하세요?」, 『설득의 논리학』

윗글에서 보듯이 주장을 강화할 수 있는 논증적인 글쓰기에서 일반화를 활용하는 것도 한 방법이다.

다음은 위에서 인용한 사례이다.

옥동울산광역시 소재 법원 청사를 옮겨야 한다. 왜냐하면 교통량이 복잡하기 때문이다. 아파트가 많아서 아침 출근 시간에 골목마다 나오는 차량이 많아 짜증이 날 때가 많았다. 학원가의 밀집도가 전국 순위에 있고, 또한 법원이 있기 때문에 일일 유동 인구가 많아 또한 복잡하다.

법원 청사 주변에서 생활했고, 옥동에서 출퇴근하는 직장인이기 때문에 자연스럽게 교통량을 몸소 체험할 수 있다. 그리고 자녀를 둔 학부모이기 때문에 근거의 강도를 높여 법원 청사 이전을 주장할 수 있다.

7. 구체적이고 간명하라

주장에 대해 명확하게, 그리고 간명해야 한다는 것은 누구나 아는 사실이다. 다음 글을 통해 구체적이며 간명한 표현을 고민해 보자.

국내에 다문화 가정이 급격히 늘고 있는 것은 당연한 세계의 흐름이고 이치이다. 그 이유는 세계가 점점 하나가 돼 가는 추세에서 국제결혼으로 인해 다문화 가정이 느는 것은 세계화에 촉매 역할을 한다.

윗글을 좀 더 명확하고, 간명하게 쓰면 다음과 같다.

국내에는 다문화 가정이 급격히 늘고 있는 것이 현실이다. 그 이유는 국제결혼으로 인해 다문화 가정이 늘고 있기 때문이다. 이는 한국의 세계화에 촉매 역할을 한다.

윗글에서 '~ 것은 당연한 세계의 흐름이고 이치이다'는 '~ 것이 현실이다'로 고치는 것이 간명하다. 이유 제시도 두 문장으로 나누어 구체적으로 진술하는 것이 좋다. 이유는 논증적인 글쓰기가 효과적일 수 있기 때문이다. 이때 주술 근접의 법칙을 활용하는 것이다.

8. 감정이 실린 말을 피하라

감정에 호소하는 주장은 무너질 확률이 높을 뿐 아니라, 또 다른 문제를 야기惹起하게 된다. 감정은 논증의 태도에서 금기시하는 항목이다. 다음은 '성적 쾌락로맨스에의 호소'라는 오류誤謬의 예이다.[54]

> 차의 생김새가 마음에 들지 않아 주춤거리는 고객에게 세일즈맨이 말한다.
> "이 스포츠카를 가지고 있으면 젊은 여성들과 데이트하기가 누워서 떡 먹기입니다. 젊은 여성이라면 모두들 이 차를 타보고 싶어 하기 때문입니다. 한 대 구입하셔서 젊은 한때를 즐기시지요."

윗글은 구매자에게 상품성보다는 심리적 영향을 근거로 스포츠카

---

54. 김광수, 「오류 분석」, 『논리와 비판적 사고』, 철학과 현실사, 2002, 402쪽.

의 구입을 촉구했다. 그래서 올바른 논증의 태도라 볼 수 없다. 구매자에게 상품의 성능과 필요성을 근거로 판매를 요청한 것이 아니라, '젊은 한때'를 즐겨야 한다고 감정에 호소했기 때문이다.

9. 일관된 용어를 사용하라[55]

(가)

"다른 문화들을 연구하다 보면 <u>인간의 관습이</u> 다양하다는 사실을 깨닫게 된다.

<u>사회적 관행이</u> 상이하다는 것을 이해하게 되면 자신의 고유한 관습에 대해 의문을 갖게 된다.

자신이 일하는 방식에 대해 의문을 갖게 되면 더 관대해지게 된다.

따라서 인류학의 지식을 확장시키면 다른 사람들과 그들의 관행을 비판 없이 더 잘 받아들일 수 있게 될 것이다."

(나)

"다른 문화들을 연구하다 보면 <u>인간의 관습이</u> 다양하다는 사실을 깨닫게 된다.

<u>인간의 관습이</u> 다양하다는 사실을 깨닫게 되면 자신의 고유한 관습에 대해 의문을 갖게 된다.

그리고 자신의 관습에 대해 의문을 갖게 되면 더 관대해지게 된다.

따라서 다른 문화를 연구하다 보면 더 관대해지게 된다."

---

55. 앤서니 웨스턴 / 이보경 옮김, 「간단한 논증의 일반적 규칙」, 앞의 책, 33~34쪽에서 옮겨옴.

위의 두 문장은 'p이면 q이다'의 형식이다. ㈎는 '동의어 사전'을 보는 듯한 인상이고, 각 요소들 사이의 명확한 연결을 잃어버렸다는 것을 볼 수 있다. 그러나 ㈏는 전제와 결론이 일치하는 '일종의 고리'를 형성한다는 것을 볼 수 있다.

10. 용어와 의미를 정확하게 사용하라

㈎

a - 사람들은 다 <u>이기적</u>이야!

b - 존도 그렇다고 생각해? 존이 자기 아이들에게 얼마나 헌신적인지 생각해 봐!

a - 그는 자기가 하고 싶은 것만 하는 거야. 그 역시 <u>이기적</u>인 거지!

㈏

a - 그는 눈이 <u>멀다</u>.

b - 그가 사는 곳이 <u>멀다</u>.

글을 써 갈 때, 한 용어를 가지고 다르게 해석되는 것은 논증에서는 피해야 한다. ㈎에서 보면, 이기적이라는 의미가 다르다. 욕심이 많다는 이기적인 것과 자기가 하고 싶은 것만 하는 의미의 이기적인 것과는 다름을 알 수 있다.[56]

---

56. 앤서니 웨스턴 / 이보경 옮김, 「간단한 논증의 일반적 규칙」, 앞의 책, 35~36쪽. 다음의 조건에 따라 그 용어에 대한 정의를 정식화해 내는 것이다. ① 그 용어가 확실하게 적용되는 모든 것을

㈎에서처럼 '멀다'는 개념도 쓰임에 따라 달라질 수 있다. 따라서 개념 정의를 명확하게 하면서 글을 전개해야만 오해의 소지가 없다.

특히 논증에서 '말'의 의미를 정확하게 이해할 수 있도록 써야 한다.

> ⑴ 저 사람은 말이 무겁다. - 언어 표현의 행위
> ⑵ 저 사람은 몇 나라 말을 잘 한다. - 객관적 구조로서의 언어
> ⑶ 나면서부터의 귀머거리는 말을 못한다. - 인간의 언어 기능
> ⑷ 저 어린이는 벌써 말을 많이 안다. - 어휘낱말
>
> — 이규호, 「말의 의미」, 『말의 힘』

논증은 글쓴이의 주장이기 때문에 논리적 근거 즉 사실 논거와 소견 논거는 타당하고 객관성이 높아야 한다.

자신의 주장이 과학적 실험 결과나 검증된 역사적 사실일 때는 타당성과 객관성을 유지할 수 있으나, 공자 혹은 퇴계, 율곡과 같은 성현의 말이나 사회적 통념의 이야기는 다소 주관적 소견 논거일 수 있기 때문에 반박의 여지가 많다. 그러나 주장과 근거의 관계에서 사실성과 진설성의 합리적 관계라면, 타당성과 객관성이 있다고 할 수 있다.

논증적인 글쓰기에서 주장에 따라 사실 논거와 소견 논거를 구별 혹은 상호보완해야 할 때를 글쓴이는 판단해야 한다. 다음 글에서는 소견 논거와 사실 논거를 상호보완해야 할 필요성을 보여준다.

포함하라. ② 그 용어가 확실하게 적용되지 않는 모든 것들을 제외하라. ③ 이 둘 사이에 가장 확실하게 구분될 수 있는 선을 그어라. 그리고 그 선을 다르게는 그을 수 없고 바로 그렇게 그어야 하는 이유를 설명하라(191쪽).

스탈린이 무신론자였음은 분명해 보인다. 그는 러시아 정교회 신학교를 다녔고, 그의 어머니는 자신의 의도와는 달리 그가 성직자가 되지 않자 실망을 금치 못했다고 한다. 앨런 블럭에 따르면 스탈린은 그런 사실을 아주 재미있어 했다고 한다.

- 리처드 도킨스/이한음 옮김,
「히틀러와 스탈린은 무신론자였을까?」,『만들어진 신』

"스탈린이 무신론자였음은 분명해 보인다."는 주장의 윗글은 소견 논거일 뿐 사실 논거로 보기에는 타당성과 객관성이 부족하다. 러시아 정교회 신학교에서 어떤 교육 과정과 그 영향 그리고 스탈린이 재미있어 했던 구체적인 일화, 사건 등과 같은 역사적 사실을 뒷받침하는 사실 논거가 필요하다.[57] 이 두 가지 논거를 상호보완해 뒷받침할 때, 스탈린이 무신론자임을 증명할 수 있다.

다만 논증적인 글에는 '어쨌든', '하여튼', '그럼에도 불구하고', '그래도'와 같은 부사어는 쓰지 않는 것이 좋다. 독자들에게 인정적인 호소나 감정적 호소로 비칠 수 있기 때문이다.

---

57. 이 책의 첫 장은 "누군가 망상에 시달리면 정신 이상이라고 한다. 다수가 망상에 시달리면 종교라고 한다."라고 적혀 있다. 저자의 주장이다. 그의 주장의 근거는 바로 이 책 한 권이다.

제3강 묘사문 描寫文과 생동감 生動感

묘사는 대상을 일반화하거나 유형화하는 것이 아니라, 그 대상만의 특징을 구체적으로 생동감있게 그림을 그리듯이 기술하는 글쓰기 방법이다. 대상을 일반화하거나 유형화하는 것보다 대상의 특징을 묘사해야만 개성적인 글쓰기가 되기 때문이다. 가령, '석류꽃이 이쁘게 피었다.'를 묘사문으로 기술하면, '석류꽃이 불덩이처럼 이글이글한 것이 그늘진 마당을 밝히고 있었다.'이태준, 「문장강화」고 표현할 수 있다. 이처럼 묘사는 그림을 그리다의 의미를 함축한 표현법이다.

특히 묘사는 정서와 관련성이 깊다. 어떤 대상의 모습이나 사건을 글쓴이가 느끼거나 본 것처럼 독자들도 글쓴이와 같은 정서를 느낄 수 있도록 써야 한다. 어떤 대상을 묘사할 때 전체 혹은 부분, 위에서 아래로의 공간 이동, 특정 대상에서 다른 대상으로 이동하면서 묘사하는 방법이 있다. 이뿐만 아니라 사건 역시 단순한 것에서 복잡한 것으로, 시간을 전후해 사건의 변화를 묘사할 수도 있다. 물론 대상뿐만 아니라 내면의 복잡한 심리 묘사도 있다.

묘사의 일반적인 특징을 설명하면 다음과 같다.

1. 대상의 특징을 파악하라

묘사문描寫文은 대상의 특징을 중심으로 글을 전개하거나 어떤 현상을 관찰할 때, 효과적인 글쓰기이다. 대상이나 현상을 묘사할 때 지배적이며, 인상적인 부분을 묘사해야 한다. 그래서 대상의 특징을 정확하게 파악하는 것이 중요하다. 대상의 모든 면을 묘사할 수는 없다. 그렇기 때문에 대상의 이미지를 떠올릴 수 있는 특징적인 부분을 묘사해야 한다. 물론 독자들이 쉽게 이해하도록 그림을 그리듯이 써야 한다.

묘사의 방법에는 대상을 사실 그대로 그리고자 하는 객관적 묘사와 대상에 대한 주관적 인상이나 느낌을 중심으로 표현하는 인상적 묘사가 있다.[58] 묘사문은 주로 대상의 객관적 묘사보다는 주관적이며, 인상적인 묘사가 널리 활용된다. 실험의 과정이나 관찰 내용 묘사보다는 주관적, 인상적 묘사를 통해 글쓴이의 의도를 드러낸다. 또한 묘사는 주관적이며 인상적인 묘사를 통해 글쓴이의 개성적인 표현력이 돋보이게 된다. 예를 들면, '저 장미는 붉다.'는 표현은 객관적 묘사이며, 관찰자의 개입이 없다. 이에 비해 '저 꽃은 내 마음의 위로를 준다.'는 표현은 주관적 묘사라고 할 수 있다.[59]

특히 묘사는 문학에서 중요한 기능을 한다. 한 편의 수필을 통해 이를 살펴보자.

서구의 도시에서 볼 수 있는 분수는 대개가 다 하늘을 향해 솟구치는

---

58. 권영민, 「제3장 글쓰기의 방법」, 『우리 문장 강의』, 신구문화사, 1997, 140쪽.
59. 김봉군, 「제1장 설명」, 앞의 책, 159쪽.

분수들이다. 화산이 불을 뿜듯이, 혹은 로켓이 치솟아 오르듯이, 땅에서 하늘로 뻗쳐 올라가는 힘이다. 분수는 대지의 중력을 거슬러 역류하는 물이다. 자연의 질서를 거역하고 부정하며 제 스스로의 힘으로 중력과 투쟁하는 운동이다. 물의 본성에 도전하는 물줄기이다. 높은 데서 낮은 데로 흐르는 천연의 성질, 그 물의 운명에 거역하여 그것은 하늘을 향해서 주먹질을 하듯이 솟구친다. 가장 물답지 않은 물, 가장 부자연스러운 물의 운동이다. 그들은 왜 분수를 좋아했는가? 어째서 비처럼 낙하하고 강물처럼 흘러내리는 그 물의 표정과 정반대의 분출하는 그 물줄기를 생각해 냈는가? 같은 힘이라도 폭포가 자연 그대로의 힘이라면 분수는 거역하는 힘, 인위적인 힘의 산물이다. 여기에 바로 운명에 대한, 인간에 대한, 자연에 대한 동양인과 서양인의 두 가지 다른 태도가 생겨난다.

그들이 말하는 창조의 힘이란 것도, 문명의 질서란 것도, 그리고 사회의 움직임이란 것도 실은 저 광장에서 내뿜고 있는 분수의 운동과도 같은 것이다. 중력을 거부하는 힘의 동력, 인위적인 그 동력이 끊어지면 분수의 운동은 곧 멈추고 만다. 끝없이 인위적인 힘, 모터와 같은 그 힘을 주었을 때만이 분수는 하늘을 향해 용솟음칠 수 있다. 이 긴장, 이 지속, 이것이 서양의 역사와 그 인간 생활을 지배해 온 힘이다.

— 이어령, 「폭포와 분수」

윗글에서 대상인 '분수'의 항상성恒常性을 개성적으로 묘사하고 있다. 여기에 '분수'를 '화산의 불', '로켓'에 비유함으로써 생동감 있게 표현했다. 묘사문은 단순히 대상의 특징만을 묘사하는 것이 아니라 글쓴이의 시각이 동시에 드러나게 된다. 대상의 외양만을 표현하는 것이 아니라 대상을 통한 글쓴이의 시각이 돋보이게 된다. 즉 자연의 법칙을 거역하는 서양적 사고를 비판적으로 묘사한 것이 글쓴이의 필력이라고 볼 수 있다. 대상에 대한 글의 힘이 돋보이게 된다. 대상을 어느 위치에서 관찰하고 분석하여 묘사하는가에 따라 글의 내용이 달라지기 때문에 관점의 위치가 중요하다. 즉 묘사의 대상인 '폭포'와 '분수'를 어느 위치에서 관찰했는지를 잘 보여 준 글이다.

윗글의 묘사에 대한 특징은 '대상을 새롭게 볼 수 있도록 표현', '생동감生動感 있도록 표현', '구체적이면서 비유를 활용'하고 있다. 그리고 묘사를 통해 대상의 일반적 특징 → 외양의 특징 → 내면적 가치필자의 주장를 보여주고 있다.

2. 생동감 있게 표현하라

수필, 에세이 같은 글에서 흔히 묘사문이 필요하다. 묘사란 대상에 대한 특정한 부분에 대한 글쓴이의 독특한 시각을 표현한 글이다. 그리고 대상에 대한 구체적인 표현이 전제되어야 한다. 즉 '대단한', '좋은', '훌륭한', '끔찍한', '무서운', '나쁜' 등의 표현보다는 '나른한', '통통한', '상쾌한', '붐비는' 등과 같은 표현[60]이 대상을 구체적이면서 선명하게 표현한다.

다음은 성덕대왕신종과 선도산을 묘사한 미술사학자의 글이다.

경주박물관에 있을 때는 우람한 성덕대왕신종聖德大王神鍾과 다소곳한 선도산仙桃山이 내 마음의 큰 부분을 차지하고 있었다. <u>신종의 탄력 있는 곡선, 힘찬 용틀임, 아름답고 은은한 소리가 내 몸과 마음의 일부가 되었</u>

---

60. 임영환 외, 「제1장 묘사」, 『작문의 이론과 실제』, 집문당, 1998, 185쪽.

<u>다.</u> 아침 일찍 반월성半月城의 새소리를 들으며 뫼와 같이 우뚝한 신종 앞에 서서 여러 상념에 묻히다가 문득 머리를 들면, <u>그 멀리 서편에 부드러운 능선의 선도산이 미소 짓는다.</u> 독립된 삼각형 모양의 우뚝한 산, 저녁에는 그 산 너머로 해가 지는데, 특히 여름의 일몰은 장관이었다. 여름 무더위가 절정에 오르고 있는 동안, 해는 선도산의 산정 모퉁이로 넘어가고 있기 때문이다. 그럴 때면 해도 이글거리고 구름도 뭉게뭉게 천태만상이어서 매일매일이 경이로움이었다. 산 너머로 해가 사라지면서 어둠이 피어오른다. 죽음 저 너머로는 지금 이곳에서 넘어간 해가 아직도 빛을 발하는 또 다른 세계로 계속될 것이다. 그래서 그 선도산의 정상에 아미타대불阿彌陀大佛이 서 있는지 모른다.

– 강우방, 『미美의 순례』

'신종'의 '탄력 있는 곡선'과 '부드러운 능선'의 '선도산'을 선명하고, 구체적으로 묘사한 글이다. 묘사문이라고 하지만 대상의 묘사를 통해 글쓴이의 시각을 이 글에서도 엿볼 수 있다. 윗글에서도 선종의 묘사를 통해 글쓴이는 '내 몸과 마음의 일부가 되었다.'고 할 만큼 선종과 자아의 일체화一切化 라는 시각이 드러난다. 또한 선도산의 묘사를 통해 '경이로움'과 '또 다른 세계'를 품고 있다고 글쓴이의 세계관을 기술하고 있다. 또 다른 세계란 글의 맥락脈絡 에서 독자들이 추론할 영역이기도 하다.

묘사문은 단순히 대상의 묘사에만 그치는 것이 아니라, 묘사 대상을 통해 여전히 글쓴이의 시각이 내재해 있다는 사실이다. 다만 윗글에서는 묘사 대상을 답사하지 못한 독자들에게까지 느낌이 와닿도록 표현했다는 점이 중요하다. 묘사는 독자와의 일체화된 감각과 감흥을 줄 수 있도록 기술해야 한다.

3. 비유법을 적절하게 활용하라

다음 글은 박제가의 「묘향산소기妙香山小記」에 대해 언급한 내용이다.

> 납작한 돌을 골라 물결을 향해 몸을 뉘어 던졌다. 물껍질을 벗기며 세 번도 뛰고 네 번도 뛴다. 느린 것은 <u>두꺼비가 물에 잠기는 것 같고, 가벼운 것은 마치 물찬 제비 같다.</u> 어쩌다가 대나무 모양을 만들면서 마디마디 재빠르게 뒤쫓기도 한다. 혹 동전을 쌓으며 쫓아가기도 하는데, 뾰족한 흔적은 뿔 같고, 층층의 무늬는 탑인 듯도 싶다. 이것은 아이들의 장난인데, 물수제비 뜨기라고 한다.
>
> 고목이 절벽에 기댄 채 말랐는데, 우뚝함은 귀신의 몸뚱이 같고, 서리어 움츠림은 잿빛 같았다. 껍질을 벗은 것은 마치 늙은 뱀이 벗어놓은 허물 같았고, 대머리가 된 것은 병든 올빼미가 걸터앉아 고개를 돌아보는 듯하였다.
>
> – 정민, 『미쳐야 미친다』

윗글에 대해 정민은 "첫 번째 것은 물수제비 뜨기라는 놀이의 묘사다. 납작한 돌을 수면 위로 비껴 던지자 대나무 무늬를 그리면서 달아난다는 표현이 압권이다. 또 절벽에 기댄 채로 말라버린 고목의 묘사도 탁월하다."고 설명하고 있다.

묘사문에서 비유법을 활용하는 것도 대상의 생동감을 느낄 수 있기 때문에 적절하게 활용할 필요가 있다.

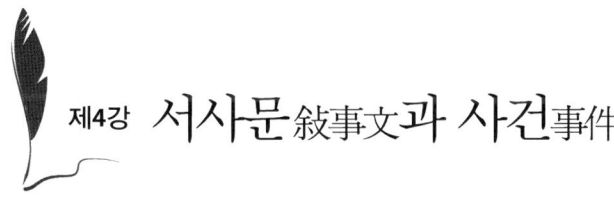

제4강 서사문敍事文과 사건事件

서사문敍事文은 순서대로 사건을 적는 글이라는 뜻이지만, 여기에는 사건의 의미meaning와 행동acting, 시간time 등이 동시에 표현되어야 한다. 여기서 사건을 순서대로 적는다는 것은 '시간'의 중요성을 염두에 둔 것이다. 그리고 시간의 행동을 통해서 사건을 표현하는 것이 중요하다. 특히 소설에서 그 예를 볼 수 있다. 그런데 실제 소설에서 시간 순서대로 서사문을 쓰지는 않는다.

서사는 소설에서 인물과 사건이 있는 이야기로 제시하며, 시간은 통상적으로 행동의 과정이 완결되는 동안까지를 의미한다. 행동은 마치 대상의 활동 사진과 같다. 즉 서사는 대상의 움직임이나 행동이 드러나 있어야 하며, 사건의 진행 과정을 보여주어야 한다. 자연적인 시간의 흐름을 따르는 고전소설과 달리 현대소설은 시간의 변화를 통해 창작 의도를 반영해 서사의 특징을 드러낸다. 의미는 시간의 진행 과정에서 의미 있는 사건이 진행된다. 여기에는 시간에 따른 사건의 변화를 내포하며, 사건의 변화에 따른 의미를 서사에서 중요하게 다룬다. 여기서 이야기story는 경험담, 일화 등과 같은 글의 종류이며, 서사는 시간과 행동과 의미를 다룬 글쓰기 기술이다.

서사敍事, narration 대신에 서술이라는 용어를 사용하기도 한다. "서술이란 시간에 따라 움직이는 과정을 의미 있는 일련의 사건으로 이야기하는 것"[61]이다. 소설에서 표현의 큰 줄기가 묘사와 서사라는 점에서 소설과 관련성이 깊다.

효과적인 서사적 글쓰기 방법을 정리하면 다음과 같다.[62]

① 효과적인 서사란 사건이 모두 의미를 지니고 있어야 한다.
② 효과적인 서사는 의미 없는 사건을 취급하지 않는다는 점이다.
③ 훌륭한 서사는 논리적으로 시간적 연계를 따른다는 점이다.
④ 재미있는 서사는 질질 끌지 말아야 한다는 점이다.
⑤ 훌륭한 서사는 통상 하나의 강조할 내용을 가지고 있어야 한다는 점이다.

위의 인용도 의미①. ②와 시간③. ④, 행위내용. ⑤의 중요성을 언급한 것이다. ④번 항목은 통일된 하나의 사건 혹은 연속적인 사건이라 하더라도 유기적 연관성이 있어야 함을 강조한 것이다.

1. 사건을 중심에 놓아라

다음 글을 보자.

계산초당桂山草堂을 지으셨다.

---

61. 권영민, 「서술적인 글쓰기」, 『우리 문장 강의』, 신구문화사, 1997, 149쪽.
62. 임영환 외, 앞의 책, 196~197쪽.

아버지는 안의현감에서 물러나 한가로이 지내면서부터 더욱더 전원으로 돌아가 책을 저술하고자 하는 생각을 가지시게 되었다. 그래서 늘 지계공에게 이런 말씀을 하셨다.

"우리는 이제 늙어 백발이 성성하니 다시 세상일을 도모할 수 있겠나? 장차 한적한 터를 하나 잡아 자네와 함께 소요逍遙한다면 여생의 지극한 즐거움이 될 것 같네."

마침내 계산동서울 종로구 계동의 과수원 하나를 사서 터를 닦아 조그만 집을 흙벽돌로 지었다. 흙벽돌로 도자기를 굽는 가마에서 굽지 않고 그냥 햇볕에 말려 단단하게 만든 것이었다. 이는 중국의 흙집 짓는 법을 본뜬 것이다. 서쪽에는 작은 다락집을 만들어 창문을 내고 '총계서숙叢桂書塾: 총계 글방 혹은 서재'이라 이름하셨으니, 지금 내가 거처하는 곳이 바로 여기다.

당시 지계공의 집이 몹시 좁아 이곳으로 옮겨와 거처하셨다. 아버지께선 늘 산보 차림으로 아침저녁 들르셔서 하루 이틀 묵으며 담소하셨는데, 몹시 즐거워 보이셨다. 두 분께서 연구하고 토론하신 바는 대개 나라를 다스리고 백성을 구제하는 방도와 이용후생利用厚生에 관한 것들이었다. 아버지는 매양 이렇게 말씀하셨다.

"이렇게 한가할 때 책을 쓴다면 후세에 전할 만한 책을 쓸 수 있겠다."

그러나 얼마 안 있어 아버지는 면천沔川: 충남 당진군 면천면 군수로 부임하셨으며, 지계공 또한 일이 있어 다른 곳으로 거처를 옮기셨다. 그리하여 이집은 몇 년 동안 다른 사람에게 맡겨졌다. 그 후 내가 이 집에 와 살고 있다.

- 박종채 · 박희병 옮김, 『나의 아버지, 박지원』

윗글은 박지원朴趾源. 1737~1805이라는 역사적인 인물과 계산 초당을 지었다는 사건를 제시한 서사적인 글이다.[63] 사실적인 전기나 자서전

---

63. 서사에는 인물의 행동과 의미가 결합되어 있다. 누구나 쉬운 글을 쓰지만. 서사가 결합된 인물이

의 경우에도 서사는 중요한 글쓰기의 방법이다.

2. 시간과 의미를 연결하라

다음은 프랑스의 신고전주의자인 자크루이 다비드 Jacques-Louis David, 1748~1825가 프랑스 대혁명 사건에 가담한 그의 생각과 행동이 시간의 흐름에 따라 그림에 어떤 영향을 끼쳤는지 그 의미를 보여준 글이다.

> <u>1804년 12월 2일에 있었던 이 대관식 행사의 주재자는 교황 피우스 7</u>
> <u>세였다.</u> 한때 가톨릭 교회와 사이가 좋지 않았던 나폴레옹이 교황청과
> 화해하면서 대관식 주재 제의를 했을 때, 피우스 7세는 온 유럽이 지켜보
> 는 가운데 나폴레옹을 자신의 발아래 무릎을 꿇림으로써 교회의 권위를
> 드높일 수 있으리라 생각했다. 그래서 당연히 제의를 수락했다.
>
> 그러나 막상 교황이 샤를마뉴의 왕관을 씌우려 하자 나폴레옹은 그
> 관을 두 손으로 받아들고 관중들에게 돌아서서 왕관의 영광을 드러내고
> 는 그 관을 자신의 머리에 얹었다. <u>교황의 체면이 무참하게 구겨지는 순</u>
> <u>간이었다. 천상천하 유아독존의 막강한 권세를 과시하는 순간이 아닐 수</u>
> <u>없었다.</u>
>
> <u>다비드는 애초 이 장면을 그대로 표현하려 했으나, 구성상으로도 또</u>
> <u>기록적인 측면에서는 그다지 바람직하지 않다고 판단했다.</u> 그래서 샤를

쓴 글은 물질적, 정신적 가치를 지닌다. 노론(老論)과 소론(小論)의 정치적 대립이 극단으로 치달 았던 조선 시대에 비극적인 죽음을 맞았던 사도 세자(思悼世子)가 4살 때 쓴 글 다섯 자(下, 春, 王, 右, 흠?)는 500만 원의 화폐 가치로, 일본군에게 시해된 명성황후(明成皇后)가 쓴 글 네 글자 (一片丹忠)는 1억 원으로 책정하는 방송이 보도되었다. 한용운, 안중근, 김구 역시 마찬가지다.

마뉴의 왕관을 받아 쓴 황제를 설득하는 일이었는데, 자신이 황제와 더불어 그림의 실질적인 주인공으로 표현된다는 사실을 안 조제핀이 적극 나서서 나폴레옹의 허락을 얻어냈다. 허영심 많은 조제핀으로서는 이 중요한 역사적 기록의 정점에 서는 일을 포기할 수 없었다.

　　　　　　　　　　　　　　　　　– 이주헌, 「대관식에서 스스로 관을 쓴 나폴레옹」,
　　　　　　　　　　　　　　　　　　　　　　　『50일간의 유럽 미술관의 체험』

　서사문의 사건은 단순한 일련의 사건이 아니라, 의미의 연계성이 있는 일련의 사건인 것이다. 즉 의미의 통일체로서의 완결성을 갖춘 일련의 사건이다.[64] 사건의 시간에 따른 행위의 의미가 함께 내포되어 있음을 알 수 있다. 사건의 시간을 중심으로 자크루이 다비드가 한 행동과 의미를 볼 수 있는 서사문이다.

　앞에서 인용한 글을 다시 읽으면, 박지원이 계산초당을 지은 사건과 이 초당에 머문 계기가 글의 중심에 있음을 알 수 있다. 아버지 박지원이 계산초당에서 토론 장소空間로 활용하면서 '나를 다스리고 백성을 구제하는 방도'와 이용후생利用厚生을 생각하는 실학자 박지원의 삶을 기록하였으며, 또한 의미를 찾을 수 있다. 즉 시간에 따른 행위의 의미가 함께 내포되어 있다. 다만 글은 어떤 사건의 진행 과정을 시간적 변화에 따라 구체적으로 이야기하지만, 글이 담고 있는 의미가 있어야 한다. 그렇기 때문에 글쓴이는 서사문을 쓸 경우에는 의미 있는 사건과 상황을 함께 진술하면 의미가 증폭된다. 그리고 서사적인 글을 쓸 때, 생동감 있는 묘사를 활용하는 것도 한 방법이다.

---

64. 김봉군, 「제4장 서사」, 『문장기술론』, 삼영사, 2005(제6판), 274쪽.

서사문은 소설 창작 기법과도 관련이 깊다. 특히 시간, 행동, 의미의 3요소는 소설뿐만 아니라 특히 신문기사, 기행문, 일기도 서사문의 형식을 취하고 있으며, 과거를 회상하는 수기나 회고록, 자서전 등도 관련성이 있다.[65]

3. 사건의 꼬리를 만들어라

서사는 주로 중요 사건과 그 사건의 진행 과정을 실감나게 표현하고자 할 때, 활용하는 글쓰기 기술이다. 한 편의 글에서 사건의 진행 과정을 완결하는 것도 필요하지만 독자들에게 강한 인상과 여운을 주기 위해서 사건을 완결하지 않는 것도 한 방법이다.[66]

> 김환기金煥基, 1913~1974는 섬 출신, 파랑의 세계에서 자신의 세계관을 구축한 경우의 작가이다. 그는 파리를 거쳐 1963년 뉴욕에 도착했다. 거기서 그는 종신수처럼 작업에 몰두했다. 여태껏 좋아하던 소재들, 산, 달, 구름, 매화, 소나무, 여인, 사슴, 새, 이들은 서정시의 소재와 다름 아니었다. 바둑판 같은 도시 맨해튼에서 김한기는 새로운 세계를 만났다. 1970년의 서울, 당시 미술계는 경악, 그 자체였다. 관전官展인 국전의 전회 시대에 민전民展의 가능성을 안고 출발한 한국미술대상전, 그 첫 번째 대상 작품을 공개했기 때문이다.

---

65. 이익섭, 앞의 책, 1995, 160쪽.
66. 서사는 소설에서의 결말과 함께 독자들에게 강한 인상을 남기는 중요한 요소이다. 가령 박지원의 「허생전」과 황석영의 「삼포 가는 길」의 마지막 문장을 생각해 보라.

대상 작가는 심사위원장을 해도 부족함이 없을 인기 작가 김환기였다. 대학교수에 미술 단체 대표까지 역임했고, 뉴욕에서 체류 중인 화가가 공모전에 무명작가와 함께 응모했다니. 놀라운 일이지 않을 수 없었다. 하지만 더욱 놀라게 한 것은 바로 작품의 내용이었다. <u>〈어디서 무엇이 되어 다시 만나랴〉라는 제목의 이 작품은 화면을 온통 파란색으로 무수한 점을 찍은 파격, 바로 파격의 작품이었다.</u> 김환기의 〈어디서 무엇이 되어 다시 만나랴〉는 바로 김광섭 시인의 「저녁에」라는 시에서 비롯되었다. 문제의 시는 이렇다.

　　저렇게 많은 중에서
　　별 하나가 나를 내려다본다
　　이렇게 많은 사람 중에서
　　그 별 하나를 쳐다본다

　　밤이 깊을수록
　　별은 밝음 속으로 사라지고
　　나는 어둠 속에 사라진다

　　이렇게 정다운
　　너 하나 나 하나는
　　어디서 무엇이 되어
　　다시 만나랴

　　「저녁에」의 발견은 놀라운 사건과 같다. 이렇게 아름다운 서정시를 화면으로 옮겨 대작을 만들 수 있다니! 이는 일찍부터 시화일률의 정신을 실천하고 있었던 김환기의 성품이었기 때문에 가능했을 것이다. 〈어디서 무엇이 되어 다시 만나랴〉는 무엇보다 기조색이 청색이라는 단일구조에 의해 성립되었다는 측면을 고려하게 한다.

그 파랑은 하늘일 수도 있고 바다일 수도 있고, 아니 작가의 푸르른 심상일 수도 있다. 분명한 것은 작가가 밤하늘의 별을 생각하며 숱한 점을 찍어 나갔다는 사실이다. 그 별은 언젠가 다시 만날 존재, 현재 서로 쳐다보며 쌍립해 있는 우주 속의 절대 자아自我이리라. 밤하늘 아래서 별을 바라보는 인간은 어느덧 별이 되어 천상과 지상을 오고 간다. 나는 별이 되고 별은 내가 되는 주객일여主客一如의 경지가 새롭게 펼쳐지는 것이다. 김환기의 작품 세계 바탕에는 시 정신이 스며 있다. <u>김광섭의 시 작품이 회화 작품으로 변주된 것은 문인 정신을 생활화한 작가의 자연스러운 현상이기도 했다.</u>

- 윤범모, 「김환기, 시 정신의 조형적 변주」, 『시인과 화가』

윗글은 김환기의 작품 특징과 공모가 핵심적인 사건이라면, 이와 관련된 창작 과정 및 작품의 색깔은 세부 사건으로 연결되어 있다. 이 둘의 연결성이 독자들의 흥미를 끈다. 서사적인 글쓰기에서는 글의 흥미 위해서는 새로운 사건을 연속적으로 이어가야 한다. 김광섭 시의 창작 배경이나 작품 주제 그리고 작가에 대해서 뿐만 아니라 시의 어떤 부분에서 김환기가 영감을 받았는지 등에 대해 독자들이 궁금할 것이다. 이 시는 1980년대 뚜엣 가수 유심초의 〈어디서 무엇이 되어 다시 만나랴〉라는 노래로, 너무나 사랑해서 죽어서도 다시 만날 수 있을까라는 지고지순한 애정을 담아 당시 대중들의 인기를 휩쓸었다.

글을 전개하는 방법인 설명, 논증, 묘사, 서사적 글쓰기는 글쓴이의 의도를 반영하되, 씨줄과 날줄처럼 필요에 따라 다양하게 선택해 활용하게 된다. 가령 글을 쓸 때, 주된 의도가 설명이라면 부수적으로 논증,

서사, 묘사 등도 활용할 필요가 있다.

다음은 국립경주박물관의 〈신라역사관〉을 설명하는 글이다.

신라역사관은 모두 4개의 전시실로 구성되어 신라의 탄생과 번영, 삼국통일 그리고 멸망에 이르는 천 년의 역사와 문화를 담고 있습니다.

이 곳, 제1실은 아득히 오래된 구석기시대부터 6초기 초 신라가 고대 국가 체제를 완성하기 바로 직전까지의 기간을 다룹니다. 자료나 기록이 전혀 없던 시절인 선사 시대에 돌도끼를 쓰던 경주 일대의 사람들이 어떻게 집단을 이루고 사회, 정치적으로 성장해 신라의 모태인 사로국을 세우는지 살필 수 있습니다. 또한 신라가 기원전 57년 건국한 이래로 크고 작은 전쟁과 외교를 통하여 이웃의 작은 나라들을 아우르면서 나라를 안정시키고 기틀을 다져 나간 과정도 확인할 수 있습니다.

윗글에서는 돌도끼에 대한 고증적인 연구는 논증적인 글쓰기로, 각 양각색의 돌도끼는 묘사적인 글쓰기로, 신라의 성장 과정과 외교 및 전쟁사는 서사적인 글쓰기로 윗글에 이어서 한 단락을 구성할 수 있다. 물론 단락별로 각각의 글쓰기를 활용해 소개하는 방안도 있다.

다음은 여왕벌의 일생을 설명하는 글이다.

여왕벌은 평생 동안 단 한 번만 난다. 여왕벌은 성충이 직후 결혼 비행을 실시한다. 여왕벌은 이 비행에서 수컷과 짝짓기를 하고 정자를 얻어 생식기에 평생 동안 저장한다. 여왕벌은 벌집에서 일벌의 보살핌을 받으며 안락하게 생활하며, 매일 놀랄 만한 수의 알을 낳고도 힘든 기색을 보이지 않는다. 초파리와는 달리 여왕벌의 장기에는 분열하는 세포가 있는데, 이것은 아마도 계속된 음식 섭취로 인해 마모되는 장기를 고치기 위한 것이다. 왜 여왕벌이 궁극적으로 죽는지는 아직 밝혀지지 않았다. 어떤 흰개미 종에서는 여왕개미가 생각 능력을 잃어 더 이상 필요 없어지면, 일개미들이 여왕개미를 죽이는 일이 벌어지기도 한다.

- 로버트 리클레프스 외, 서유현 옮김,

「자연계에서 나타나는 노화」,『노화와 과학』

윗글은 '여왕벌은 평생 동안 단 한 번만 난다.'는 사실 외에 여왕벌의 생태계는 관찰과 실험의 기록으로 된 논증적인 글쓰기로, 여왕벌의 날개짓과 일벌의 움직임 등은 묘사적인 글쓰기로, 여왕벌의 일생은 서사적인 글쓰기로 전개할 수 있다. 물론 단락별로 각각의 글쓰기를 활용하는 방안도 있다. 이처럼 글쓰기는 필요에 따라 적절하게 활용할 수 있다.

이제 고쳐쓰기를 제외하고 글쓰기 기술이 어떻게 단계적으로 적용되었는지를 보자. 다음은 '도가道家를 대표하는 두 사상가 노자와 장자는 어떤 차이가 있는가'에 대한 답을 정리한 것이다.[67]

첫째, 장자는 공자의 유가 사상의 영향을 많이 받고 있다.『장자』〈천하〉편을 보아도,

> 시詩는 뜻志을 서술한 것이고, 서書는 일事을 서술한 것이며, 예禮는 행실行을 서술한 것이고 악樂은 조화和를 서술한 것이며, 역易은 음양을 서술한 것이고,『춘추』는 명분名分을 서술한 것이다.

---

67. 노장 사상에 관심있는 독자라면 이강수 교수의 『노자와 장자』를 권한다.

라고 하면서, 유가의 육경六經을 긍정적인 방향에서 설명하고 있다. 이것은 장자가 육경에 통달해 있었음을 암시하는 것이기도 하다. 또 〈인간세〉편에 인용된 공자의 말은 도가 사상을 밝히면서도 유가의 실천윤리에 별로 어긋나지 않는 점도 있다. 예를 들면,

> 천하에는 큰 법칙이 두 가지가 있다. 그 하나는 명明이며 다른 하나는 의義이다. 자식이 어버이를 사랑하는 것은 명明이니, 그것은 마음으로부터 풀어놓을 수가 없는 것이다. 신하가 임금을 섬기는 것은 의義이다. 어디를 가나 임금을 부정할 수 없고 하늘과 땅 사이에는 그로부터 도망할 곳이란 없기 때문이다. 이것을 큰 법칙이라 하는 것이다.
> — 김학주, 「노자와 장자」, 『노자와 도가 사상』

라는 등의 내용이 그것이다. 이 밖에도 곳곳에서 공자의 언행을 빌려 공자의 유가儒家를 공격하고 있기도 하지만 장자가 유학儒學을 공부했었다는 사실도 곳곳에서 암시해 주고 있다.

둘째, 노자는 우주의 본체를 〈일一〉이라 한 데 비하여 장자는 그것을 〈태일太一〉이라 하였다. …중략…

셋째, 노자는 '도라는 물건 됨은 황홀하기만 한 것이다.'라고 표현한 데 대하여, 장자는 '도란 아무런 조짐도 없는 것'〈제물론齊物論〉이라면서 〈무無〉의 개념을 더욱 강조하였다. …중략…

넷째, 따라서 장자는 노자보다도 더욱 철저하게 사생死生을 초월하여, 무아無我의 경지를 추구하였다. …중략… 노자는 어느 정도 국가나 사회를 의식하며 사회 생활을 긍정하는 데 비하여 장자는 이 모든 것을 초월하려 하였다. 노자는 도를 바탕으로 한 도술道術로써 온세상을 현묘玄妙하게 다스리고, 사회의 모든 문제를 해결하려 한 데 비하여 장자는 그런 모든 것을 초월하였던 것이다.

공자의 사상을 장자가 영향을 받았다는 점과 함께 장자 스스로 노자와는 전혀 다른 유파라고 구분 짓고 있다는 사실을 윗글을 통해 알게 된다.

윗글에서 활용한 글쓰기 기술을 구체적으로 확인해 보자, 즉 앞에서 언급한 창의적 사고, 글 전개 방식, 의도 및 활용 기술 등 글쓰기 기술에 어떻게 적용되는지를 단계적으로 정리하면 다음과 같다.

창의적 사고의 기술	1. 문제의 본질을 생각하라 2. 주장의 논리를 생각하라 3. 관념을 벗어나서 생각하라
글 전개 방식의 기술	설명문으로 전개하는 방식
글쓰기 의도의 기술	주된 의도의 기술 : 2. 비교 · 대조의 기술 뒷받침 의도의 기술 : 1. 요약의 기술 7. 전달의 기술 8. 정리의 기술 9. 설득의 기술 10. 설명의 기술
글쓰기 활용의 기술	2. 머리말 주장 법칙 6. 시각 법칙 7. 지식 법칙 8. 근거 법칙

제3부

고쳐쓰기의 기술

일반적으로 목적에 의한 글쓰기는 상당한 스트레스이다. 물론 전문적인 직업으로서의 글쓰기도 고통스럽기는 마찬가지일 것이다. 그래서 글을 쓸 일이 생기면, 일단 쓰고 나서 나중에 고쳐 쓰는 방법을 선택하는 것이 글쓰기의 부담으로부터 벗어나는 한 방법이기도 하다. 이 방법으로 글을 쓰면 좋다는 점을 린다 플라워는 『글쓰기의 문제 해결 전략』에서 몇 가지를 조언하고 있다.[68] 첫째, 무엇보다도 지금 쓴 글이 초고에 불과하다는 생각을 하게 됨으로써 글쓰기의 불안감을 줄일 수 있다. 둘째, 쓰고 고치는 두 가지 단계로 이루어지는 과정은 시간을 절약해 준다는 점에서 매우 합리적이다. 왜냐하면 자신이 일단 쓴 글을 고쳐 쓰고 편집하는 단계에서 좋은 글이 완결될 수 있기 때문이다. 즉 자신이 쓴 글 가운데 불필요한 부분과 꼭 필요한 부분으로 판단해 고쳐 쓸 수 있다. 그래서 고쳐쓰기는 글 쓰는 과정에서 반드시 필요하다.[69]

---

68. 린다 플라워 / 원진숙 외 옮김. 「자신의 글쓰기 과정 이해하기」. 『글쓰기의 문제 해결 전략』. 동문선, 104~105쪽.
69. 필자는 『작가 연구 방법론』의 경우, 소논문을 보완하고 더 확대해서 한 권의 『작가 연구 방법론』 (2002)으로 출판해 학술 도서로서 인정을 받았다. 문제는 사고의 독창성과 함께 사고의 확장을 글로 얼마만큼 옮기느냐가 관건(關鍵)이다. 글 쓸 당시에 깨닫지 못한 사고의 한계를 벗어나면서

이 책 제4판을 출판하는 과정에서 제3판의 글 전체 혹은 부분 그리고 문법적으로 오류가 많아 고쳐쓰는 과정에서 무지와 부족함, 글을 대하는 삶의 태도까지를 되돌아보게 되었다. 글쓰는 것이 삶과 연결되어 있음을 알게 되었다. 그래서 글을 쓰는 것 못지않게 고쳐쓰기는 반드시 필요하다.

고쳐쓰기는 글쓰기에서 마지막 방점을 찍는 것이며, 또한 가장 중요한 쓰기 행위이다. 그래서 자신의 글을 분석적, 비판적 관점에서 읽으면서 퇴고推敲하는 과정은 반드시 거쳐야 한다.

글을 고쳐 쓰면서 살펴볼 점이 있다.

① 본래 하고 싶었던 말이 제대로 씌어졌는가?
② 재미있게 읽히도록 씌어졌는가?
③ 사실에 맞게 이야기가 되어 있는가?
④ 표현이 정확한가?
⑤ 쉬운 말로 씌어졌는가? 글을 공연히 어렵게 쓰지는 않았는가?
⑥ 한 글월이 너무 길지는 않았는가?
⑦ 단락을 잘 지어 놓았는가?
⑧ 우리말로 썼는가?
⑨ 1인칭으로 썼을 경우 '나'를 너무 앞세우지 않았는가?
⑩ 맞춤법과 띄어쓰기가 잘되어 있는가?
⑪ 글점을 잘 찍었는가?
⑫ 글씨를 남들이 알아보기 힘들도록 내 멋대로 쓰지는 않았는가?

　　　　　　　　　　　　　－ 이오덕, 「4. 글다듬기」, 『우리 문장 쓰기』

고쳐쓰기를 여러 번 한 뒤, 3판까지 수정 출판했었다. 어쩌면 글쓰기는 고쳐쓰기의 과정이라고 할 수 있다.

윗글은 우리 글과 문장에 대해 남다른 애정을 보였던 이오덕이 쓴 글에서 인용했다. 글을 고쳐 쓸 때 두루 적용해야 할 유용한 정보들이라 생각한다. 다만 고쳐쓰기를 할 때, 글쓰기 기술을 참고할 필요가 있다. 가령 '쉬운 말로 씌어졌는가?'는 쉽게 써야 한다는 접촉의 법칙과 관련이 있고, '한 글월이 너무 길지 않았는가?'는 수식어를 최대한 줄이고 주어와 서술어는 가까이 붙여 써야 한다는 주술 근접의 법칙과도 관련이 있다. 이처럼 글쓰기 기술은 고쳐쓰기에도 활용할 수 있을 것이다.

대개의 이론서들은 문법에 맞게 고쳐쓰기를 안내한다. 이 책에서는 특정 어구, 문장, 단락을 중심으로 설명할 것이다. 내용은 다음과 같다.

① 문법에 맞게 고쳐야 함은 당여하다.

② 글 맥락에서 벗어나면 과감하게 버려야 한다.

③ 중언부언하거나 중복된 내용은 당연히 버려야 한다.

④ 단락과 단락의 연결성에서 문제되는 부분을 다른 단락으로 옮기거나 삭제해야 한다.

⑤ 주제에서 벗어난 문장, 단락은 삭제해야 한다.

⑥ 글의 첫 문장과 끝 문장에 집중해야 한다. 용두사미가 되기 때문에 고쳐야 한다.

⑦ 웃기지만, 항상 자신의 생각과 의도가 정확하게 표현되었는지를 잠자기 전에도 생각해야 한다.

1. 과감하게 문장을 버려라

글의 내용과 관련성이 없는 문장은 과감하게 버려야만 좋은 글이 된다. 고통 속에서 영혼이 빚은 글을 어떻게 버릴 수 있느냐는 생각을 가진 순간 글은 완결될 수 없다.

다음은 필자가 쓴 글의 일부이다. 고쳐쓰기를 보여 준 글이다.

언론 보도는 역사적인 정치 상황과 언어가 불가분의 관계에 있다는 것이고, 일찍이 이념적 측면을 강조한 새뮤엘 헌팅턴은 한국어가 지나치게 민족주의를 고수하기 때문에 한국어가 세계화되는 데 걸림돌이라고 지적했다. 하지만 더타임스에서 언급한 것처럼 한국인이 국어에 대한 순수성을 추구했기 때문에 오늘날 국어가 세계화되는 근간이 된 것이다. 그리고 순수성의 추구와 함께 세계어로 성장하는 국어의 단초가 된 어휘 등재의 원인은 k-pop, 방탄소년단 음악과 넷플릭스 드라마 〈오징어 게임〉,[70] 영화 〈미나리〉 흥행 등 한류 열풍에 힘입은 결과라는 것을 쉽게 짐작할 수 있다. 우리 말의 사전 등재를 통해 "어휘 혁신이 더는 영국과 미국의

---

70. 제작비는 253억 원 정도이고, 수익은 1조 6,000여 억 정도. 판권과 저작권은 넷플릭스의 선계약 후공급(pre-buy).

전통적인 영어 중심에 국한되지 않음을 보여준다."는 더타임스의 보도를 지나칠 수는 없다. 그러면서 "한국 단어들을 영어권 국가들에 전파함으로써 한류는 영어 단어의 바다에도 파장을 일으킨다."고 더타임스는 덧붙였다. 이는 한국어가 세계어로 발돋움할 수 있는 암시이기도 하다.

~~삼국 시대의 민족 문화와 정치 사상 체계를 이해할 수 있는 향가를 일본인 학자 오쿠라 신베이가 먼저 연구했다는 점에서도 민족 문화를 말살하려는 의도로 보면 언어의 가치를 증명한 것이다. 이를 본 양주동 교수가 다행히 다시 향가 연구를 진행해 오늘날까지 전해지면서 김완진 교수까지 이어질 수 있었다. 1942년 조선어학회 사건을 통해서도 우리 말과 글을 지키려는 최현배, 이희승 등 많은 학자들의 역사적 소명 의식도 볼 수 있다.~~ 삭제: 필자

영어의 교육 자본으로써 생산 가치는 전 세계적이라고 할 수 있다. 상업 자본으로써의 영어 교육을 주장한 복거일 관점은 상당히 이채롭다. 영어 공용화의 주장을 통해 대한민국의 선진화, 국력화하는 교육 자본의 가치를 강조한 복거일과 달리, 박노자는 대외 경쟁력인 국어의 교육 정책으로 '한글의 세계화도 비현실적인 것만은 아니다.'라는 주장이 설득력을 가진다. 최근 우리 나라 어휘가 옥스퍼드 사전 등재된 것을 보면, 박노자의 예견이 정확했다고 볼 수 있다. 이는 국어의 세계어로서의 가능성을 증명하는 것이라 볼 수 있다.

윗글에서 가운데 진술된 문장삭제: 필자은 전체 맥락에서 볼 때, 과감하게 삭제해야 한다. 즉 국어의 역사적 의미는 국어의 세계화라는 주제에서 벗어났기 때문이다.

흔히 글의 내용을 강조하거나 목적에 부합하는 글을 충실하게 쓰는 과정에서 내용 단락과 내용 단락이 연결되지 않을 수 있기 때문에 삭제해야 한다. 글의 내용을 검토하여 불필요한 특정 단락은 반드시 삭제

해야 한다.

다음 글은 이 책의 〈머리말〉을 쓰고 난 뒤, 문장이 중복되었음을 알았기에 고쳐쓰기를 한 경우이다.

이 책은 ① 현실 생활에서 독자들이 글을 쓸 필요성이 있는 글작가가 된 상황이라면, 글을 쓰는 구체적인 방법론을 제시하는 내용을 담았다. 물론 책 제목에서도 알았겠지만 전문 작가가 되려는 이들에게 도움이 되는 전문적인 학술 도서는 아니다. 이 책은 전문적인 작문 이론서들을 참고했기 때문에 술이부작述而不作이라 할 수 있으나, 이보다는 필자가 오랫동안 글쓰기 작업을 통해 체득한 글쓰기의 구체적인 방법론이라고 할 수 있다.

이 책은 이미 2009년 초판부터, 2011년, 2015년까지 총 3판을 수정 보완하면서 과분한 독자들의 관심을 받았다. 이후 글쓰기에 대한 고민이 많았다. 2015년 출판 이후, 필자가 글쓰기에 대한 변화된 생각을 정리해 제4판을 출판한 것이다.

② ~~현실 생활에서 글을 쓰야 할 일이 생겼을 때 읽고 도움이 되었으면 하는 바람으로, 기존의 책을 다시 고쳐쓰기를 해서 출간하는 책이다.~~ 삭제: 필자

①번과 ②번은 내용이 중복되는 문장이다. 그래서 ②번은 과감하게 버려야 글이 완결될 수 있다. 다만 ①번과 ②번의 문장을 고려해, 글의 첫머리에 '이 책은 현실 생활에서 독자들이 글을 쓸 필요성이 있는 글작가가 된 상황이라면, 글을 쓰는 구체적인 방법론을 제시하는 내용을 담았기 때문에 도움이 되기를 희망한다.'로 고쳐쓰기를 하면 어떨까 생각한다. 아니면, '독자들이 어떤 의도나 목적을 위해 글을 쓰려고 한다

면, 글 쓰는 구체적인 방법을 제시한 이 책이 도움이 되기를 희망한다.'
고 고쳤으면 하는 바람이다.

　ㄱ. 작가의 인지도가 판매에 있어서 영향을 미치지 못하는 경우가 많
다. 그래서 판매와 작품을 널리 알리려는 수단으로 대부분 권위를 빌려
인사말을 쓰는 경우가 많다. 이는 분명 장점이 있지만 주례사와 같은 칭
찬으로만 끝나는 수사일 수도 있기 때문에 고려해야 한다.
　ㄴ. 겉표지에 전문가나 권위자들이 책에 대한 긍정적 평가를 쓰면 독
자들에게 권위가 있어 좋다. 다만 이들이 애정을 가지고 정확하게 출판
한 책에 대한 견해를 피력한다면 이는 저자나 출판사 측에서도 매우 좋
아할 일이다. 그럴 경우보다 출판사 측의 요청에 의해 책에 대한 좋은 글
을 써 붙이는 경우가 많다. 그래서 종종 독자들이 책에 대해 실망하는 경
우도 있다.

　문장만 고치는 것이 아니라 단락도 글쓴이의 의도와 목적에 따라
고쳐쓰기한 뒤, 선택할 필요가 있다. 위의 ㄱ과 ㄴ의 글은 중복되기 때
문에 굳이 선택하자면 ㄴ의 글을 선택할 것이다. 이유는 글쓴이의 의도
와 목적 때문이다. 책 출판과 판매에 대한 주례서보다는 진정성을 담은
권위자의 글이 오히려 긍정적이라는 면에서 선택할 수 있다.

2. 내용의 연결성을 고려하라

　글은 쓰는 과정이 아니라 고치는 과정이다. 헤밍웨이는 100번 고쳐

쓴다고 한다. 좋은 문장을 쓰기 위해서 고쳐 쓰는 것이 중요하다. 글쓰기에 관한 많은 이론서에 주된 관심사는 어떻게 쓸 것인가에 대한 방법론과 그 방법론에 걸맞은 사례들을 들고 있다. 좀 더 현학적衒學的인 이론서들은 국어와 관련된 전공 지식을 토대로 설명하고, 이에 대한 예를 들고 있다. 그러나 예시의 문장들이 적절한 것인지, 또 좋은 문장인지는 단언할 수 없다. 따라서 이 예마저 '고쳐쓰기'를 해야 할 판국이다. 글쓰기는 고쳐쓰기다. 좋은 글을 쓰기 위해서는 고쳐쓰기를 잘해야 한다. 감으로 쓴 글은 감정만 남아 있지 전달력과 표현력에는 한계가 있다. 이 '감'을 현실적으로 잘 전달하려면 결국 고쳐 써야 하는 마지막 공정을 거쳐야 한다.

글을 고쳐야 명문이 된다는 사실은 동서고금을 통해서도 알려져 있다. 단어 하나, 한 문장이 생각나지 않아 며칠을 고민해야 하는 일은 작가에게 흔한 일이다. "중국 당나라 때 시인 백낙천은 시를 써서 이웃 할머니에게 들려주고는 잘 이해했는가, 어떤 느낌이었는가를 알아보고 쉬운 말로 고치고 또 고쳤다고 하니, 천 년도 더 지난 옛사람이 한 일이 오늘에 와서 참으로 귀중한 가르침을 우리들에게 주고 있다."[71]는 것을 엿들을 필요가 있다.

다음은 제3판에서 인용한 글이다. 사실 이 책을 새로 출판하면서 형식적 측면과 내용적 측면에서 고쳐쓰기를 한 경우이다. 한 편의 글에서 문맥의 변화가 있을 때 내용 단락으로 나누고, 내용 전개나 내용 전달을 위해서는 적당한 길이의 형식 단락을 나누어야 한다. 물론 글에서 강조하는 문장이거나 인용문도 강조할 경우도 단락을 나누어야 한다.

---

71. 이오덕, 「4. 글다듬기」, 『우리 문장 쓰기』, 한길사, 1992, 217쪽.

좋은 글이 되려면, 한 문장, 한 단락이 분명clean, 정확correct, 간결concise해야 한다.

[고쳐쓰기 전]

　　이명박 정부에는 영어 몰입 교육 정책이 난무했다. 영어에 대한 필요성을 강조하는 사회적 분위기에서 왜, 영어가 국제어가 될 수밖에 없는가는 논란의 현실이 되었다. 그런데 미국의 정치학자이자 하버드 대학 교수인 사무엘 필립스 헌팅턴Samuel Phillips Huntington, 1927~2008의 생각을 읽으면 답을 얻을 수 있다.

　　[위치 이동] 사람들은 미국이 강대국이기 때문에 국제어가 될 수밖에 없다고 한다. 그럴 수 있다. 이는 일반적 사고이다. 여기에 동의한다면 더 이상 논의할 가치가 없다. 그러나 사무엘 헌팅턴은 영어의 국제어의 가치를 문화와 연결시켜 해석하고 있다는 점에서 우리들의 생각과 다르다. 이처럼 생각을 다르게 하는 것이 바로 좋은 글쓰기의 기본이다. 물론 논리적 근거로 설득력이 있어야 한다. 글의 핵심을 찾는 것은 창의적 사고에서 출발한다.

　　영어가 이질적인 문화와 문화의 보편적 의사소통으로서 확고한 위치에 올라섰다고 말할 수 있다. 그러나 이런 방식으로 사용되는 영어는 어디까지나 문화와 문화의 의사소통을 위한 매개체이다. 이것은 이질적인 문화들의 존재를 해소하는 방책은 아니다. 그것은 의사소통을 위한 수단이지 정체성正體性과 귀속감을 낳는 원천은 아니다. 일본의 금융인과 인도네시아의 기업인이 만나서 대화를 나눈다고 해서 그들의 사고가 영어화, 서구화된다고 보는 것은 어불성설이다. 독일어를 쓰는 스위스인과 프랑스어를 쓰는 스위스인도 만나면 대개 영어를 쓰지만 그들의 생각마저 영어화되지는 않는다. 네루가 각종 억제책을 썼음에도 불구하고 인도에서 영어가 제2국어로서의 자리를 계속 유지하고 있는 것은, 비힌두어 사용자들이 자기의 언어와 문화를 유지하려는 열망이 그만큼 강하고 여전히 인도가 다언어 사회로 남아 있어야 할 필요성이 있다는 사실을 반증한다.

– 사무엘 헌팅턴, 『문명의 충돌』

[삭제] 국어학자들의 생각은 국어가 민족성을 바탕으로 해야 한다고 주장한다. 그러나 민족성이 내재해 있기 때문에 모국어에 대한 강박관념이 철저하다. 그러나 이럴 경우 다른 사람의 시각과 동일한 소리를 내는 앵무새가 될 수 있다. 국어는 민족혼이 담겨 있기 때문에 국어를 지켜야 한다면 동의를 얻을 수 있다. [문장 수정] 영어는 의사소통 도구일 뿐, 문화의 속성을 갖지는 못한다. 똑같은 문화를 이야기한다면 영어는 인간의 사고를 획일화하게 된다. 인류 문화의 발전을 저해할 수 있다. 따라서 문화를 개발하고 이 문화를 바탕으로 새로운 교류 문화를 형성하는 것이 중요하다. 그렇다고 해서 민족 문화가 소멸되는 것이 아니다.

인용글과 본문 내용을 연결할 때, 불필요한 부분을 삭제하고 고쳐 쓰기를 해야 내용의 연결이 이어진다. 윗글을 다음과 같이 고쳐 써 비교해 보자.

[고쳐쓰기 후]

이명박 정부에는 영어 몰입 교육 정책이 난무했다. 영어에 대한 필요성을 강조하는 사회적 분위기에서 왜, 영어가 국제어가 될 수밖에 없는가는 논란의 현실이 되었다. 그런데 미국의 정치학자이자 하버드 대학 교수인 사무엘 필립스 헌팅턴Samuel Phillips Huntington, 1927~2008의 생각을 읽으면 답을 얻을 수 있다.

영어가 이질적인 문화와 문화의 보편적 의사소통으로서 확고한 위치
에 올라섰다고 말할 수 있다. …중략…

- 사무엘 헌팅턴, 『문명의 충돌』

[위치 이동] 사람들은 미국이 강대국이기 때문에 국제어가 될 수밖에
없다고 한다. 그럴 수 있다. 이는 일반적 사고이다. 여기에 동의한다면 더
이상 논의할 가치가 없다. 그러나 사무엘 헌팅턴은 영어의 국제어의 가
치를 문화와 연결시켜 해석하고 있다는 점에서 우리들의 생각과 다르다.
이처럼 생각을 다르게 하는 것이 바로 좋은 글쓰기의 기본이다. 물론 논
리적 근거로 설득력이 있어야 한다. 글의 핵심을 찾는 것은 창의적 사고
에서 출발한다.

[삭제] ~~국어학자들의 생각은 국어가 민족성을 바탕으로 해야 한다고~~
~~주장한다. 그러나 민족성이 내재해 있기 때문에 모국어에 대한 강박관~~
~~넘어 철저하다. 그러나 이럴 경우 다른 사람의 시각과 동일한 소리를 내~~
~~는 앵무새가 될 수 있다. 국어는 민족혼이 담겨 있기 때문에 국어를 지켜~~
~~야 한다면 동의를 얻을 수 있다.~~ [문장 수정] 영어는 의사소통 도구일 뿐,
문화의 속성을 갖지는 못한다. 언어가 문화의 속성을 가진다면 전 세계
는 동일한 문화로 획일화하게 된다. 인류 문화의 발전을 저해할 수 있다.
따라서 영어의 상용화는 필요에 의한 의사소통의 도구일 뿐이기 때문에
민족 문화의 소멸과 문화적 예속 관계를 논하는 것은 어불성설語不成說
이다.

윗글을 고쳐 쓴 이유는 첫째, [위치 이동]은 인용글사무엘 헌팅턴 앞에
'~ 생각을 읽으면 답을 얻을 수 있다.'고 했기 때문이다. 둘째, [삭제]는
앞 단락이 '~ 창의적 사고에서 출발한다.'에 이어지는 내용이 아니기
때문이다. 그리고 셋째, 글 전체의 맥락으로 보아 간결하게 고쳐야 주

장이나 의도가 분명해지기 때문이다.

윗글은 내용의 연결성[위치 이동], [삭제], 명확성과 간결성을 얻기 위해 고쳐 쓸 필요성이 있다.

3. 내용의 통일성을 생각하라

한 편의 글에서 중심 화제가 있고, 이에 따른 부속 화제가 있다. 글을 전개하는 과정에서 중심 화제에 따른 글의 전개가 당연하다. 그런데 중심 화제를 부각하기 위해 다양한 부속 화제를 단락별로 전개하는 동안 자칫 유사한 내용으로 단락을 마무리를 지어, 전체 글의 중심 화제와 연결하려는 경우를 조심해야 한다. 물론 글을 쓰는 동안 내용의 통일성이 있다고 하나, 어느 정도 완결될 시점에 자신의 글을 분석적, 비판적으로 읽으면서 고쳐쓰기를 해야 한다.

글을 쓰는 동안 글쓴이들은 산통産痛을 경험하게 된다고 한다. 그래서 한 단어, 한 문장 역시 고통의 산물이기 때문에 불필요한 문장을 삭제하거나 덜어내기 어렵다. 한 편의 글에서 불필요한 내용을 삭제하거나 덜어내는 것 역시 고쳐쓰기의 기술이 필요하다. 자신의 글을 분석적, 비판적으로 바라볼 때, 불필요한 문장을 과감하게 버릴 수 있다. 한 편의 글을 완성했다고 생각할 때, 쉽게 붓을 놓지 못한다. 왜냐하면 무엇인가 부족한 지점이 있을 것이라는 불안 증세가 항상 도사리고 있기 때문이다. 그래서 다시 읽고, 고쳐 쓰는 것이다. 특히 주제에 부합하는 내용인지, 자신이 전달하고자 하는 내용을 담은 단어와 문장이 정확한

지 등등 생각과 문법 지식을 동원하게 마련이다. 그러나 고쳐쓰기에서 주제에 벗어난 문장을 과감하게 버리는 것이 중요하다.

가장 아까운 것이 가장 쓸모없는 것이라는 역설적인 표현처럼, 글은 머리로 쓰는 것이 아니라 가슴으로 쓰고, 발로 쓴다. 그래서 가슴으로 쓴 글을 머리로 고쳐 쓰는 것이다. 그런데 글의 흐름이 비뚤어질 경우가 많다. 얼마나 공을 들였는지는 글쓴이 스스로 잘 안다. 그런데 가장 공을 많이 들인 부분을 고칠 수 있는 자세를 가져야 한다. 소탐대실 小貪大失이라고나 할까. 가슴 쓰라리는……. 그 절실하고 떨리는 가슴으로 글을 쓴 자만이 안다. "아무리 공들여 쓴 표현이라도 퇴고 과정에서 불필요하다고 생각되면 가차 없이 도려낸다."는 정민 교수의 이야기를 기억할 필요가 있다. 쓴 글이 목적에 맞지 않으면 과감하게 고쳐야 한다.

이 책에서 '주술 근접의 법칙'을 통해 짧은 글쓰기를 강조한 바 있다. 18세기 고전 문학을 번역해 주목받고 있는 정민 교수는 전달력을 최우선으로 하여 글을 쓴다고 한다. 그래서 "형용사와 부사를 최대한 줄이고, 접속사를 피해 문장을 나눈다. 그가 글을 쓸 때, 중시하는 것은 글의 리듬, 그리고 언어의 경제성"[72]이라고 한다. 또 『걸어서 지구 세 바퀴 반』을 비롯하여 200만 부를 판매한 한비야도 "글이라는 것은 운율이고, 리듬이라고 생각해요, 호흡이 짧아지거나 거칠다 싶으면 다 고쳐요. 입으로 읽어서 거칠면 눈으로 읽어서도 거칠다고 생각해요."라고 말한다. 글의 흐름이라는 것이 있다. 글의 흐름에 따라 고쳐 쓰라는 것이다.

---

72. 구본준, 「국문학 저술가 정민」, 『한국의 글쟁이들』, 한계레 출판, 2008, 14쪽.

한 편의 글에 핵심어는 하나여야 전달력이 있다. 따라서 쓰고 난 뒤, 핵심을 찾아 글을 연결해야 한다. 즉 송곳으로 한 곳을 뚫어야 한다는 말을 생각해야 한다.

머리말에 쓸 방향과 주장을 미리 제시하고, 이 방향에 따른 글쓰기가 이루어지지 않았다면 단락이나 문장을 고쳐쓰면 된다. 다음은 머리말 법칙을 활용해 글의 방향성을 제시한 글이다. 만약 이 글을 고쳐쓰기를 해야 한다면 글의 방향성에 벗어났는지를 따져야 한다.

> 이번 장에서는 환경이 노화에 어떻게 작용하고 그 결과는 무엇인지, 유전 요인이 이 결과에 미치는 영향에 대해서도 알아볼 것이다. 또한 유해 환경 물질이 노화 진행에 미치는 영향을 고려해 볼 곳이다.
> ─ 로버트 리클레프스 외/ 서유진 옮김, 「3 환경 요인」, 『노화의 과학』

윗글에서 '노화의 환경 요인'의 방향성과 글의 내용이 달라지면 통일성에서도 벗어나기 때문에 고쳐쓰야 한다. 즉 ① 환경의 정의 ② 환경이 노화에 미치는 영향 ③ 환경과 노화의 결과 ④ 유전 요인이 노화의 결과에 미친 영향 등에서 벗어났는지를 점검해 고쳐 써야 한다.

4. 첫 문장과 끝 문장을 다시 살펴보라

글의 첫 문장과 끝 문장은 독자들에게 강한 인상을 준다. 그렇기 때문에 첫 문장과 끝 문장을 다시 살펴보라는 것이다. 물론 강한 인상을 주지 못한다면, 고쳐쓰기를 해야 한다.

　다음은 한편의 완결된 글이기 때문에 고쳐 쓸 필요는 없지만, 그 중요성을 보여 주는 예이다.

　　여러분은 '로봇' 하면 무엇이 연상되는가? 요즘 유행하는 '4차 산업 혁명' 같은 말도 떠오를 테고, '일자리를 빼앗는 재앙' 이러면서 걱정도 될 테다. 어렸을 때 봤던 '로보트 태권V', '마징가Z' 같은 애니메이션의 기계 덩어리나 '아이언맨' 같은 할리우드 영화에 나온 철갑 슈트도 떠오를지 모르겠다.

　　그런데 가장 최신의 로봇의 모습은 상당히 다르다. 조규찬 교수는 '소프트 로봇'의 권위자다. 소프트 로봇은 딱딱한 금속 대신에 유연한 소재를 활용해서 만든 로봇이다. 소프트 로봇은 유연성이 떨어지는 금속 로봇보다 훨씬 더 다양한 상황에 적응할 수 있어 동작이 둔하기 마련인 금속 로봇보다 현실에서 활약할 가능성이 크다.

　　생각해 보라. 딱딱한 금속은 땅이 갈라지고 건물이 무너진 지진 후의 재난 현장이나 이곳저곳 장애물이 가득한 전쟁터에서 이동하는 데 한계가 있다. 하지만 소프트 로봇의 경우에는 움직임이 유연하기 때문에 험지를 이동하는 데 훨씬 더 유리하다. 중략

　　이런 소프트 로봇에 제일 눈독을 들이는 곳이 어디일까? 맞다. 바로 군대다. 지형지물에 상관없이 자유롭게 이동할 수 있는 소프트 로봇은 전쟁터에서 정찰용이나 살상용으로 사용하기에 제격이다. 소프트 로봇은 재난 현장을 누비면서 생명을 구할 수도 있지만, 사람을 죽이는 용도로도 사용할 수 있다.

　　　　　　　　　　　　－ 강양구, 「신세대 로봇은 '소프트'가 대세」, 『과학의 품격』

　윗글의 글쓴이는 소프트 로봇이 장애인과 손잡고, 나아가 인간을

위한 로봇이 되어야 인간의 미래가 밝아질 것이라는 기대감을 드러내고 있다. 여기서 언급하고자 하는 바는 글쓰기 후, 고쳐쓰기를 해야 할 필요성을 보여 주고자 예를 들었다. 첫 문장은 당연히 독자들의 관심을 불러일으키는 의문형으로 시작했다. 끝 문장은 인간의 죽음과 관련되었기 때문에 강한 인상을 준다. 따라서 현실 비판적인 글쓴이의 의도와 주장을 담은 문장을 보면, 강한 인상을 주고 있다. 이처럼 마지막 문장이 중요하기 때문에 고쳐야 할 지 여부를 판단해야 한다. 신경을 써야 하는 이유를 알 수 있다.

5. 문법에 맞게 고쳐 써라

글을 쓰고 난 뒤, 문장은 주체에 맞게 고쳐 써야 한다. 문장의 주체에 따라 목적어와 서술어가 정해지기 때문이다. 또한 불필요한 목적어가 있거나 서술어가 피동인지, 사동인지를 구별할 필요가 있다. 문법 규정이 체계적이기는 하나, 복잡한 것 또한 사실이다. 그래서 문법을 이해하고 고쳐쓰기를 할 필요가 있다. 한글맞춤법 규정은 당연히 참고해야 하기에 여기에서는 생략했다. 이 규정 외에 고쳐쓰기에 참고할 내용을 옮겨 놓았다.

다음은 고쳐 쓰면 자연스러운 글이다.

김장은 맛있게 드시고 계시지요? 땅을 살리고, 농촌을 살리고, 소비자의 건강을 책임지겠다는 ① 취지하에 ② 미력이나마 2년 동안 과천을 대상으로 무농약 김장배추 ③ 직거래를 ④ 시도해 보았습니다.

참 보람 있는 일이었습니다.

'배추로 맺어진 인연'을 저희는 소중하게 생각합니다. 앞으로도 계속 생산자와 소비자가 ⑤ 신뢰할 수 있는 사회를 만들고자 안전한 ⑥ 먹거리를 정성으로 ⑦ 취급하려고 하오니 애정과 관심을 가지시고 ⑧ 동참해 주시길 부탁드립니다.

　　　　　- 이오덕, 「제3장 말이 살아야 겨레가 산다」, 『우리글 바로쓰기』(2)

윗글에서 고칠 부분을 정리해 보면 다음과 같다.

① 취지하에 → 뜻으로, ② 미력이나마 → 작은 힘이나마, ③ 직거래를 → 직접 거래, ④ 시도해 → 해, ⑤ 신뢰할 → 믿을, ⑥ 먹거리 → 먹을거리, ⑦ 취급하려고 → 다루려고, ⑧ 동참해 → 함께 참가해 등이다.

주로 문장 가운데 어휘 부분만을 고쳤다. 그리고 문장과 문장, 한 편의 글을 염두에 두고 자연스럽게 고쳐야 한다.

우리말에는 글쓴이의 심리가 반영되어 있기 때문에 가급적 분명하게 써야 한다. 언어에는 마음의 지도를 볼 수 있다는 점을 정도언 교수는 지적하고 있다. 흔히 쓰며 넘어가는 말은 '어쨌든' '여하튼' '그건 그렇다 하고' 등을 일상적으로 쓰고, '그럼에도 불구하고' '그래도 역시'는 이야기를 뒤집을 목적으로 사용된다고 한다. 그리고 접속사에 관심을 가지면 다음의 방향이 보인다고 했다. 이처럼 부사어와 접속사를 잘 부려 써야 한다.

고전古典에서 고쳐 써야 할 문장을 찾으려고 하면, 고쳐 쓸 부분들이 없다. 그래서 고전이 곧 명문이라는 말이 생긴 것이다. '명문名文에서 명저名著가 나오고, 명저에는 명문이 있다.'는 것이다. 그래서 명문을 만들기 위해서는 부득불不得不 자신의 글을 스스로 고쳐 쓸 수밖에 없다.

6. 알고 있는 것도 다시 생각하라

시는 단순히 언어를 다루는 것이 아니라 영혼靈魂을 다듬는 언어이다. 영혼의 언어를 다듬는 시인조차도 글을 명료하게 써야 한다고 시인 오규원吳圭原, 1941~2007[73]은 말한다. 가령 '철수가 순희에게 1,000만 원을 주었다.'고 하자. 문장이 언뜻 보기에는 명료한 것 같지만 자세히 들여다보면 명료하지 않다. 왜냐하면 철수와 순희의 관계에서 증정, 채무변제, 경조사, 갈취, 지급, 차용 등등의 사유 때문에 주었다고 할 수 있기 때문이다. 그래서 글을 명료하게 하기 위해서는 알고 있다고 생각한 것도 전후 맥락脈絡을 파악해야 한다.

그래서 글을 쓰는 사람은 의미가 전달되도록 정확하게 알고 써야 한다. 우리가 흔히 쓰는 말 중에도 잘못 알고 쓰는 경우가 많다. 한자성어漢字成語의 적절한 활용으로 지식의 품격을 높이는 좋은 글을 쓸 수 있다. 그러나 잘못 쓴다면 쓰지 않는 것보다 못함도 알아야 한다.

'일석이조一石二鳥'는 동양의 고사가 아니라 영어의 'kill two birds with one stone하나의 돌로 두 마리의 새를 죽인다'에서 온 말이다. 『춘추후어春秋後語』

---

73. 경남 밀양 삼랑진 출생. 부산사범학교를 거쳐 동아대학교 법학과 졸업. 1965년 《현대문학》에 「겨울 나그네」가 초회 추천되고, 1968년 「몇 개의 현상」이 추천 완료되어 등단함.

에 나오는 고사는 '일거양득—擧兩得'인데, 지금은 두 말이 거의 비슷하게 쓰이는 데다가 '일석이조'와 같은 뜻을 가진 동양의 고사는 '일전쌍조—箭双鳥', 즉 '한 개의 화살로 두 마리의 새를 쏜다'이다.

- 미승우, 『잘못 전해진 것들』

이 외에도 '반포지효反哺之孝'에 대한 고사도 잘못 알고 있다.

　　국어사전에서 '반포反哺'라는 낱말을 찾아보면 "까마귀 새끼가 자란 뒤에 늙은 어미에게 먹을 것을 물어다 줌"으로 나온다. 그리고 '반포조反哺鳥'는 까마귀의 별칭이라 했고, '반포지효反哺之孝'는 '반포의 효성'이라 했다. …중략… '반포지효反哺之孝'는 근본적으로 관찰 부족에서 빚어진 오류이다. 새 중에는 비둘기나 여러 종류의 가마우지와 갈매기처럼 어미가 덜 소화된 먹이를 새끼에게 토해 주는 종류가 많다.

　　남북 대륙에서 사는 펭귄도 어미가 반쯤 소화된 생선을 통해서 새끼에게 먹이고 있다. 소화되지 않은 것을 주면 새끼가 제대로 소화시키지 못하기 때문이다. 이렇게 어미가 토한 먹이를 받아먹으려면 자연히 새끼의 부리가 어미의 부리 속으로 들어가게 마련이다. 밖에서 볼 때에는 입을 벌린 어미가 먹이를 받아먹는 것처럼 느껴진다.

- 미승우, 위의 책

'반포지효反哺之孝'는 어디까지나 관찰 부족에서 온 억지일 뿐만 아니라 진리를 왜곡해서는 안 된다. 설명에 따르면, "자식에 대한 어미의 사랑이지 결코 어미에 대한 자식의 효성"은 아니다. 또 이 책에는 "제祭라는 것은 백신白神에게 제사를 지낸다는 뜻인데, 일본식으로 해석하면 '제사'가 아닌 축祝, 즉 '잔치'이다. 국제 음악제니 여러 대학의 '○○

제'의 제祭는 우리식이 아닌 일본식인데도 우리나라에서 판을 치고 있다."고 한다. 이처럼 일상에서 잘못 알고 쓰는 말은 고쳐 써야 한다.[74]

우리들이 일상적으로 쓰는 어휘도 다시 생각해 보면 부적절한 표현을 사용하고 있다는 사실을 알게 된다.

ㄱ. 공원에 <u>벚꽃이 만개했어요.</u>
ㄴ. 공원에 <u>벚꽃이 만발했어요.</u>

『우리말 어감 사전』안상순, 2021에서는 단어가 가지는 차이를 밝혀, 이 역시 생각의 방향을 가르치는 힘을 보여 주고 있다. ㄱ의 공원에 '벚꽃이 만개했어요'는 공원에 벚꽃의 개화가 최고조에 이르렀다는 의미이고, 그리고 ㄴ의 '공원에 벚꽃이 만발했어요'는 공원에 수많은 벚꽃으로 뒤덮었다는 의미이다. 이처럼 미묘한 차이를 찾아 고쳐쓰는 글쓰기 기술이 필요하다.

---

74. 다음은 혼동하기 쉬운 단어들이다.

┌ 행여나: 어쩌다가. 기대감을 표현.
└ 혹시나: 그러할 리는 없지만 만일에.
┌ 지금: 말하는 바로 이때에.
└ 이제: 바로 이때에. 지나간 때와 단절된 느낌을 표현.
┌ 마침: 어떤 경우나 기회에 알맞게.
└ 공교롭게: 뜻하지 않았던 사실이나 사건과 우연히 마주치게 된 것이 기이하다고 할 만하게.
┌ 덥다: 기온이 높거나 기타의 이유로 몸에 느끼는 기운이 뜨겁다.
└ 뜨겁다: 몸에 상당한 자극을 느낄 정도로 온도가 높다.
┌ 이유: 어떠한 결론이나 결과에 이른 까닭이나 근거.
└ 원인: 어떤 사물이나 상태를 변화시키거나 일으키게 하는 근본이 된 일이나 사건.

제4부

글쓰기와 논술, 토론

제1강 논술문論述文과 주장主張

논술문을 논증, 설명과 설득과 같이 혼동할 때가 많이 있다.[75] 물론 전혀 무관한 것 또한 아니다. 그래서 설명과 논술, 그리고 설득의 차이를 이해할 필요가 있다.

논술문을 명확하게 이해하자면 설명문과의 차이를 알아 둘 필요가 있다. 이는 주어진 쟁점에 대한 해결책을 제시하면서 글쓴이의 주장을 주된 문장으로 기술한 다음에 뒷받침하는 문장으로 구성할 때 설명문이 필요하다. 논술문 구성은 '주장＋근거＋사실또는 예시'과 같은 진술들의 모임이다. 이렇게 보면 아주 간단한 몇 개의 문장만으로 이루어진다.

문장이 연결되면 단락이 되고, 단락은 한 편의 논술문을 이루는 요소가 된다. 논술문 쓰기에서 예시나 근거가 되는 문장은 문학적 표현과 같은 주관적 표현보다는 객관적인 설명문의 글을 추가하는 것이 좋다. 왜냐하면 논술문은 주장과 근거 그리고 이를 뒷받침하는 예시의 글로 주로 설명적인 글이나 논증적인 글이 귓받침 문장으로 이루어질 경우가 많다. 이 주장이나 근거에 대한 구체적인 설명문이나 논증문이 추가되어야 주장이 강화되면서 설득력이 있는 것이다.

---

75. 박종석, 「정상으로 통하는 논술」, 글누림, 2007.

1. 논술문의 구성(1): 주장과 근거 그리고 사실

다음 글은 우리나라 사회 문제 가운데 심각한 출산율에 대한 찬반 논의이다. 서로의 주장은 사회적 파장을 몰고 올 수 있는 만큼 근거는 타당해야 한다. 또한 객관성이 있는 주장이어야 한다.

(가)

① 한국 여성들의 출산율이 세계 최저 수준이다. ② 구체적으로 말하면 선진국에서는 100년 걸쳐 초래된 저출산율이 우리나라는 불과 30년이란 짧은 기간에 급속하게 이뤄져 새로운 사회 문제로 떠오르고 있다. ③ 지난해 우리나라의 출산율은 1.17명으로 미국 2.13명, 프랑스 1.89명, 영국 1.64명, 일본 1.33명보다 더 낮은 최저 수준이었다. ④ 지난 1960년 가임 여성 1인당 출산 인구가 6명까지 달했던 합계 출산율 저하의 속도가 매우 급격히 떨어지고 있음을 알 수 있다. ⑤ 이런 추세가 계속된다면 20~30년 후, 주변 사람들 5명 중 1명은 65세 이상 노인이 차지할 것이라는 전망이다. ⑥ 이런 저출산율은 노동력의 부재, 고령자 급증 등의 한층 심각한 문제로 이어지고 있다.

– 이상경 외, 「설명/논술」, 『글쓰기 여행』

윗글을 분석해 보면, ①과 ②는 이 글의 주제라 할 수 있다. 즉 '한국의 저출산율은 사회적 문제다.'라고 할 수 있다. 그리고 ③과 ④는 주제에 대한 사실들이다. ⑤는 ④에 대한 부연 설명이다. 당연히 ⑥은 이 글의 주제를 구체적으로 뒷받침하는 문장이다.

그리고 이 글은 '한국의 저출산율은 사회적 문제다.'라는 주제를 논증적으로 전개하면서 한국 출산율이 왜 사회적 문제인지를 구체적인 예를 들어 설명하고 있다. 윗글은 수치의 법칙, 접촉 법칙, 근거 법칙 등을 활용해 쓴 글이다.

(나)

　① 한국 여성들의 출산율이 세계 최저 수준으로 된 것을 걱정할 필요는 없다. ② 왜냐하면 고도의 기술 사회인 21세기에는 양적인 노동력이 아닌 기술력의 질이 중요할 뿐이다. ③ 또 기술의 고도화에 따른 실업 문제가 심각한 사회 문제로 대두된 상황에서 이것은 오히려 반길 만한 일이 아닌가. ④ 게다가 어떤 여성은 직장을 다니면서 계속 경력을 쌓고 싶어 하고 어떤 여성은 가정을 꾸리기 전까지 경제적 기반을 잡고 싶어 한다. ⑤ 또 어떤 여성은 좀 더 나이가 들 때까지는 어머니가 되는 책임을 지고 싶어 하지 않는다. ⑥ 아기를 낳으면 아직도 양육의 일차적 책임을 어머니에게 지우는 것이 한국 사회이니 여성들은 아기 낳기를 회피하거나 아기 낳을 시기를 놓치는 것이다. ⑦ 이런 상황에서 노동력 부족 현상을 막기 위해서 출산장려정책을 펼쳐야 한다는 것은 이치에 맞지 않으며, 출산장려정책의 실효성 또한 크지 않다.

　　　　　　　　　　　　　　- 이상경 외, 「설명/논술」, 『글쓰기 여행』

　윗글을 분석해 보면, ①은 이 글의 주장주제이라 할 수 있다. 그리고 ②는 ①에 대한 근거이다. ③은 글쓴이의 주장을 다시 한번 강조하는 문장이다. ④와 ⑤는 근거인데, ⑥은 ⑤에 대한 부연 설명이다. 그리고 ⑦은 주장을 뒷받침하는 강조 문장이다. 따라서 이 글은 "한국 여성들의 출산율이 세계 최저 수준으로 된 것을 걱정할 필요는 없다."는 주장을 담은 논술문이다. (가) 글은 구체적 수치를 근거로 제시해 객관적이며 논증적인 글이라 본다면, (나)는 '⑤ 또 어떤 여성은 ~ 싫어하지 않는다.' 와 같이 다소 주관적인 근거를 제시한 설명적인 글이다.

다음은 윗글에서 언급한 두 문제에 대한 해결책을 제시한 글이다.[76]

(다)

최근 통계청 자료에 따르면 지난해 출생아가 45만 2,000여 명으로 2005년의 43만 8,000여 명에 비해 1만 4,000여 명3.2% 늘었다. 2000년 새 천년 베이비붐에 힘입어 일시적으로 증가한 것을 제외하면 1994년 이래 처음 늘어난 셈이다. 합계출산율 여성 1명이 평생 낳은 출생아도 지난해 1.13명 으로 2005년 1.08명보다 증가했다.

과연 국내 출산율이 최저점을 지나 반등세로 돌아섰을까? 한 해의 변화로 출산율의 장기 추세를 정확히 판단하는 일은 어렵다. 그렇다고 해도 저출산 현상에 대해 사회적 관심이 높아지고 정책적 노력이 시작된 이후에 출산율이 처음 높아진 것을 과소평가해서는 안 된다. 이런 맥락에서 지난해 출산율 증가를 살펴보자.

우선 가임기 여성15~44세의 초혼이 2004년 이래 처음으로 늘었다. 쌍춘년이라는 지난해에는 가임기 여성의 초혼이 예년보다 더 큰 폭으로 증가했다. 하지만 지난해 1~3월에 결혼한 여성이 출산할 가능성이 높은 10~12월 출생아 비율이 과거와 비슷하다는 점에서 단순히 쌍춘년 효과로만 보기는 어렵다. 이미 결혼한 여성의 추가 출산도 증가했다. 둘째와 셋째의 출산이 2005년까지 감소세에서 증가세로 바뀌었다. 또 결혼 후 6년 이상 지나서 갖는 아이와 고령 초산35~39세 여성이 낳은 첫째 아이도 늘었다.

추가 출산과 고령 출산 증가는 저출산과 고령화의 부정적 효과가 언

---

76. 실제 논술고사는 문제 해결을 요구하는 경우가 많다. 대입 논술 고사에는 요약형, 비교-대조형, 비판형, 문제해결형, 혼합형 등으로 제시된다.

론을 통해 알려지고 정책적 노력이 본격화하면서 출산에 대한 관심이 늘어났기 때문으로 보인다. 얼마 전만 해도 많은 아이를 갖는 데 대해 소극적이고 부정적이었던 인식이 변했다는 얘기다. 출산과 양육 관련 제도를 개선하고 보육 인프라를 구축한다는 국가 정책에 대한 신뢰와 기대도 높아졌다.

한국에서 저출산과 고령화는 정책적으로 성장하기 전에 출산율이 세계 최저 수준으로 낮아지고, 인구 고령화가 세계 최고 속도로 진행되면 지속가능한 발전이 어려울 수 있다는 불안감이 커졌다.

저출산과 고령화가 가져올 문제는 노동력 부족과 사회 보장 부담에 국한되지 않는다. 대부분의 인구가 노인층과 중장년층이고 젊은이가 아주 적은 사회는 활기가 사라진다. 인구 불균형 문제는 근본적으로 적정 수준의 출산율 회복에 의해 해결해야 한다.

이런 점에서 지난해 출산율이 다소 증가한 사실은 우리에게 의미하는 바가 크다. 저출산 현상이 아직 한국에 고착화되지 않았고, 해결할 수 있는 문제라는 희망 메시지를 찾을 수 있다.

물론 경제 활성화와 일자리 창출이 가장 근본적인 해법이다. 출산율 증가를 계기로 출산과 자녀 양육에 쾌적한 환경을 조성하기 위한 정책적 노력을 더욱 강화하고 사회적 관심도 계속되어야 한다. 자녀 출산과 양육은 인간 본연의 희망을 실현시키고, 더 나아가 현 세대와 미래 세대가 더불어 인간답게 살 수 있는 기회를 보장한다.

- 김용문, 「높아진 출산율 '희망 한국' 본다」,
《동아일보》, 2007년 5월 21일

윗글은 저출산의 문제점을 노동력과 사회 보장 제도, 인간 본연의 삶 등으로 해결할 수 있음을 논증하는 글이다.

다음 글은 논술 고사의 제시문이다. 앞에서 인용한 글을 통해 논술문의 구성 요소를 정리할 수 있다.

(라)

　① 컴퓨터 기술의 사회적 영향에 대해 연구했던 엔지니어 캘빈 고트립
은 우리가 사는 세상에 프라이버시는 더 이상 존재하지 않는다고 주장한
다. ② 자신의 이해관계가 걸려 있을 때에는 다른 사람들의 프라이버시
를 고려하지 않는 경우가 너무 흔하기 때문이다. ③ 이는 그 사람만의 문
제라고는 할 수 없는데, 많은 경우에 타인의 프라이버시는 내가 알고 싶
어 하는 권리나 욕구와 많이 상충된다. ④ 문제는 여기에 그치지 않는다.
사람들은 약간의 편리함을 위해 프라이버시를 너무 쉽게 포기한다. 당첨
될 확률이 하늘의 별 따기만큼이나 어려운 경품 때문에 성명, 주소는 물
론 전화번호까지 쉽게 제공한다. ⑤ 적립금이나 마일리지 보너스를 위
해 멤버십 카드를 만들고, 이를 위해 자세한 신상 정보를 제공한다. 공공
의 안전을 보장한다는 이점 때문에 폐쇄회로 텔레비전으로 인한 프라이
버시 침해에 무관심하다. ⑥ 핸드폰 전화번호는 이미 자기 사무실 전화
번호만큼이나 공적인 것이 되었다. ⑦ 실명 등록을 권하는 국내의 어느
포털 사이트는 핸드폰 번호를 입력하지 않으면 아예 회원으로 등록할 수
없는 곳도 있다.

　윗글을 분석해 보면, ①은 이 글의 주장_{주제}이라 할 수 있다. 그리고
②~⑦은 뒷받침 문장으로 예시나 근거에 해당한다.

2. 논술문의 구성(2): 주된 문장과 뒷받침 문장

논증에 대한 연구는 논리학에서 주로 다루는 학문이고, 논술은 이의 일부를 진술하여 글쓴이의 주장을 펼치는 것이다. 따라서 논증이 논술일 수 없다. 그러나 자신의 주장을 펼치는 데 논증의 형태는 꼭 필요하다. 그래서 논리학이라는 학문에서 말하는 개념과는 차이가 있기 때문에 이를 '논술의 논증'이라 불러야 할 것이다. 이 논증이야말로 바로 "논술의 기초가 되는 것이기에 편의상 논술문의 기술 방식"[77]이라고 할 수 있다.

문제는 논술문에는 이러한 논증으로만 표현되어야 하는가이다. 글이 객관적 관점으로 되려면 논증이나 설명비교, 대조, 정의, 지정, 분류, 구분과 같은의 방식을 취하게 되는데, 이는 자신의 주장을 뒷받침하는 근거가 된다. 그렇기 때문에 보통 논술문에는 "설명과 논술의 방식이 섞여 있으며 보충문을 적절하게 논리적 순서로 배열"[78]하는 것이 중요하다. 예를 들어 설명하면 다음과 같다.

① 이공계 대학의 학생들이야말로 논술을 필수 과목으로 해야 한다.
② 왜냐하면 우선, 이공계 학생들은 고등학교 때까지 수학, 과학 공부에 치중하고 글쓰기를 소홀히 했다.
③ 이공계 대학의 학생들이야말로 논술을 필수 과목으로 해야 한다.

---

77. 박동규, 「논술문」, 「글쓰기를 두려워 말라」, 문학사상사, 1994, 388쪽.

주관적 관점		객관적 관점	
묘사	서사	설명	논증

78. 이상경 외, 「논술문」, 앞의 책, 73쪽.

왜냐하면 우선, 이공계 학생들은 고등학교 때까지 수학, 과학 공부에 치중하고 글쓰기를 소홀히 했다. 특히 과학고에 진학하려면 수학, 과학 성적이 우수해야 하므로 초등학교 때부터 고등학교까지 많은 시간을 수학과 과학 공부에 쏟아붓는다. 과학고에 진학하면 이런 상황은 더 심각해져서 수업 시수, 공부의 양 등에서 일반적인 글을 읽거나 쓰는 것은 절대 시간이 부족하다.

– 이상경 외, 「논술문」, 『글쓰기 여행 – 토막글에서 통글까지』

①은 주장이다. 그리고 ②는 근거이다. 두 문장으로만 논술문이 될 수 없다. 따라서 뒷받침하는 문장이 필요하다. ③은 주장 문장과 몇 가지 사실들을 설명하는 뒷받침 문장이다.

3. 논술문의 구성(3): 반박의 논리

주장하는 글의 내용이 타당성과 객관성이 증명된다고 반드시 진리라고 할 순 없다. 다른 관점에서 접근하면 그 주장은 무너질 수 있기 때문이다. 항상 절대적인 진리는 존재하지 않는다는 관점으로 접근할 때 좋은 논술문을 작성할 수 있다.

통상적으로 어떤 추리推理가 관찰이나 실험의 결과에 대한 보고와 같은 단칭적 언명들때로는 또한 '특칭적' 언명들이라 불림로부터 가설들이나 이론들과 같은 보편적 언명들로 나아갈 경우 그것을 '귀납적'이라 한다.

그런데 논리적 관점에서 볼 때, 제아무리 그 수가 많더라도 단칭 언명들로부터 보편 언명들을 추리해 내는 것이 정당화되는지 전혀 명백하지 않다. 왜냐하면 이런 식으로 끌어낸 어떤 결론도 언제나 허위로 판명될 수 있기 때문이다. 아무리 흰 고니의 사례들을 우리가 많이 보아 왔다고 하더라도 이것이 모든 고니는 하얗다는 결론을 정당화해 주지 못한다.

— 칼 포퍼 / 박우석 옮김, 「몇 가지 근본적인 문제들의 개관」, 『과학적 발견의 논리』

사실 수박은 겉이 파랗고 속은 빨갛다고 하지만 요즘 수박은 겉과 속이 반대인 경우도 있다. 이처럼 시대의 흐름에 따라 우리가 진리라고 생각하는 경험론의 지식들이 의미가 없어졌다. 그렇기 때문에 항상 새로운 주장이 나올 수 있다.

다음 글은 과학에서 말하는 가설이다.

그렇다면 동물들은 왜 잠을 잘까? 동물들이 잠을 자는 이유에 대해서 학자들은 여러 가지 가설假說을 제시하고 있다. 어떤 학자들은 '회복설'을 주장한다. 생물은 깨어 있는 동안 몸이나 뇌가 손상되는데, 이 손상을 회복하기 위해 잠이 필요하다는 것이다. 하지만 이 주장은 동물의 종류에 따라 수면 시간에 많은 차이가 난다는 점을 설명하지 못한다.

이와 달리 '에너지 보존설'을 주장하는 학자들도 있다. 동물의 겨울잠이 그러하듯 수면도 에너지를 보존하기 위한 행동이라는 것이다. 실제로 잠을 자는 동안 우리는 몸의 대사代謝를 15퍼센트 정도 낮출 수 있다. 몸무게가 80킬로그램 정도의 사람이 8시간을 잔다면, 이 사람은 가만히 앉아 있을 때보다 120칼로리 정도 에너지를 절약할 수 있다. 그런데 에너지 보존설도 잠을 자는 이유를 충분히 설명해 주지 못한다. 왜냐하면 120칼로리 정도의 먹을 것을 구하는 일이 그리 어렵지 않은데 이 정도 열량을 절약하기 위해 무려 8시간을 자야 한다는 것은 경제적으로 잘 맞지 않기 때문이다.

　마지막으로, 어떤 학자들은 '<u>부동설不動說</u>'을 주장한다. 모든 동물들은 움직이지 않을 때 잠을 잔다. 그런데 움직이지 않는다는 것은 안전하다는 것을 의미한다. 동물들이 굴 안에서 움직이지 않고 잠을 자는 이유는 그만큼 굴 안이 안전하기 때문이다. <u>그러나 이 가설도 잠을 자는 이유에 대한 충분한 설명이 되지 못한다.</u> 어떤 동물들은 오히려 굴속에서 잠을 자고 있는 동안 포식자에게 잡아먹히는 경우가 많기 때문이다.

　이상에서 살펴본 것 이외에도 여러 가지 다른 가설들이 있지만, 아직까지 어떤 가설도 동물들이 잠을 자는 이유를 제대로 설명해 주지 못하고 있다.

- 김종성, 「잠은 왜 잘까」

　윗글에서 보듯이 학자들의 견해일 뿐, 과학적 사실로 받아들이지는 않는다. 끊임없이 새로운 근거가 제시되기 때문이다. 그래서 반박의 논리을 세워야 한다.

4. 논술 고사와 답안 구성

　다음은 실제 논술 고사의 답안 작성 과정을 설명한 글이다.

　* 다음 글은 과학과 인간의 관계를 기술한 내용이다.

'과학자의 리더십(leadership)'이란 말은 우리에게 친숙하지 않다. 과학자에 대한 일반적인 이미지는 "고독하게 미지의 자연현상을 탐구하는 사람"이거나 "실험실에서 흰 가운을 입고 실험에 몰두하는 사람"에 가깝기 때문이다. 우리는 아인슈타인이나 뉴턴, 다윈, 파스퇴르 같은 과학자들의 이미지에서 고독하고, 연구에만 몰두하는 과학자의 전형을 본다. 반면에 리더십은 기업을 경영하는 CEO들이나 정치인, 군인에게 필요한 특성으로 여겨진다. 과학과 비즈니스, 과학과 정치, 과학과 전쟁이 무척 다른 활동으로 여겨지듯이, '과학자의 리더십'은 마치 짝을 잘못 찾은 개념처럼 들린다.

그렇지만 현대과학을 특징짓는 과학 활동은 결코 고독한 과학자에 의해서, 우주에 대한 사색을 통해서만 이루어지지 않는다. 대부분의 과학자들은 실험실과 실험기구가 필요하고, 실험실을 짓고 기구를 구입하고 바꾸는 데 재원을 필요로 한다. 또 과학자들은 고독하게 연구를 하지도 않는다. 대부분의 과학자는 공동 연구와 의견 교환을 위한 동료와 실험을 도와줄 학생을 필요로 한다. 과학자가 어떤 인적·물질적·사회적 네트워크를 가지고 있는가는 과학 연구의 질에 상당한 영향을 미친다.

과학자들의 리더십은 편의상 '실험실 내의 리더십'과 '실험실 밖의 리더십'으로 나누어 생각해 볼 수 있다. 실험실이나 연구팀을 잘 운용해서 좋은 연구 성과를 내고 걸출한 제자를 키워서 뚜렷한 학파(research school)를 형성하는 것을 전자라고 할 수 있다. 유기화학 분야에서 뚜렷한 학파를 형성한 19세기 초엽의 독일의 화학자 리비히(G. Liebig), 케임브리지 대학의 생리학 학파를 만든 마이클 포스터(Michael Foster), 영국 캐번디시 연구소의 전통을 확립한 톰슨(J. J. Thomson), 코펜하겐 이론물리학파를 만든 닐스 보어(Niels Bohr) 등이 '실험실 내의 리더십'을 잘 발휘한 경우라고 할 수 있다. 그렇지만 과학자들의 리더십은 여기에서 그치는 것이 아니다. 과학자들은 종종 실험실 내의 경험을 바탕으로 자신이 속한 과학자 사회, 대학, 사회를 개혁하는 데 결정적인 영향을 미치기도 하는데, 우리는 이러한 리더십을 전자와 비교해서 '실험실 밖의 리더십'이라고 할 수 있다.

– 홍성욱, 「과학은 얼마나」

(나)

"대저 재물이란 샘물과도 같은 것이다. 퍼내면 다시 차게 되지만 쓰지 않고 버려두면 말라 없어지는 것이다." 재물을 샘물에 비유해서 자꾸 써야만 다시 생긴다고 말하는 사람을 지금은 별로 존경하지 않는다. 지금은 무엇이든 아껴 써야 하고, 그래야만 지구상의 자원이 절약되고 쓰레기도 덜 생긴다고 생각하기 때문이다. 재물은 모름지기 아껴 써야 하는 것이다.

하지만 앞에 인용한 것은 지금의 말이 아니라 2백 년 전에 박제가(朴齊家, 1750~1805)가 남긴 말이다. 그의 주장에 의하면 사람들이 지나치게 검소해 비단 옷을 입지 않는다면 비단 짜는 사람은 사라지게 되고 그만큼 직조 기술은 퇴보하기 마련이다. 마찬가지로 그는 모든 기술은 수요가 있을 때 발달하는 것이며, 기술 발전을 위해 중국으로부터 많은 것을 배워야 한다고 역설했다. 평생에 네 번이나 중국을 다녀온 그는 중국의 여러 가지 앞선 기술을 『북학의(北學議)』를 써서 소개하고 이를 배우기 위해 과학자, 기술자를 파견하자고 주장했다. 또 중국에 파견된 과학기술자가 어떤 기술을 배워 들여와 국내에 성공적으로 보급했을 때는 충분하게 상을 줄 것을 제안했다.

박제가는 또 중국의 기술만을 유용하자고 주장한 것이 아니라 중국에 와 있는 서양 선교사들을 초빙해 서양 기술도 배우자고 주장했다. 천주교의 선교 활동을 위해 중국에는 16세기 이래 서양 선교사들이 계속해 들어와 활동하고 있었다. 1601년 이탈리아 출신의 마테오 리치가 북경에 자리 잡은 뒤부터는 북경에서도 서양 선교사들이 크게 활동하고 있어서, 서양의 많은 과학 기술이 전파되고 있었다. 때마침 서양에서는 과학기술이 동양을 앞지르는 발전을 시작하고 있었기 때문에 선교사들이 전해 주는 내용은 중국인들의 상상력을 자극하기 십상이었다. 해마다 북경을 방문하게 되었던 당시의 조선 학자들 역시 이를 잘 알게 되고, 또 여러 조선학자들은 일부러 서양 선교사를 찾아가 서양 문물을 얻어 오기도 하고, 또 필담(筆談)을 통해 서양 선교사들과 대화를 나누기도 했다.

바로 이들 서양 선교사를 조선에 초빙해다가 그들이 갖고 있는 과학 기술에 대한 지식, 요즘의 표현으로라면 '노하우(know-how)'를 배우자고 박제가는 주장했던 것이다. 그가 이런 주장을 내놓았던 1786년은 지금부터 2백 년 전의 일이고, 당시 서양 선교사들이 중국에 와서 서양의 과학 기술을 번역도 하고 소개도 하던 것은 사실은 기독교 선교를 위한 부차적 일이었을 뿐이지 자체가 목적이 아니었다. 그리고 그때는 이미 조선의 지배 계층에서는 기독교 전파를 점차 심각한 위협으로 느끼기 시작할 때였다. 이미 국내에는 천주교가 크게 번지기 시작했고, 그 교리에 대한 유교적 관점에서의 비판이 높아가는 때였다. 불과 15년 뒤인 1801년 기독교도들이 무참하게 살해당하고 탄압당한 신유사옥(辛酉邪獄)이 시작된 것으로 보더라도 당시의 상황을 짐작할 수 있다. 그러나 박제가는 이런 기독교의 위협에 대해서는 별로 걱정하지도 않았던 것으로 보인다. 그들을 초빙해다가 기독교 전파는 못 하게 하고, 그들로부터 과학 기술만 배우자고 주장했던 것이다.

– 박성래, 「서양 과학 기술의 도입을 주장한 박제가」, 『한국인의 과학 정신』

(다)

엄복(嚴復, 1853~1921)은 젊어서 영국에 유학하여 서양 문명에 경도(傾倒)하고 귀국 후에는 진화론을 중국에 소개한 계몽가로서 유명하다. 그의 경력은 이선란과는 아주 다르다. 복건에서 태어나 14살 때 양무파의 대관이 좌종당이 복건에 개설한 복주 조선창에 부설한 해군학교의 학생이 되었다. 거기서는 일체의 비용이 제공되었으므로 가난한 엄복에게는 그것이 매력이었던 것 같다. 그 학교를 택한 것은 이것이 큰 원인이 되었다. 학교는 조선과 항해의 두 부문으로 나뉘어 조선 부문의 학생은 프랑스어를 배우고 항해 쪽은 영어를 배웠다. 엄복은 항해 쪽을 택했는데 나중에 영국에 유학하게 된 것은 그 때문이다.

1877년 그는 선발되어 영국에 유학하여 그리니치의 해군대학에서 항해술을 배웠다. 영국 체제는 2년이었지만 그동안 항해술에 필요한 서양의 과학기술을 배우면서 진화론 등의 일반과학, 그리고 사회과학에 관한 책들을 널리 읽었다. 특히 입헌 정치하에서 일반 민중이 정치에 참가하고 있는 영국의 상태를 보고 이것이야말로 중국을 부강하게 할 수단이라고 생각하게 되었다. 외국에서 과학기술을 배운 사람이 도중에서 정치 활동에 투신하는 것은 중국의 정정(政情) 불안이 가져온 결과여서 가깝게는 노신과 곽말약 등 그 예는 민국시대에 들어가서도 적지 않다. 노신은 일본의 도호쿠(東北) 대학에서 의학을 배웠으나 나라를 구하기 위하여 의학을 포기하고 문학을 통해서 혁명 운동에 몸을 바친 것이다.

귀국 후의 엄복은 영국에서 배운 학문을 살릴 수 있었다. 그는 외국에서 돌아온 우수한 항해기술자로서 이홍장이 개설한 천진의 북양수사학당(北洋修辭學堂)에 초빙되고 이윽고 교장이 되었다. 이것은 엄복에게는 큰 행운같이 보이지만 그 자신에게는 결코 그렇지 않다. 그는 이미 수사학당에서 중요한 자리를 차지하고 있었음에도 불구하고 과거시험에 합격하여 정치가로서 평소의 포부를 실현하고 싶다고 염원하게 되었다. 그는 33세에서 41세까지 4회에 걸쳐 거인(擧人-과거는 몇 단계로 나누어진다. 황제 앞에서의 殿試에 앞서 각 성에서 행하는 시험 합격자)의 자격을 얻기 위하여 시험을 쳤지만 끝내 성공하지 못했다. 마지막 시험 때는 이미 수사학당의 교장이 된 뒤여서 이른바 전문기술자로서 최고라고 할 관직에 있는 사람이 다시 과거시험을 쳤다는 것은 정말 이상하게 생각된다. 그는 군사기술을 닦

앞다고는 하지만 영국에서 서양 문명에 접하고 때로는 진보적인 의견을 말하는 일이 있었다. 이러한 개명적인 인물조차도 과거에 합격하는 것이 무엇보다도 큰 매력이었던 것이다. 이미 변법파에 의하여 과거의 폐지가 강력히 주장되고 있던 시대인데도 구태여 과거에 뜻을 둔 엄복이 만년에 보수주의자가 된 것은 당연한 결과일지도 모른다. 그러나 정치가가 되는 것이 국가를 구하는 유일한 길이며 동시에 입신출세와 직결된다는 생각은 엄복의 시대는 물론 그 후에 있어서도 지식인의 일반적 사상이며 또한 사회 전체의 풍조이기도 했다. 서양문명과 심하게 충돌한 청 말에서 민국에 걸쳐 뛰어난 과학자가 태어나지 못했던 원인의 하나는 이 점에 있었다. 정치적 인간으로 살아온 중국인은 정치를 앞세우는 사회 환경 속에서 자라왔다. 과학을 존중하는 새로운 기운은 사회 속에도 개인의 마음에도 쉽게 생겨나지 못했다.

    – 야부우치 기요시 / 전상운 옮김, 「계몽가로서의 엄복」, 『중국의 과학 문명』

  (라)

우리는 과학이라면 현대의 기계 문명을 연상하리만큼, 우리의 일상생활을 보다 편리하고 효과적이게 하는 힘을 가진 것으로 생각한다. 과학의 응용으로 여러 가지 기술이 급속도로 발달한 덕택이라고 하겠다. "아는 것은 힘이다"라고 한 프랜시스 베이컨의 말은 오늘의 과학이 스스로 증명하고도 남음이 있다. 현대에 있어서 세계의 패권을 장악하고 있는 나라는 무엇보다도 과학이 발달한 나라다. 현대전(現代戰)은 과학전이라는 말도 있거니와, 전시 아닌 평화 시에 있어서도 과학에 있어서의 경쟁이 얼마나 치열해 가고 있는가를 우리는 목도(目睹)하고 있다. 현대인이 마치 우주인인 양 우쭐대며 월세계로 가느니, 화성으로 가느니 하며 장차 전개될 어마어마한 전환을 꿈꾸게 된 것이 모두 새로운 학문의 힘인 것을 생각한다면, 과학 특히 자연 과학이 인간의 현실 생활에 미치는바 영향이 엄청나게 큰 것임을 짐작할 수 있다. 인간이 다름 아닌 자연을 대상으로 그에게서 잘 배울 줄 알기 때문이라고 하겠다.

  (…중략…)

그리하여 사람은 자연을 과학적으로만 보는 데 그치지 않고, 태도를 바꾸어 그에서 도덕적인 교훈을 찾으려 하기도 하고, 심미적인 감상을 즐기려 하기도 한다. 키르케고르는 허공에 매달린 거미(蜘蛛)에게서 중간적 존재자로서의 인생의 고민과 모험을 보았거니와, 동양 사람은 사자분신(獅子奮迅)이라 하여 사자의 용왕매진(勇往邁進)하는 기상을 본뜨기도 하고, 황소걸음이라 하여 느린 듯하면서도 끊임없이 지속하는 노력과 정진의 모습을 황소의 걸음걸이에 비유하기도 한다. 호의(狐疑)의 결단성 없음을 비웃는가 하면, 탈토(脫兎)의 날쌤을 보았고, 백로에서 티없는 순결을 읊었다. 맹취(猛鷲)가 감투(敢鬪)의 정신을 표현하는 것이라면, 비둘기는 평화를 상징한다고 하겠다. 어찌 그뿐이랴. 솔로몬의 지극한 영광으로도 그의 입은 옷이 들에 핀 백합만 못하다고 하지 않았던가.

　인자(仁者)는 산을 좋아하고 지자(智者)는 물을 좋아한다고 하거니와, 묵묵히 선 채로 움직임이 없는 산봉우리가 높을수록 골짜기는 깊어 그 품속에 찾아들수록 숭엄한 영기(靈氣)에 숙연하지 않을 수 없다. 주야불식(晝夜不息) 달리고 있는 냇물은 오직 전진이 있을 뿐이요, 밀려오는 파도에 쉴 새 없이 뒤치고 있는 대양은 천변만화(千變萬化)의 다할 줄 모르는 힘을 간직하고 있다. 깨끗한 마음씨를 맑은 호수와 같다고 하거니와, 노자(老子)는 겸허(謙虛)의 미덕을 언제나 장애물을 감싸고 아래로 흐르는 물에서 배우려 하였다.

　　　　　　　　　　　　　　　　　　　　　　　　— 박종홍, 「학문의 길」

[논제 1] (가)의 관점에서 (나)의 박제가를 당시 사회 제도와 관련하여 평가하시오(400자).

[논제 2] (가)와 (라)를 바탕으로 하여 과학과 자연의 관계를 논술하시오(500자).

[논제 3] (나)와 (다)에서는 두 인물을 통해서 국가의 과학 발전의 기회와 한계를 볼 수 있다. 이들의 한계를 극복할 수 있는 방안을 논술하시오(900자).

1) 논제 분석과 출제 의도 파악

　과학은 국운을 좌우할 만큼 중요하다. 이처럼 중요한 과학은 독립적이기보다는 사회 제도와 시대 변화와 관련성이 있다. 오늘날 과학은 일상생활의 개선뿐만 아니라 국부國富의 원천이기도 하다. 그래서 과학이 미치는 사회적 파장은 상상을 초월한다. 황우석의 복제 논란이 과학계만의 문제가 아니라 한국 사회에 미친 파장을 주시한다면 과학이 미치는 사회적 파장을 짐작할 수 있다.

과학이 사회적으로 유효한가를 따지는 문제는 1980년대 과학자들 사이에서 이미 첨예한 논쟁이 있어 왔다. '사회구성주의'가 이 논쟁의 중심에 있었다. 과학이 사회적으로 구성되었다는 주장이 어떤 의미에서는 맞지 않는다는 견해도 만만치가 않다. 그러나 우리가 겪은 황우석 신드롬은 과학 만능 시대에 과학의 검증을 믿을 수 없는 사태까지 왔다는 사실을 증명하는 것이다. 그래서 아직도 그 논쟁은 유효한 것이다. 따라서 과학과 사회의 관계는 인간이 존재하는 한 연구 대상이다. 그리고 과학은 반드시 자연과의 연장선에서 이루어지는 것이기 때문에 과학자들이 자연을 대하는 태도를 점검해 볼 필요성이 있다.

따라서 본 제시문을 통해서 과학 발전과 부국강병의 주도적인 역할을 담당했던 인물과 당시의 과학 발달의 여건을 검토하고, 오늘날의 과학 문명과 자연의 관계를 숙고하고자 한다. 또 과학의 발달은 국가뿐만 아니라 사회 제반 여건의 성숙과도 관련이 있다는 점에서 살펴볼 필요성이 있다.

2) 제시문 분석

제시문 ㈎는 과학자의 리더십에 대한 두 가지 견해를 밝히고 있다. 즉 '실험실 내의 리더십'과 '실험실 밖의 리더십'이 그것이다. 즉 과학자의 공동 연구와 의견 교환에 필요한 물질적, 사회적 네트워크를 조달하는 경우와 학파를 형성해서 연구에 큰 업적을 남기는 경우이다. 이러한 리더십의 개념은 우리가 기존에 생각한 기업주나 단체장 혹은 군지휘관이 말하는 리더십의 개념을 보다 새롭게 접근했다는 점에서 주목을 요하는 글이다. 즉 과학자 리더십의 개념으로 과학자를 새롭게 볼 수 있다는 것이다.

제시문 ㈏는 박제가를 통해서 조선 시대의 과학 기술의 발전을 위해 중국 과학과 기술을 받아들여야 한다는 주장을 소개한 글이다. 이는 박제가가 비록 과학자는 아니지만 과학의 중요성을 인식하고 발전시켜야 한다고 주장한 점에서 실험실 밖의 리더십을 발휘했다고 볼 수 있다. 위 논제와 관련해서 주목할 것은 제시문 ㈏에서 시대 상황과 개인의 신분 속에서 과학을 받아들이고자 한 박제가의 이야기다. 즉 신유사옥과 같은 종교 탄압의 문제와 서자 출신에서 벗어나고자 한 개인의 신분 상승이라는 한계가 있음을 이 제시문에서 읽을 수 있다.

제시문 ㈐는 중국의 과학 기술의 발전은 엄복을 통해 충분히 기회가 주어져 있을 뿐 아니라, 서양 선교사의 기술을 충분히 받아들일 수 있는 여건이 조성되어 있었다. 그러나 제시문 ㈏에서 보면, 시대 상황보다는 개인의 정치적 포부를 펼치고자 한 엄복의 인물 이야기를 주목할 필요가 있다.

제시문 ㈑는 과학이 부국강병의 뒷받침이 되지만 이보다는 자연을 과학적으로 대할 것이 아니라 자연 성찰의 태도를 가져야 한다는 점을 강조한 수필이다. 학문하는 자세에서 과학의 대상보다는 자연을 대하는 연구자의 태도를 읽을 수 있는 부분이다. 위 논제와 관련해서 교훈적, 심미적 세계를 바라볼 수 있는 자연을 주목할 필요가 있다.

3) 논제 해결 방안 모색과 논거의 탐구

논제 1) 먼저 ㈎ 제시문의 두 관점을 정리한 뒤, 이 관점을 가지고 제시문 ㈏의 박제가를 평가하면 된다. 평가 항목에서 박제가의 리더십의 관점과 당시 사회제도와 개인의 욕망을 평가해야 한다. 제시문 ㈎의 관점은 크게 두 가지이다. 즉 '실험실 내의 리더십'과 '실험실 밖의 리더십'이다. 이 두 가지 특성을 파악한 뒤, 제시문 ㈏의 박제가를 '실험실 밖의 리더십'의 관점으로 평가해 본다. 그리고 제시문 ㈏에 나타난 조선 시대의 사회 구조와 박제가의 리더십의 방향을 평가해서 서술한다. 또 중국의 서양 과학과 조선의 유교 사회에서 선교 활동을 한 서양 선교사의 기술 도입과 마찰을 어떻게 볼 것인가도 평가해야 한다.

논제 2) 제시문 ㈎는 과학자들의 리더십의 두 갈래와 그 중요성을 언급하고 있다. 제시문 ㈐는 도덕적, 심미적 대상으로 자연을 바라보는 관점이 언급되어 있다. 과학자들은 자연 현상을 경이롭게 바라보고, 이 경이로움의 정체를 파헤치기 위해 고독하게 실험하고, 이 실험의 결과를 보편적 진리로 체계화하려는 자들이다. 그러나 자연 현상을 과학 실험 대상만이 아니라 삶의 교훈과 지혜를 가르쳐 준다는 점에서 자연 과학과 접목을 찾아 서술해야 한다. 따라서 이들의 관계를 비교하면서 통합하는 방향으로 서술하는 것이 무난하다.

논제 3) 제시문 ㈐의 박제가와 제시문 ㈏의 엄복의 두 인물을 통해 과학 입국의 기회를 서술함과 동시에 개인적 관점과 사회 제도 관점으로 나누어 그 한계를 서술하는 것이 좋다. 그리고 이 둘의 문제점을 극복하는 방안으로 서술하면 된다.

답안 작성 시에 두 인물의 장단점을 비교하면서 단점을 극복하는 방향을 오늘날의 과학 현실에 비추어 서술하면 된다. 즉 두 인물의 주장을 과학 발전의 장점으로 논술하고, 그들의 한계를 단점으로 서술한다. 이들의 한계를 극복 방안으로 구체화시키면 된다. 박제가와 엄복의 관계의 공통점이 있다. 과학 입국의 방법이고, 단점은 사회 제도의 경우와 개인의 신분 상승의 욕구가 깔려 있다는 점이다. 박제가의 경우는 유교 사회와 과학 발전이라는 관점에서 검토해야 한다. 그리고 개인의 욕구가 자리하고 있음도 살펴야 한다. 그래서 과학이 발달할 수 있는 사회적 메커니즘의 성숙도가 필요하다는 점을 강조해야 한다. 엄복의 경우는 사회제도와 개인적 신분 상승의 욕구가 보장되어야 한다는 점을 들어 과학 발전의 한계를 극복 방안으로 기술하면 된다.

4) 내용의 논리적 구성과 단락별 탐구

논제 1)과 논제 2)는 본론만을 간단히 적어야 한다. 왜냐하면 글자의 분량이 400~500자 정도로 적기 때문이다. 서두를 빼고 바로 본론만 적되, 당연히 핵심적인 내용만 논술해야 한다. 그러나 분량상 조금의 여유가 있는 논제 3)은 서두를 여유 있게 적어도 괜찮을 것 같다.

우선 논제 1)의 핵심적인 질문이 박제가를 과학자의 두 입장 가운데 한 가지 유형으로 비유해서 정리하고, 박제가가 살았던 조선의 사회제도와 과학기술의 도입이 어떤 문제점이 있는지를 논술해야 한다.

논제 2)는 제시문 ㈎에서 과학의 문제점과 장점을 찾고, 제시문 ㈐에서 역시 장단점을 기술하여 이들을 보완하여 자연과 사회의 관계를 정리하는 것이 좋을 것 같다.

논제 3)은 과학 입국의 관점에서 두 인물이 보여 준 태도와 사회제도의 한계 및 개인의 욕구와 당시 사회제도를 연관시켜 정리할 필요가 있다. 그리고 이들의 한계를 극복하는 길을 모색하면 논제에 걸맞게 구성된다.

5) 예시 답안

[1번 논제]

과학자의 리더십은 두 갈래로 발휘된다고 한다. 박제가는 '실험실 밖의 리더십'을 발휘한 인물로 볼 수 있다. 왜냐하면 박제가는 과학자라기보다는 사상가로 알려져 있고, 또 과학 학파를 형성하지도 않았기 때문이다. 박제가는 중국의 과학 기술을 배워야 한다고 주장하는가 하면, 과학자와 기술자의 중국 파견까지 주장하고 있다. 그리하여 당시 조선 사회를 개혁하는 데 영향력을 행사하려고 했다. 이는 과학자의 리더십의 실천이라 볼 수 있다.

그의 이러한 주장은 당시 사회제도와 관련시켜 본다면 두 가지 관점으로 볼 수 있다. 첫째는 그가 서자 출신이라는 점에서 박제가의 신분의 불만에 따른 사회 개혁의 무게에 두고 있다. 둘째는 제시문에서 보듯이 천주교 박해와 유교 사회의 지배층의 우려가 있다는 점에서 과학기술을 가진 서양인들이 쉽게 받아들여지지 않았다는 점이다. 그의 주장이 사회의 흐름과 맞지 않았다고 볼 수 있다. 물론 과학기술의 발전이 더딘 조선 사회의 발전을 도모하려고 했다는 점에서 오히려 진보적이라 평가할 수 있다.

[2번 논제]

제시문 ⑦는 과학자의 리더십이 어떻게 발휘되며, 그 결과가 학파를 형성하거나 사회제도의 개혁을 가져올 수 있다는 점을 언급하고 있다. 그러나 제시문 ㈐에서는 자연을 과학적으로 대하는 것이 아니라 도덕적 교훈과 심미적 감상으로 바라보고 있다. 자연은 단순히 과학의 실험과 관찰의 연구 대상만이 아니라는 관점이다.

과학 연구에서 리더십을 발휘하려면 많은 '밑천'이 필요하다. 만약 많은 밑천을 들여서 연구한 결과가 국가와 기업에 불리한 결과가 나온다면 과연 이를 어떻게 할 것인가? 국익의 문제와 이윤 추구의 기업에서 연구원들의 결과를 그대로 둘 것인가? 답은 어느 정도 자명한 것이다. 그러나 엄청난 부정적 결과가 나왔는데, 이를 국민과 사회에 알리지 않는다면 그 문제는 감당하기 힘든 결과를 초래하게 된다. 그러나 자연에서 배우는 교훈적 덕목은 어떤 대가를 지불하지 않아도 된다.

과학은 우리가 알 수 없었던 사실을 검증하거나 증명해서 객관성과 보편성을 가지고 우리들을 이해시킨다. 하지만 자연은 심미적 대상이라는 다소 주관적이라는 문제가 있다. 대신에 연구자의 부정의 문제가 항상 도사린다는 점보다는 자연은 아무런 부정의 문제가 없다는 장점이 있다.

과학의 발달은 경제적 어려움을 극복할 수 있지만, 이로 인해 자연

파괴와 같은 문제를 낳는다. 이처럼 이들의 관계는 동전의 양면적 속성을 가지고 있다. 그래서 자연을 과학적으로만 볼 것이 아니라 도덕적 교훈을 주는 대상으로, 혹은 심미적 감상의 대상으로 바라보는 태도가 필요한 것이다.

[3번 논제]

박제가는 국내에 교리를 전파하러 온 서양 선교사를 통해 과학기술을 습득해야 한다는 주장이다. 이 주장에서 문제 되는 것은 서양 선교사들의 종교 활동과 이들로부터 과학기술을 도입해야 한다는 것은 유교 사회 구조로 볼 때 실현되기 어렵기 때문이다. 종교와 분리해서 과학기술을 배워야 한다는 박제가의 발상은 무리가 따른다고 할 수 있다. 왜냐하면 선교사의 목적이 교리 전파에 있기 때문이다. 과학기술은 이들이 교리 전파를 위해 하나의 도구로 사용하기 때문이다. 그리고 엄복은 유학생 항해 기술자임에도 불구하고 자신의 정치적 포부 때문에 과학자의 리더십을 발휘하지 못했다고 볼 수 있다. 이 두 인물을 통해서 발견할 수 있는 것은 개인과 사회 구조, 과학이 발전할 수 있는 사회적 메커니즘의 중요성이다.

과학이 발전할 수 있는 방안은 이들이 가지고 있는 당대의 문제점을 해결하고 대안을 제시하는 것이다. 우선 개인과 사회 구조의 경우를 생각해 보자.

국가의 과학기술의 발전 기회는 과학자, 기술자를 유학을 보내는 방법이다. 배우고자 하는 개인의 의욕을 국가가 뒷받침해 주어야 유학생의 심리적 안정감과 함께 국가관이 투철해질 수 있다. 그래서 국비

유학생이 필요한 것이다. 이들 국비 유학생들이 국내에 들어왔을 때 충분히 보상이 이루어져야 한다. 그렇지 않으면 엄복과 같이 자신의 사회적 신분 상승에 더 관심을 기울이기 때문에 국가 과학기술 발전을 도모하는 데 노력하지 않을 것이다.

그리고 과학의 발전은 유학생의 자세에 달려 있다. 외국에서 배운 과학기술을 국내에 들어와 제대로 발휘하지 않는다면 이는 무용지물이다. 엄복처럼 개인이 배운 과학기술의 전파보다는 사회적 입신출세의 길인 과거를 선택했다는 점에서 볼 때 유학생의 정신 자세, 즉 삶의 지향점이 문제가 된다. 물론 엄복의 이 같은 행동은 당시 사회 구조가 자리하고 있기 때문이다.

두 번째로는 과학이 발전할 수 있는 사회적 메커니즘의 중요성을 생각해야 한다.

국내에 와 있는 서양 선교사들을 초빙해서 서양 기술을 배우자고 주장한 박제가의 지적처럼 세계의 석학들을 초빙해서 과학기술을 습득하는 것도 한 방법이다. 과학의 발전을 위해서 가능한 내용들은 이미 200년 전에 박제가가 주창한 내용이지만 그 실효성은 충분하다.

박제가와 엄복은 신분 상승의 욕구와 사회 제도의 문제점을 안고 있다. 따라서 과학이 발전할 수 있는 사회적 메커니즘의 성숙도가 필요하며, 개인의 신분 상승의 욕구가 보장되어야 한다. 이 같은 기반이 되어야 과학기술이 발전할 수 있다.

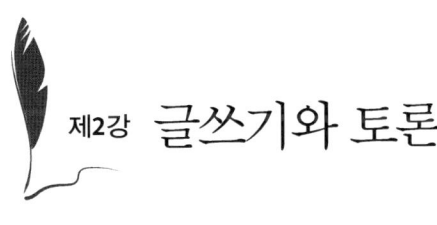

제2강 글쓰기와 토론

　세상은 토론討論, debate 천국이다. 주장만 난무하고 설득의 기술이 부족해 자신의 의견을 제대로 펼치지 못해 열을 내는 사람이 한둘이 아니다. 도대체 무엇이 잘못되었는지 화가 치밀 때가 한두 번이 아니다. 과연 상대방의 주장에 대해 머뭇거리고 있어야만 하는가. 어떻게 해야 상대방의 주장을 반박할 수 있을까?

　미디어 활동이 활발한 시대가 되었다. 그래서 누구나 자신의 이야기와 주장을 말할 기회가 많아졌다. 특히 사회적 관계망까지 형성되면서 자신의 이야기와 주장에 반박하는 이들도 많아져 갈등의 골이 점차 깊어지는 사건도 있다. 그래서 우리의 일상에서 자신의 주장을 설득할 필요성이 절실해졌다. 이때 자신의 주장이나 이야기를 토론을 통해 보여 주어야 한다. 토론에 참여하기 전, 참여자에게는 정제되고 이성적인 생각을 담은 토론문 작성이 도움이 된다.

　토론은 주장 - 반박 - 재주장 순으로 이어진다. 순서도 중요하지만 토론이 성립하려면 일정한 구성요건이 있어야 한다. 가령, ① 토론에는 논제가 있어야 한다. ② 토론에는 각기 역할이 다른 여러 사람들이 참여해야 한다. ③ 토론자 간에 서로 상반된 의견이 존재하고 의견의 상호 작용이 가능해야 한다. ④ 토론에는 일정한 의무와 규칙이 있어야 한다. 이 중에서 "토론이 격해지면 비방이나 적대감이 생기고, 시간만 허비하는 말싸움이 될 우려가 있기 때문에 토론이 전개되는 과정에는 이를 제지하는 규칙"[79]이 반드시 필요하다.[80]

토론은 "의견 대립이 이미 발생하고, 그 의견 차이가 피상적인 이유 때문이 아니어서 쉽게 해소될 수 없는 것으로 보이고, 다른 의견도 판단과 결정에 앞서 참고할 만한 가치가 있다고 느껴질 때 시행"[81]한다. 이러한 토론에 앞서 준비할 것이 바로 토론문이다.

토론문 작성 시에 주의할 것은 예상되는 반박에 대한 논리적 허점

---

79. 민영욱, 「토론의 법칙」, 가림출판사, 2003, 33쪽.

80. 토론의 장점은 다음과 같다. ① 여러 사람이 참여해서 자기 나름대로 지식이나 정보를 개진하기 때문에 개인 혼자서 생각하는 것보다 많은 지식과 다양한 정보에 접근할 수 있다. ② 토론자마다 갖고 있는 능력이 각기 다르고 문제를 보는 시각도 다르기 때문에 다양한 견해나 해결책을 제공받을 수 있어 다각도로 접근할 수 있다. ③ 토론을 함으로써 서로 간의 의사소통이 활발히 이루어지면, 의사소통 부족으로 생기는 소외 등 여러 문제들을 줄일 수 있다. 그리고 단점은 다음과 같다. ① 토론을 통해 의사결정이 이루어지면 반대 의견을 억누르고 결정에 따르도록 압력이 가해진다. 이른바 다수의 논리가 소수를 억압하게 된다. ② 여러 사람이 의견을 제시하고 커뮤니케이션하기 때문에 개인이 혼자서 의사 결정하는 것보다 더 많은 시간과 에너지가 소모되므로 신속하게 의사결정을 하여 행동하기 어렵다. ③ 어떤 토론자나 파벌이 지배하게 되면, 상대 토론자들의 자유로운 의사표현이 곤란하며, 경우에 따라서는 차선책을 채택하는 오류를 범할 수 있다. ④ 토론 과정에서 의견 불일치가 팽팽히 맞서는 경우, 토론자나 그가 속한 집단 간에 갈등이 생기고, 서로에 대해 나쁜 감정을 갖게 되는 일도 발생한다(민영욱, 「토론의 목적은 정보 공유와 문제 해결에 있다」, 위의 책, 39~41쪽).

81. 한상철, 「토론」, 커뮤니케이션북스, 2006, 4쪽.
    반면에 토의는 의견 대립이 분명치 않고, 문제의식이나 목적의식, 개념 등의 이해가 분명치 않은 상황에서 시행한다(4쪽).

을 찾아 정리하는 일이다. 왜냐하면 자신의 주장이 무너질 수 있기 때문이다. 주장에 대한 반박의 경우, ① 이론으로 다져 올 때, ② 전체를 무시하고 부분만 다질 때, ③ 예화를 많이 들 때, ④ 지식을 뽐내 올 때, ⑤ 숫자를 내세울 때, ⑥ 속담과 격언을 이용할 때, ⑦ 과장된 표현으로 나올 때, ⑧ 논의가 버젓이 맴돌 때 등이다.[82] 특히 상대방의 허점과 동떨어진 이야기를 하는 '논점 일탈의 오류'를 경계해야 하고, 상대방의 감정이나 약점을 건드리는 일종의 '인신공격의 오류'도 주의해야 한다.

토론문을 작성하기 위해서는 우선, 개인 혹은 사회적 문제를 찾아야 한다. 이를 찾는 방법은 개인의 관심과 신문, 방송의 내용들이 좋은 자료가 된다. 문제는 이 자료에 대한 자신의 판단과 주장이다. 이를 위해서는 많은 정보 분석과 판단이 필요하다.

일자리 창출은 사회의 심각한 문제이지만, 그 해법은 마땅치 않은 것이 현실이다. 기업과 사회, 국가가 여러 방안을 제시했으나 해법 찾기가 쉽지 않은 것 같다. 대기업 임원 및 고위직 공무원의 임금 삭감을 통해 청년 일자리 나누기 방안, 대기업과 중소기업의 임금 격차를 줄여 일자리를 늘일 수 있다는 등의 해결 방안을 제시하기도 한다.

다음은 임금 삭감을 통한 일자리 창출에 대한 문제점을 지적하면서 반박하는 글이다.

임금을 삭감해서 확보한 재원으로 어떻게 일자리를 늘리겠다는 것인지도 알 수 없다. 상식대로라면 임금을 삭감한 공기업이나 대기업에서 일자리를 늘리는 게 맞다. 그렇지만 공기업은 있던 일자리마저 줄이면서

---

82. 전영우, 「토의토론과 회의」, 집문당, 314~325쪽.

인턴만 늘린다. 하위직 중심으로 임금을 삭감하고 그나마도 비정규직 저임금 일자리로 대체한다면 저소득층 가계지수는 더 악화될 것이다. 내수기반이 잠식되면 경제 회복과 일자리 창출은 더 어려워진다. 미국과 브라질이 내수 진작책의 하나로 최저임금을 대폭 끌어올린 이유도 바로 이 때문이다.

지난달 25일 전경련은 대졸 초임 삭감 방침을 발표하면서 한국의 대졸 초임이 일본보다 높다고 주장했다. 사실이 아니다. 한국은 상여금을 포함한 월 임금총액 자료를 사용하면서 일본은 상여금을 뺀 정액급여 자료를 사용했다. 오죽 명분이 없으면 이런 자료마저 동원했을까 연민이 느껴지는 대목이다.

이제 전경련은 1인당 국민총소득 GNI 대비 대졸 초임을 비교해야 한다고 주장한다. 한국이 1.3배로 일본 0.6배보다 두 배 높단다. 그러나 같은 자료에서 중국은 2.1배이고 미국은 1.2배다. 국민총소득 대비 대졸 초임이 임금수준을 비교하는 지표가 될 수 없음을 말해 준다. 다른 나라에선 사용하지도 않는 출처 불명의 수치를 들먹이며 쓸데없이 논란을 벌이는 일은 한국 노사관계의 발전에 도움이 되지 않는다.

　　　　　　　　　　　　　　　　　　　　- 김유선 한국노동사회연구소 소장

윗글은 주장에 대한 근거와 반박으로 구성되어 있다.

토론은 당연히 현안 문제에 대한 시각차가 뚜렷해야만 가능하다. 문제는 토론을 위해 토론하는 것이 아니라 시각차를 극복하고 종합하여 해결책을 제시해 의도하는 바를 실행하는 것이 목적이다. 서로의 시각이 현안 문제의 새로운 해법이 될 수 있다는 점에서 토론은 가치가 있다. 뿐만 아니라 종합적인 해결책을 제시하는 과정에서 합리적인 사회, 교양의 사회가 형성된다. 찬성과 반대의 입장에 선 토론 참여자들은 자신의 주장을 펼치기 위해 논거와 이유를 찾아 정리해야 한다. 그래서 토론의 준비 과정에서 논증적인 글쓰기가 필요하다. 토론을 위한 논증적인 글쓰기는 주장과 근거, 그리고 근거에 대한 논리적인 이유를 정리할 때 필요하다. 주장을 반박하고, 주장을 강화하는 데 역시 논증적인 글쓰기를 비롯한 글쓰기 기술이 필요하다.

노동 문제만 아니라 주차 문제, 여성과 남성의 평등과 관련한 군입대 문제, 등록금 인상 문제 등도 토론의 주제로 널리 활용된다. 이 외에도 토론의 주제로 인터넷 실명제, 기여입학제, 청소년의 이성 교제, 혼전 동거, 자녀 교육 문제, 영어 공용화 등등 그 수가 엄청나다. 최근에는 인공지능과 딥페이크deepfake 문제의 심각성이 부각되는 시대가 되었다. 어쩌면 사회는 토론 천국으로 가는 중개소라고 할 수 있을 만큼 소재는 다양하다. 이와 같은 토론 천국에서 다룰 토론문을 작성할 때, 논증적인 글쓰기를 비롯한 글쓰기 기술이 필요하다.

참고문헌

〈국내서〉

권영민, 「제1장 글쓰기의 기초」, 『우리 문장 강의』, 신구문화사, 1997.

김민영 외, 『서평 글쓰기 특강』, 북바이북, 2015.

김봉군, 「제1장 설명」, 『문장기술론』, 삼영사, 2005.

김영채, 『생각하는 독서』, 박영사, 2005.

김용규, 『설득의 논리학』, 웅진하우스, 2007.

김형석, 『백년의 독서』, 비전과 리더십, 2022.

민영욱, 『토론의 법칙』, 가림출판사, 2003.

박종석, 『정상으로 통하는 논술』, 글누림, 2007.

박진수, 『내 책을 출판하는 방법』, 이치, 2006.

복거일, 『경제적 자유의 회복』, 문학과 지성사, 2008.

서정수, 『논리적인 글쓰기 / 설명문과 논술문』, 정음문화사, 1998.

_____, 『글쓰기 기본 이론과 서사문 / 기술문 쓰기』, 정음문화사, 1998.

안상순, 『우리말 어감 사전』, 유유, 2021.

원진숙, 『논술 교육론』, 박이정, 1995.

이광모 외, 『논증과 글쓰기』, 형설출판사, 2006.

이경기, 『세계 영화계를 뒤흔든 100대 사건』, 우리문화사, 1995.

이상경 외, 『글쓰기 여행』, 역락, 2005.

이종선, 「나만의 멘토를 만들어라」, 『따뜻한 카리스마』, 갤리온, 2011.

임정섭, 『글쓰기 훈련소』, 경향미디어, 2009.

장하늘, 『글 고치기 전략』, 다산초당, 2006.

정민, 『미쳐야 미친다』, 푸른역사, 2009.

조병영, 『읽는 인간 - 리터러시를 경험하라』, 쌤엔파커스, 2021.

채사장, 「한국의 상황」, 『시민의 교양』, 웨일북, 2016(16쇄).

최덕성, 『빛나는 논지 신나는 논문쓰기』, 지식산업사, 2006.

최재완, 『신문, 좋은 문장 나쁜 문장』, 커뮤니케이션북스, 2006.

탁석산, 『보고서는 권력 관계다』, 김영사, 2006.

탁정언·전미옥, 『일하면서 책쓰기』, 살림, 2006.

한상철, 『토론』, 커뮤니케이션북스, 2006.

한효석, 『이렇게 해야 바로 쓴다』, 한겨레신문사. 2005(11쇄).

국립국어원, MBC, 『TV 뉴스 문장 쓰기』, 시대의 창, 2006.

〈번역서〉

루츠 폰 베르더 외 / 김동희 옮김, 『즐거운 글쓰기』, 들녘, 2006(13쇄).

린다 스펜스 / 황지현 옮김, 『내 인생의 자서전 쓰는 법』, 고즈윈, 2008.

린다 플라워 / 원진숙·황정현, 『글쓰기의 문제 해결 전략』, 동문선, 1998.

사이토 다카시 / 황혜숙 옮김, 『원고지 10장 쓰는 힘』, 루비박스, 2005.

스티븐 킹 / 김진준 옮김, 『유혹하는 글쓰기』, 김영사, 2008(19쇄).

알버트 망구엘 / 정명진 옮김, 『책의 역사』, 필맥, 2004.

요하네스 클라이슈튀크 / 김이섭 옮김, 『T. S. 엘리엇』, 한길사, 1997.

칼 포퍼 / 박우석 옮김, 『과학적 발견의 논리』, 고려원, 1994.

폴 굿윈 / 신솔잎 옮김, 『숫자는 어떻게 생각을 바꾸는가』, 한국경제신문, 2023.

산청(山淸) 박종석(朴鐘錫)

문학평론가, 문학박사
2015 개정 고등 '국어' 교과서 집필 위원
「송욱 문학 연구」, 「송욱 평전」, 「한국현대시의 탐색」
「작가 연구 방법론」(문화관광부 추천 – 우수학술도서)
「현대시 분석 방법론」(울산 작가상)
「비평과 삶의 감각」, 「조연현 평전」, 「현대시와 표절 양상」
「송욱의 실험시와 주체적 시학」, 「에고티스트 송욱의 삶과 문학」
「박종석의 글쓰기 기술」, 「작가 사신 연구 방법론」
「바로 써먹는 수업의 기술」 외 교육 저서.

「백석 시의 문체론적 고찰」(전국대학생학술논문발표, 한국학술진흥재단)
「송욱 시 해설」(「한국문학선집」 수록, 문학과 지성사)
「송욱의 〈시학평전〉 연구」(새미작가론총서 《송욱》 수록)
「고전시론과 현대시론의 한 접점 연구」(창간호 《한국시학연구》 수록)
「윤흥길의 〈장마〉론」(《동남어문논집》 수록) 외 논문.
(소통 창구: jeilchpark@naver.com)

박종석의 글쓰기 기술(제4판)

초판인쇄 2024년 09월 30일
초판발행 2024년 09월 30일

지은이 박종석
펴낸이 채종준
펴낸곳 한국학술정보(주)
주 소 경기도 파주시 회동길 230(문발동)
전 화 031-908-3181(대표)
팩 스 031-908-3189
홈페이지 http://ebook.kstudy.com
E-mail 출판사업부 publish@kstudy.com
등 록 제일산-115호(2000. 6. 19)

ISBN 979-11-7217-555-9 03070